毕昇传

方乐明 著

中国文史出版社
CHINA CULTURAL AND HISTORICAL PRESS

图书在版编目（CIP）数据

毕昇传 / 方乐明著 . -- 北京 : 中国文史出版社，
2024.3
ISBN 978-7-5205-4434-4

Ⅰ．①毕… Ⅱ．①方… Ⅲ．①毕昇－传记 Ⅳ.
①　K826.16

中国国家版本馆 CIP 数据核字（2023）第 212542 号

责任编辑：徐玉霞

出版发行：**中国文史出版社**

社　　　址：北京市海淀区西八里庄路 69 号院　　邮编：100142
电　　　话：010-81136606　81136602　81136603（发行部）
传　　　真：010-81136655
印　　　装：廊坊市海涛印刷有限公司
经　　　销：全国新华书店
开　　　本：1/16
印　　　张：17.5
字　　　数：250 千字
版　　　次：2025 年 3 月北京第 1 版
印　　　次：2025 年 3 月第 1 次印刷
定　　　价：59.00 元

目 录 | CONTENTS

第五章

第一章

一

正月里的一天，村子里的"毕老头"带着儿子毕昇出去拜年。按照习俗，正月里是给亲友或其他重要人物拜年的时间。

"毕老头"其实只有三十多岁，只是头发过早地花白了，背脊也略见佝偻，有些人便戏谑地喊他"毕老头"。时间一长，这个外号便传开来。

毕老头是一位老实农民，世代居住在伍桂墩村，有三女一子，不过，妻子已有身孕，毕老头企盼妻子再给他生一个儿子。

在古代，尤其在古代农村里，农民巴不得都生男丁。如果一户人家有四五个儿子，等于有四五个强壮的劳动力，儿子越多，劳动力越多，父母就轻松了。反之，如果那户人家生的都是女儿，家里家外的重活儿就没人干了，女儿出嫁后，顾着自己的小家和公婆，娘家的父母顾不上了，父母等于白养了女儿。

毕老头只有一个儿子，在乡下，这样的家庭显然弱了，属于"人丁不旺"的人家。况且，独生子比较难养，万一有个三长两短，就等于断了香火。毕老头一边期望着妻子再给他生个儿子，一边倾全家之力培养现在唯一的儿子毕昇。

农民培养后代成为读书人是很艰难的，通常要全家人节衣缩食。毕家有田地四五亩，又开荒了几亩，一家人终年勤扒苦做，勉强过着温饱日子。但如果逢灾荒之年，却只能吃糠咽菜，忍饥挨饿。

一大早，毕老头喊醒昨晚迟睡的儿子，吩咐儿子洗漱、吃早点，穿上年前才缝制的新衣裳，提着一包礼品，跟着他去拜年。

"这次去拜年的既不是亲戚，也不是为父的老友，而是村塾的先生。"毕老头告诉儿子。

毕昇听后，知道父亲将要送他去念书，不但没有喜悦之情，反而�’起嘴巴，嘟囔着说："爹，我不想去村塾念书。"

毕昇曾到村塾玩过，教村塾的先生也姓毕，是一位年过五旬的老秀才，头发花白，瘦巴巴的，神情严厉。

毕老头见儿子拒绝上村塾念书，便沉下脸，训斥道："只有念书才能出人头地，晓得不？！"

毕老头还想要现身说法：如果不念书，就像他一样当农民，一辈子做牛做马，吃不饱穿不暖，受人欺负，等等。但毕老头很快打消了现身说法的念头，原因是觉得有辱自己作为父亲的形象，古人讲究"三纲五常"，"三纲"中除了"君为臣纲"以外，其他"两纲"，即"父为子纲，夫为妻纲"，由此可见，父亲在家庭中的地位是至高无上的。如果毕老头在儿子面前"自我矮化"，或"卖惨",很可能会使儿子看不起,毕老头是一位自尊心颇强的人,不愿意这么做。

"我……我怕先生。"毕昇用指甲在土坯墙壁上画着短而浅的印记。

"呔!"毕老头瞪眼训斥道,"先生又不是老虎,能吃了你?!"

毕母在一旁劝说儿子:"孬货(骂人的俗话)!有些人家的伢子想念书还念不上呢,家里拿不出钱啊!你爹想着你有一个好前程,才省吃俭用供你念书。家里这副光景供你念书,不晓得能供你多久?能供多久就供多久吧!"

毕昇心里惧怕村塾里那位终日板着脸孔的先生,又担心不能自由自在地在田间地头"疯野",但此时见父亲执意要送他去念书,只好颇不情愿地应承了。

毕老头先带着儿子去村塾先生家拜年,算是去"报名"。

伍桂墩村是一个大村,分成"上村"和"下村"两个村落。上村与下村相距一座小山岗和一条冲,上村住户多,有二十多户,一百多口人。下村只有七八户人家,几十口人。村塾先生住在下村,当然喽,村塾也就设在下村。

毕昇跟着父亲走过荒秃的小山岗,下到一条冲里,所谓"冲",即两座小山岗之间谷底,通常不太远,只有几百米。谷底都辟有田地,但这类田地不能保收,春夏之交如果遇上连月暴雨,谷底的田地就被淹没,颗粒无收。只有山岗田地保收的系数较高。不过,俗话说"有一得必有一失",岗田的稻子产量比谷田的稻子产量少三成以上,而且还不用精耕细作,只需插下秧苗,再除两遍草,就等着收割丰硕的稻子了。在伍桂墩村,谷田是租不出去的,通常只能当成开荒田，官府不收税。

毕老头家的四五亩田都是岗田，旱涝保收，是他家的命根子。只有两三亩谷田是开荒田，按照北宋初年的规定，开荒田是不征收税费的。其实，谷田经常遭受涝灾，农民只能"望天收"。遇上年成好，不发涝灾，就能收一点儿稻谷。如果发了涝灾，那一年不仅白流汗，还倒贴进去稻谷种子。如果官府征收田税，农民宁可撂荒不种，也不愿意白交田税。

父子俩来到村塾先生家，躲在父亲背后的毕昇，此时惊奇地发现先生的脸孔不再像平时那样威严，却一脸笑容，客气地将父子俩迎进厅堂。

毕老头与先生寒暄几句后，便转到正题上："先生，我这个孩子今年已经八岁了，想要进村塾念书识些字。"

其实，在毕老头带着儿子走进厅堂时，村塾先生就已经猜透毕老头的来意。对于依靠学生缴纳的学费维持一家人生计的先生来说，学生自然多多益善。当即微笑地看着毕昇，神情温和地问："你今年多大了？"

"八岁了。"毕昇垂手站立在先生面前，恭恭敬敬地回答。

"是虚岁。"毕老头替儿子补充说，"周岁是七岁，是到了该念书的时间啦。"

先生略点一点头，又问："你叫什么名字？"

"毕昇。"毕昇回答。

"是学名吗？"先生转头去询问毕老头。

"学名。"毕老头不好意思地答道，稍停，又道，"我没有文化，给孩子瞎起的名字。先生如果觉得这名字不好，就请重新起一个好名字吧。"

先生却道："毕昇，毕昇，必定高升。——这名字好哇！"先生知道毕老头不识字，能够给儿子起这样的名字，说明毕老头也是一位聪慧之人，便道，"有些读书人都不一定能够想出这个好名字，若让鄙人起名，老实说，真的想不出比这更好的名字了。"

毕老头借着给先生拜年的机会，替儿子报上了名念书。

正月一过，毕昇带着父亲给他准备的纸墨笔砚，正式去村塾上课。

古代没有钟表，无法准确地计算时间，只能晴天看日影、阴雨天凭经验，估摸着时间上学。毕昇担心去村塾迟了会被先生责打或训斥，天刚亮就去了下村。

来到村塾时，虽然村塾的两扇大门已经洞开，但里面空无一人。毕昇以为今天不是开学之日，又不敢回家，正惶惑时，闻听一声轻咳，从隔壁先生家的厅堂走来一人，毕昇定睛一看，见是一位中年妇女，因不知道她是先生家的什么人，只好笼统地喊一声："师母好！"

"别乱喊，我不是师母。"中年妇女纠正道，瞥了瞥毕昇，"你是新来的学生？"

"是，师——"毕昇突然记起她刚才的纠正，连忙把后面的"母"字憋回去。

"你来得早哇，先坐会儿，他们待会儿就来了。"中年妇女说罢，便走出教室。

毕昇在一张桌子旁坐下，打开黑布包，将书本和纸、笔、砚台都拿出来。

那天父子俩给先生拜年后，隔了几天，毕老头又来先生家里缴纳了儿子的半年学费，以及书本、纸张等费用。先生收下钱，交给毕老头三本启蒙课本《百家姓》《三字经》《千字文》。接着，毕老头按照先生的指点，带着儿子去草盘地镇一家文具店买了纸张、笔砚，基本上把儿子念书的"装备"都弄齐全了。

毕昇翻开《百家姓》第一页，书页散发出淡淡的墨香，对于从未摸过书籍的毕昇来说，闻着这种墨香既感到一种新鲜感，又感到一种惶惑袭来。

毕昇看着开篇"赵钱孙李"等几个字，竟一个字也不认识！如果把那些字都比喻成眼睛，仿佛它们都在瞪着毕昇，而毕昇也在瞪着那些不认识的字，真个是"大眼瞪小眼"，毕昇只好呆呆地坐在那里。

一会儿，两位年龄比毕昇稍大的男孩相互追逐着跑进教室，喘息稍定，他俩诧异地询问毕昇："咦，你怎么坐在这里？这是我们的课桌呀。"

毕昇连忙惶惑地站起，讷讷地说："对不起，我不晓得。"

赶紧收拾起书本笔砚。这两位男孩是下村人，毕昇虽然认识他俩，但由于不住在同一村落，平时不打交道，更不在一起玩。

"你是新来的？叫什么名字？"一位个子稍矮的男孩问。

"我名叫毕昇，上村的。"毕昇回答。

"知道你是上村的。"那个男孩抬手指着教室的一些空课桌，仿佛此刻那些空课桌旁都坐满了学生，"他们都是伍桂墩村人，不是上村的，就是我们下村的。"

另外一位个子较高的男孩似乎发现了什么，用审视的目光上下打量着毕昇，问："上村有不少人在这里念书，你怎么不和他们一起来呢？"

毕昇似乎被那个男孩提醒了似的，感觉自己很愚蠢：应该提前与上村的学生沟通好，今天早上相互喊一声打个招呼，相约一起来下村上学，免得来早了在这里独自空等。

二

学生们三三两两地来了，有十几名。毕昇对其中几名学生觉得面生，猜想他们大概来自附近的村子。毕昇见桌子旁几乎都坐满了学生，不便插进去与他们同坐，只好站立在门口一侧，等待先生的到来。

古代村塾或私塾的学生使用的课桌，大多是家用的方桌，或两名学生对坐，或三四名学生围桌而坐。在这里，毕昇看到大多数桌子旁是两人对坐，只有一张桌旁是三人围坐。

学生们来到教室后，便自觉地拿出书本朗读，毕昇发现他们朗读的课本和内容不同，大概都不是同一时间入学的。

毕昇正无聊地呆站着，蓦地，只见先生拿着一本书走进教室，但先生却没有发现站在门侧的毕昇，直到毕昇喊了一声："先生好！"

先生才猝不及防地打了个激灵，定神一看，见新来的学生毕昇恭候在门口，正向他鞠躬行礼，不禁有一点感动，暗忖："这伢子还挺懂礼貌的！"

便朝毕昇点一点头，吩咐道："你跟我来。"

先生将毕昇带到他的书桌旁，毕昇以为先生要向他教授课文，不料，先生却指一指课堂正中墙壁上悬挂的一幅孔子画像，说："毕昇，今日是你入学的第一天，按照村塾的规矩，新生入学第一天要向孔圣人和先生叩头行礼，以示尊敬。"

先生说罢，端过一把椅子，正襟危坐在孔子画像下，等待毕昇叩拜。

毕昇双膝跪在孔子画像下的一只蒲团上，向孔子画像叩了三个头，站起，拎着蒲团走到先生面前，又向先生叩了三个头。

先生接受了毕昇的拜师礼，便吩咐道："毕昇，我现在就给你授课。"先生又把椅子端回书桌旁，"今日教授你认、读《百家姓》。"

毕昇连忙从黑布包中拿出《百家姓》，双手捧到先生面前，先生指一指书桌，命令道："把《三字经》放到书桌上。"

毕昇顺从地照做了。

先生又命令道："跟着我念！"伸出焦黄的右手食指，在书页上指指点点，拉长着腔调，"赵——钱——孙——李——"

毕昇也拉长着腔调复述了一遍："赵——钱——孙——李——"。

先生继续教读："周——吴——郑——王——"

毕昇照例鹦鹉学舌了一遍，先生问："毕昇，这八个字你已识得了吗？"

"识得了。"毕昇不敢说"不"字。

"你既识得了这八个字，接下去就要学会写出来。"先生又道。

毕昇以为先生要他去练习写这八个字，正欲转身，忽然想到那些方桌旁都已坐了人，便小心翼翼地询问道："先生，我在哪儿坐？"

先生抬眼朝教室内环视一圈，大声喊道："毕成功，你来一下！"

"是，先生。"中间一张方桌旁有人应承着，并拿起面前的书本，向先生这边走过来。

"毕成功，这位新来的学生先交给你了！"先生指着毕昇对毕成功说道，眼里闪烁出一缕难得看到的温和，"这几天你须教会毕昇识得并会念会写《百家姓》开头的八个字。"又转头对毕昇道，"毕昇，你就坐在毕成功的桌旁。"

毕成功也是上村人，与毕昇同宗同族，但毕成功的年龄比毕昇大一倍还拐弯，今年已十六岁了，而且，他去年娶妻成家，只是尚未生子。这么大岁数与六七岁的孩童同堂念书，在今天实属罕见，但在古代，却是稀松平常的现象。

"长根，先生给我们分派来一名学弟。"毕成功轻声向同桌介绍毕昇道，"我们仁都是同村的，以后上学和放学多了一个伴儿。"

毕昇自然认识那位名叫"长根"的同桌，只是长根姓李，不姓毕，年龄也比毕昇大三四岁。大概这两位同桌的年龄都比毕昇大的缘故，毕昇平时在村里与他俩都玩不起来，把他俩当成大哥或叔叔看待。

"你先把'赵钱孙李，周吴郑王'这八个字背熟，再研墨学写。"毕成功以先生的口吻教诲道。

毕昇开始背诵这八个字，背诵了几遍后，便停了下来，一来感到厌倦了，二来他被毕成功和李长根的吟诵吸引住了。毕成功和李长根在村塾都已读了两年，《百家姓》《三字经》《千字文》早已经读过，从去年开始，先生安排他俩学习经书，两人吟诵的是孔子的《论语》。毕昇听着他俩那抑扬顿挫的声调，颇像是在哼唱一首美妙动听的歌曲。但毕昇不知道他俩背诵的是什么书，只知道背诵的内容与《百家姓》不同。

谁知，毕昇才停下，便被毕成功察觉了，毕成功朝毕昇一瞪眼，低低地吼道："你背会了吗？"

"背……背会了。"毕昇没想到这位年龄可以做叔叔的学长有这么凶，顿时被唬住了，半晌才结结巴巴地回答道。

"那你背诵给我听！如果背错一个字，就要用戒尺打一次手心。"毕成功拿起桌上的一把竹尺，毫不客气地说。

这把竹尺大概就是毕成功所说的"戒尺"，是古代村塾专门用来对学生进行体罚的。但毕昇不知道"戒尺"竟出现在毕成功和李长根的书桌上，莫非教室里每一张书桌上都备有一把戒尺，方便先生走到哪张书桌旁都能顺手拿起戒尺对学生进行体罚？

毕昇不敢去看别的桌子，只是顺从地背诵《百家姓》开篇八个姓，所幸毕昇的记忆力不错，一字不错地背诵出来了。

毕成功又命令道："每一个字写一百个！"

"写一百个？"毕昇哭丧着脸。

毕成功训斥道："怎么啦？嫌多？这还是少的。如果字写得不好，还要继续写一百个、两百个！"

"嗯，嗯……"泪水在毕昇的眼眶内打着转转，毕昇强忍着才没有让泪水流下来。

毕昇原本以为村塾先生很严厉，哪知道同桌的学长比先生还厉害。毕昇的父母都是文盲，家中以前从来不备笔墨砚台，因而没见过父母家人研墨。好在研墨比较简单，毕成功拿起自己的水杯，倒了一点水在毕昇的砚台上，然后指导毕昇如何研墨。

毕昇研好墨后，顾不得手指沾了墨汁，捏起毛笔杆就要写字。

毕成功见他握笔的姿势不对，便骂了一句："笨蛋！笔都握不好，能写出好字吗？——看看我是怎样握笔的！"

说罢，便抬高握笔的手，做出握笔的姿势让毕昇观摩，同时，又向毕昇传授握笔的要领。但当毕昇掌握了握笔的要领后，面对每一个方块字，却不知道先写哪一笔，后写哪一笔。

毕成功见毕昇踟蹰不下笔，便又道："看你这副模样，你以前在家里从未写过字吧？我现在就教你背会'笔顺口诀'，你只有把口诀背得滚瓜烂熟，才会写字。"接着，毕成功口中念念有词，"先横后竖，先撇后捺，从上到下，从左到右，先中间后两边，从外到内，先外后里再封口。"

毕昇跟着背诵了两三遍，记住了，便以此口诀做指导，一笔一笔地写起《百家姓》开篇的那八个字。

中午时分，除了几名外村孩子留下在先生家吃饭以外，本村的孩子都回家吃午饭。

"毕昇，你回家吃饭吗？"毕成功询问毕昇道。

"回家。"毕昇收拾笔墨砚台，"下午还来吗？"

"来呀！念书与你爹下地干活儿是一样的，你爹吃过午饭就在家里了？不下地干活儿啦？"毕成功说。

"咦，你收拾笔墨砚台干吗？莫非下午不来了？"李长根见毕昇把纸张笔墨朝黑布包里塞着，便诧异地问。

毕昇瞥了瞥毕成功和李长根放在桌上的书本和笔砚，就停下手。毕成功"嘻嘻"地笑了笑，说："你这小伢子鬼头精，是怕自己的文具被人偷去吧？放心喽，到村塾来念书的人，无论多大年纪，都是正人君子，不会做'梁上君子'的。"

毕昇脸上泛红，讷讷地辩解道："大哥，我可没这么说——"

"走吧，回家吃饭！"李长根习惯地朝身上轻轻地拍打了一下，仿佛身上的衣裳沾染了什么脏东西似的。

但李长根说完这句话后，并没有拔腿朝门外跑，而是走到先生面前，朝正襟危坐的先生鞠了一躬，告辞道，"先生，学生李长根回家吃午饭了。"

"去吧。"先生挥一挥手，眼睛仍盯着手中的书卷。

毕成功等其他学生也依次向先生鞠躬行礼，才缓缓退出教室。毕昇也学他们的样子，正鞠躬行礼时，先生的目光忽然从书本移开，投到毕昇脸上，问："上午给你布置的功课完成了吗？"

毕昇没有料到先生此时要检查他的"功课"，慌忙结结巴巴地回答："完……完成了。"

"你写了字吗？"先生继续问道。

"先生，我写了字。"毕昇恭恭敬敬地答道。

"嗯，把你写的字拿来给我看一看。"先生语调缓缓地说。

这时，教室里的学生差不多都走光了，只剩下几名外村的学生。毕昇走到自己的书桌旁，把练习写字的几页纸张拿过来，双手捧递给先生。先生接过那几页纸，翻看着毕昇练习的大字，虽然横不像横、竖不像竖，要多难看有多难看，但毕竟是学生第一次写字。先生一边看，一边问："毕成功和李长根教你'笔顺口诀'了吗？"

三

"先生，毕大哥和李大哥都教会了我背诵'笔顺口诀'。"毕昇恭敬地站在先生面前，随即将"笔顺口诀"背诵了一遍。

先生教导道："汉字是方块字，记住'笔顺口诀'，写字就顺畅流利了。"稍停，又说，"毕昇，你年纪小，记忆力旺盛，正是念书的好时光，要多背诵。长大后，这些记住的课文，就会慢慢地被理解。"

"是，先生。"毕昇恭顺地应承道。

回到家后，母亲已经将饭做好了。

饭桌前，毕老头问儿子："先生对你好吗？"

"不好。"毕昇斩钉截铁地回答。

毕老头吃了一惊："为嘛对你不好？"

毕昇稍想了想，便答道："先生太厉害了，这倒不算，还让毕成功和李长根管着我，他俩比先生还厉害。"

"'严师出高徒'嘛。"目不识丁的毕老头，竟然说出这句"文绉绉"的话。

"爹，我……我不想念书了。"毕昇忽然道。

毕老头又吃了一惊，沉下脸，问："为嘛不想念书？"

毕昇低下头，不吭声。

毕老头猜测儿子一向"野"惯了，这会儿突然被严厉的先生管束，自然感到很不舒服。想到此，毕老头疾言厉色地训斥道：

"老子省吃俭用苦巴巴地供你念书，你还不肯念？看看这村里有多少小伢子想念书，家里却供不起！"

母亲在一旁劝说儿子："你爹为你好嘛，巴望着你将来有一个好前途。"

毕昇一边抹着眼泪，一边吃饭。

饭毕，也只好继续去村塾念书，但毕昇对念书仍不感兴趣，更受不了村塾的约束。

午饭后，毕昇像往常一样去村塾上学，走到村头时，遇到同村的玩伴"小五子"，以前他俩经常在一起玩耍。

小五子也姓毕，在家里排行第五，因为大毕昇两岁，毕昇喊他"小五哥"。小五子有两位哥哥两位姐姐，姐姐们都先后出嫁了，大哥也娶亲成了家，小哥比他大三岁，跟着老爹在地里干活儿。

"毕昇，听说你去村塾念书了？"小五子问。

"嗯。"毕昇回答，"念书一点儿也不好玩。"

"那你就跟着我去逮黄鳝。"小五子举起手中的竹篓，笑嘻嘻地说。

"天还冷着呢，黄鳝钻出洞了吗？"毕昇知道夏天时黄鳝才会钻出洞，在稻田或小溪中游弋。不过，白天逮黄鳝并不适合，只有在夏天的夜晚带上油灯，照见黄鳝游动时，马上用尖刺耙扎去。尖刺耙是用四五支锥子制作的，一头成环状扎在锥把子上，一头打磨得无比锋利尖锐。只要瞅准了黄鳝扎下去，十之八九不会落空。

"黄鳝没有出洞呀，还在洞里睡觉呢。不过，只要找到黄鳝洞，我就能抓住它。"小五子说着，反问道，"去年我们也在这个时候去田里抓黄鳝的，你忘记了？"

"记得呀，好像是惊蛰以后，现在还没有打春（立春的俗称）呢。"毕昇说。

乡下伢子从小就听着大人们说"打春、惊蛰……"有关节气的谈论声中长大的，毕昇此时虽然只有七岁，却也分得清楚一年二十四节气。

"稻田里灌水后，黄鳝才会钻出洞，惊蛰时稻田里是不会灌水的，黄鳝还在洞里睡大觉。"小五子说。

毕昇撇了撇嘴角，道："去年我跟你去稻田挖黄鳝洞，不料却挖出一条蛇，幸亏那条蛇还在冬眠，不然的话，我们都被咬了。"

"不是对你说过吗？那是一条水蛇，没有毒的，即使被咬一口，也不会被毒死。"小五子对毕昇的胆小表示轻蔑。正欲走开，忽然看到毕昇眼里闪烁着羡慕的神情，便撺掇道，"走吧，不要去村塾念书了，跟我去逮黄鳝玩儿吧。反正像我们这样的乡下人家庭，也没有很多钱一直供下去，直到考上皇榜为止。与其上村塾念个一年半载的书再回家种田，还不如趁早不去受那个罪，家里也能省下一些钱。"

毕昇想到村塾先生以及毕成功、李长根的严厉管束，不禁下意识地跟随小五子一起去了附近的稻田。毕昇很快回到以前的快乐中，在尚未翻耕的稻田里寻找黄鳝洞。其间，也挖到了蜷曲着身子冬眠的蛇，但小五子很快用土填回蛇洞。忙乎了半天，到夕阳泛红时，小五子挖到了三条不大不小的黄鳝。经历一个冬眠期，黄鳝显得瘦小多了。

"毕昇，这两条黄鳝给你吧，虽然看上去瘦巴巴的，如果把它红烧了，也能凑合着弄半碗。"小五子挑出一大一小两条黄鳝，用一根柳树条穿了下颌，递给毕昇。

"不要，不要。"毕昇连连摆手。

小五子以为毕昇嫌少，索性把剩下的一条黄鳝也用柳树条穿上了，塞给毕昇："我要这一条黄鳝没用，凑不成菜，只能剁碎了喂鸭子喂鹅。你带回家还能凑一碗菜，一家人开个荤，美美地吃一顿。"

"小五哥，我不能要哇！如果我把黄鳝带回家，家人追问起来，逃学的事就露馅啦。"毕昇说出理由。

"好吧，五哥对不起你了，让你陪我忙了半天。"小五子客气地说。

"我……我自愿的嘛。"毕昇突然意识到自己逃了半天学，如果毕成功和李长根向他家人说了，他爹不揍死他才怪呢！

"好哇，就是玩一玩呗！明天你仍跟我去稻田逮黄鳝，别去村塾上学啦。"小五子把三条黄鳝塞进竹篓里，"你爹追问后，你就向他摊牌。"

"我可不敢哟！明天我要继续去上学，我爹给先生交了半年学费，还花钱买了纸、笔、砚台。我如果不去上学，这些钱不就白花了嘛？！"毕昇摇摇头，哭丧着脸。

从内心来说，他不想去村塾受到先生和毕成功等学长们管束，对枯燥无味的课文也不感兴趣，片刻都不想坐在村塾书桌旁。但此时忽然想起父亲东拼西凑了半年学费，以及去镇上文具店买纸墨笔砚花去的钱，都是父母辛辛苦苦从田地里种粮卖的钱，也是一家人省吃俭用从牙缝里抠下来的。如果他不上学，先生会退还学费吗？毕昇不能肯定，也不能否定。不过，毕昇想到先生碍于同村人的情面，即使退还学费，也不可能全退，顶多只退还一部分。

毕昇忐忑不安地回到家中，偷偷地看了看父亲与母亲，发现父亲与母亲与往常一样，似乎并没有察觉他逃学。妈妈一边忙着家务，一边还关心地询问："饿了吗？"

"不饿。"毕昇回答，犹感到不放心，小心翼翼地询问，"村塾的人来过家里吗？"

"你不是在村塾念书吗？有事儿直接对你说，来家干吗？"母亲不解地问。

"哦，没什么事，我只是随便问一问嘛。"毕昇含糊道，走到院子里，父亲毕老头正在院子里修理农具，为春耕做好准备。

"爹……"毕昇欲语又止。

"哦，有嘛事？"毕老头没有抬头。

"没……没事。"毕昇其实是在试探父亲是否知道他下午逃学了，此时，发现父亲的神情没有异样，便稍稍安下心。

但到晚饭后，毕老头看到儿子像以前那样无所事事，又没见着黑布书包，便疑惑地问："儿子，你的书包呢？"

毕昇慌忙躲开父亲盯视的目光，遮掩道："放在教室里了，反正教室与先生的家在一起，没人敢去偷。"

"先生没有给你布置功课？"毕老头不相信儿子的话，"你别蒙老子！老子以前晚上去那些有伢子读书的人家串门，见过伢子在油灯下写字、背书，清晨天刚亮，那些伢子就在院子里'哇啦，哇啦'地背书。"

毕老头想了想，半是训斥半是质询道："你是不是放学后贪玩，把书包放在一旁，离开后又忘记了？"

"没有，没有那回事……"毕昇担心挨揍，一边惶恐地后退，一边向父亲连连摇手。

毕老头威胁地用指头点着儿子："你如果把书包丢了，看老子怎么收拾你！"

"没……没弄丢。"毕昇结结巴巴地说，慌忙逃开了。

次日早上，毕昇提前来到村塾，见自己的书本、笔墨砚台仍摆放在桌上，心便落下来。毕成功和李长根比先生来得早，一眼看到毕昇坐到桌旁，毕成功冷冷地问："毕昇，你昨天下午为嘛不来？"

"我……我病了。"毕昇撒了个谎。

"生嘛病？我看你脸上气色很好，不像生病的样子嘛。"毕成功盯着毕昇的脸。

"昨天下午……我拉肚子……头晕……"毕昇说了几种病状，想要使学长听着信服。

"嘿嘿，一下子突然患了那么多病，今天早上就好了？吃了什么灵丹妙药？痊愈得这么神速！"坐在毕昇对面的李长根冷笑着，满脸不相信的神情。

这时，先生走进教室，对毕昇招了招手，道："你过来一下。"

毕昇的心倏然沉落下来，下意识朝两位学长一瞥，见他俩脸上浮现着嘲讽的笑影，更加印证自己的不祥预感。毕昇耷拉着脑袋，一脸沮丧地走到先生的书桌旁。

"站过来！"先生厉声命令。

毕昇身子明显地一颤，挪动着脚步，站到先生指定的位置。

"把手伸出来，放在桌上！"先生又命令。

毕昇顺从地伸出右手掌，放在桌上。先生拿起桌上的戒尺，"啪！啪！"地打在毕昇的手掌上，随着戒尺的起落，毕昇的右手掌很快血红一片。

四

毕昇顿时觉得像有无数根钢针扎在右手掌上，起初还能咬牙忍着，渐渐的，便忍受不住，"哇哇"地大哭起来。

毕昇这一哭不要紧，教室里朗朗的念书声戛然而止，学生们的目光从四面八方射向挨打的毕昇。有些年幼的学生脸上露出恐惧的神情，一些年龄较大的学生似乎见识过这种场面，脸上浮现出一丝幸灾乐祸的神情。

先生一边打毕昇手掌，一边责问："开学才几天就逃学，像话吗？唉？！"

"我……我没有逃学……"毕昇不敢承认逃学，无力地辩解着。

"还不认错？是不是嫌打轻了？"先生果真加重了打戒尺的力度。

毕昇忍受不住，一使劲，抽出手掌，趁势躺到地上，一边打滚，一边号哭。

先生从未见过这种耍赖的学生，一则担心影响其他学生，二则也是气愤之极，朝毕成功和李长根俩人招一招手，待俩人诚惶诚恐地走近后，便下令道："你俩把毕昇送回家去，告诉他的父母，就说先生不要他来念书了，他不是一个念书的材料！"

"是，先生。"毕成功和李长根异口同声地回答，七手八脚地把毕昇从地上拉起，毕昇却仍在挣扎。毕成功和李长根的力气大，索性一人抬着毕昇的脚，一人抬着毕昇的双肩，走出了教室。

穿过下村到上村的那道谷底，在谷田里劳作的农民看到这副奇异的情景，都拄着农具看稀罕。毕成功和李长根搬抬着毕昇走了一段路，加上毕昇不停地挣扎，俩人就更加吃力了，只好放下毕昇。

"我……我要回村塾去……呜呜……"毕昇扯起衣袖，一边抹着眼泪，一边哽咽着说。

"你说嘛呢？"毕成功似乎不相信自己的耳朵，毕昇这个顽劣小伢子到了这种地步，居然还想着回村塾念书，先生还会收下他吗？！

"我……我要回村塾念书。"毕昇复述了一遍。

"哼！"李长根瞪着毕昇，斥骂道，"你真不要脸，先生让我们把你赶回家，你还想回去念书？！也不怕大家笑话你？"

毕昇怔了一瞬，说："我的书本和文具都放在村塾里，不让我去拿吗？"

"你放心吧，待会儿我把你的书本和文具送到你家里去。"李长根说罢，再次抓住毕昇的胳膊，与毕成功一起拖拽着毕昇向上村走去。

到了上村毕昇的家，毕老头刚从地里回家喝水，看到儿子被同村的两位学长"绑架"回家，顿时猜测出儿子在村塾犯了错，才会受到这种规格的"待遇"。

"伯伯，昨日下午毕昇逃学，先生不要他念书啦，吩咐我们'护送'他回家，他的书本和文具呢，我们待会儿就送过来。"毕成功以晚辈的恭敬口吻对毕老头说。

毕老头听了毕成功这番话，头脑里"轰"的一声炸了，仿佛一滴冷水落进沸腾的铁水。毕老头脸色气得铁青，欲要狠狠地扇儿子几巴掌，正当毕老头伸出手掌时，毕成功和李长根双双站在毕老头面前，毕老头颤抖的手才无奈地垂下来。

"你这个畜生！跪下！给老子跪下！"怒不可遏的毕老头冲着儿子咆哮着。

毕昇没有见过父亲发这么大火，顿时吓坏了，双膝一屈，"扑通"一声跪倒在地，"爹，我错了……呜呜……"毕昇仿佛向父亲显示认错的决心，放声大哭起来。

哭声惊动了在厨房忙碌的毕昇的母亲，跑出来一看，见儿子跪在丈夫面前痛哭，身边还站着同村的毕成功和李长根，母亲隐约明白出什么事了，便惊慌地询问毕成功和李长根："我家毕昇出了嘛事呢？"

毕成功和李长根相互看了看，最后还是毕成功回答毕昇的母亲道："伯母，昨日下午毕昇没有去村塾，也没有请假，先生以为毕昇无故逃学，让我们把毕昇'护送'回家。"

"'护送'毕昇回家？不要毕昇去村塾念书了？"母亲明白了怎么回事，正欲转头诘责儿子。

李长根抢着说道："伯母，我们也问过毕昇昨日下午干吗无故不去村塾？毕昇说他昨晚拉肚子、头晕……"李长根是"哪壶不开偏提哪壶"，故意当面揭毕昇的痛处。

不料，母亲却证实道："我儿子昨晚确实拉肚子，头晕，今天早上起不了床，我就没让他去上村塾，正打算待会儿去村塾向先生说这件事呢。"说罢，偷偷向丈夫使一个眼色。

毕成功和李长根面面相觑，只好说："既然如此，先生误会毕昇了，回头我们向先生说清楚。"

母亲似乎"一不做二不休",道:"我现在就送儿子去村塾,向先生说明一下。"说罢,拉起儿子的手,就朝村外走。

毕成功向毕老头鞠了一躬,道歉说:"不好意思,晚辈让伯父受惊了。"

"进屋坐,喝口水呀。"毕老头岔开话题。

刚才,妻子说的那一番话,明显是在撒谎,目的是为儿子的逃学错误开脱。妻子这样做,可能会让先生收回开除儿子的决定,但也为儿子做出一个不好的榜样,即撒谎能够使自己免除惩罚。儿子长大后,会不会变成一个爱撒谎、不诚实的人呢?毕老头正犹豫着要不要当面揭穿妻子愚蠢的撒谎,妻子却带着儿子去村塾了。

毕成功和李长根道歉后,也离去了。

在妻子回家之前的这段时间,毕老头一直在煎熬中度过。一方面,毕老头佩服妻子的灵活应变,但另一方面,又担心儿子将来会学坏。儿子本来已经犯了"逃学"的错误,现在却又被妻子"示范"撒谎,在这种"示范效应"下,儿子学坏是很容易的。为了等候妻子从村塾回来,毕老头没有下地,在院子里收拾活儿。半下午时,毕老头听到院门口传来脚步声,转头看去,果然见妻子走进院子。

"你怎么替儿子撒这个谎呢?以后儿子也学样变坏了!"毕老头劈头斥责道。

"嗨,你不是希望儿子念书出人头地吗?现在儿子为这点小事被先生赶回家,念不成书了,以后还不和你一样在田地里刨食吃?!再说,儿子还小,以前在家里贪玩惯了,刚刚被你撵进村塾念书,玩心还没收呢。往后儿子上村塾习惯了,就不会逃学了。"

母亲头头是道地解释道。

毕老头仔细一想，觉得妻子说得不无道理，刚才的担忧便消除了大半，转而询问起刚才妻子送儿子去村塾见先生的情况。妻子脸上浮现出一缕得意的神情，说："我向先生编了一个理由，说，'毕昇中午回家后不舒服，下午我就没让他来村塾上课了，原本我要来村塾向先生请个假，但家中活儿太忙，耽误了向先生请假，请先生原谅。'先生听了我这一番解释后，反倒不好意思起来，当场向我和毕昇道歉，说他冤枉了毕昇，让毕昇重新回到座位上。"

"嗯，嗯……"毕老头这两声"嗯"中，似乎透出对妻子灵活应变的赞许，但旋即将话题一转，道，"小畜生（骂儿子语）逃学半天，干吗去了呢？"

"还不是上哪儿贪玩了嘛！——这也要问呀？"妻子说罢，又叮嘱丈夫道，"晚上儿子放学回家，你不要再对他'狠'了，儿子念书也怪可怜的。"

毕老头反驳道："念书可怜？有种田人可怜吗？种田人风里来雨里去，红汗淌白汗流，终年吃糠咽菜，遇到灾荒年，连糠菜也吃不上。念书人如果把书念好了，登上皇榜，就能做官发大财，吃香的喝辣的，出门坐轿有人抬，进门有人端茶递水侍候——"

"好吧，你就耐心地等着儿子做官发财，等着享受儿子的福吧。"妻子打断丈夫的话，话语中透露着嘲讽的意味。妻子没有像丈夫那样抱着"望子成龙"的想法，像大多数乡下妇女那样，妻子的想法很实际：儿子念书如果能念到中皇榜的地步，一定要有很多钱"供"儿子长期念书。毕家只有四五亩田地，全都卖了，也供不起儿子长期念书直到登上皇榜。听说伢子们在村塾念到后来，随着书的内容越来越深奥，对先生的学问要求也就越高，与此相应，先生收取的学费也要增多。这么多年来，上村和下村只考取一名秀才，连一位举人都没有考中的，更别提登上皇榜（进士榜）的。妻子没有念过书，不太能够分清楚秀才、举人、进士之间的区别，但知道只有中了皇榜，才能做官，而皇榜是在京城放榜的。村里那名考中秀才的读书人，听说只是在县城参加了考试。

中午时分，毕昇低着头回到家里，走进院子时，不敢从正在收拾活儿的父亲身边经过，但父亲堵着家门，毕昇进不了家，正迟疑时，父亲抬起头，瞥了瞥儿子，说："你母亲给你在先生那里圆了话，这是你母亲看你被先生'开革'，没书念了，才在先生那里撒了谎，你要明白这一点！懂吗？！"

"我……我懂……"毕昇畏畏缩缩地回答。

毕老头把话题一转，问："昨天下午你去哪里了？"

"我……我……"毕昇害怕父亲揍他，下意识地向后面退去，"父亲，我说了您可别打我。"

毕老头冷冷地"哼"了一声，道："你若说出老实话，便是认了错，既认了错，我还打你干吗呢？"毕老头向儿子做出了承诺。

五

"我……我和小五子……去田里逮黄鳝。"毕昇吞吞吐吐地坦白交代了"罪行",再次跪在父亲面前,"父亲,我错了,我……"

母亲闻声走出来,担心丈夫暴打儿子,将儿子拉起来,说:"认错就好,以后不要贪玩了!去吃饭吧。"

一家人坐到桌旁吃午饭时,母亲见儿子用左手拿筷子吃饭,又注意到儿子捂住饭碗的右手几根手指有点红肿,连忙拿起儿子的右手一看,岂止几根指头红肿,手掌也红肿得像一块面包似的。

大概母亲的手有点重,毕昇的右手被弄痛了,不禁"哎哟!"一声叫唤起来。

毕老头停下筷子,目光盯着儿子红肿的手掌。"先生打的?"毕老头有些心疼,但嘴上却说,"嗯,哪个教你贪玩?有书不念,却要逃学去逮黄鳝。先生把你打痛了是好事,要你长长记性呀,你下次再逃学,先生还要打你,让你滚蛋!"

毕昇既委屈,又懊悔,两行泪水又像断了线的珠子"吧嗒吧嗒"地摔下来。小伢子比大人易哭易笑,很容易从生活中感受到快乐,也很容易流泪。

收秋时,母亲分娩了,生下一个小男孩,父亲特别高兴,原来担心只有毕昇一个儿子,常言道:"独柴难烧,独子难养。"在古代,人们都信奉"多子多福",一个儿子万一中途夭折,即使生有多个女儿,也不能改变父母的凄惨晚景。女儿是"泼出去的水"，嫁到婆家后，要和丈夫一起"上养老、下养小"，顾不上自己的父母，既没有条件也没有义务赡养自己的父母。没有儿子的父母，最终就成为孤寡老人，因为总有一个老人要先死。当一个老人先死后，剩下的那位老人没有子孙膝下承欢，整天形影相吊。古代交通不便利，如果女儿们远嫁，不能经常回家探视老迈的父母，又没有钱接济赡养父母，这类父母的晚景要多凄惨就有多凄惨。

毕老头对这个迟到的小儿子，自然视为掌上明珠，抱着怀中的小儿子，喜滋滋地对大儿子毕昇说："昇儿，你如果不想念书，可以不去念，等他（指小儿子）长大后，老子要好好培养他。"

母亲白了父亲一眼，说："你别把话说早了，老话讲'要成才自成才'，他要是也不想念书，你再怎么培养也没用！只能白瞎掉家里供他念书的钱。"

毕老头叹了一口气，自语道："'要成才自成才'，是这个理儿啊。"说罢，瞥了瞥大儿子毕昇。显然，毕老头对大儿子毕昇还是抱有希望的。毕昇呢，经历了逃学事件后，玩心倒是收敛了不少，但小伢子的天性是贪玩，先生给毕昇布置的功课，比如放学回家要写多少字、背诵多少课文、会写会读多少生字等等，毕昇都不能按质按量地完成，有时玩心重了，整个晚上都没有做功课。次日清晨，只好提前起床，赶着读、写和背诵课文。由于清晨的时间仓促，难免达不到预期的效果，有时还会耽误上学，被先生罚站。不过，比起逃学要好多了。

一晃过去一年，先生给毕昇改读四书五经，对于一位八岁的伢子来说，四书五经的内容显然太深奥，毕昇根本弄不懂书中所说的内容，就连那些佶屈聱牙的文言句子，毕昇也念不顺口。不过，先生也并不要求毕昇弄懂经书中内容，只要求会认会写经书中的字，进而要求会背诵大段的经书内容。毕昇对这种艰深又枯燥无味的念书生涯厌烦极了，但又不敢向父亲提出辍学回家的要求，毕昇知道父亲不但不会同意，而且说不定还会暴揍他一顿。

临近春耕时分，农民们都忙起来，但毕老头却病倒了，吃不下饭，胃一直疼痛，请了郎中诊病，郎中说毕老头的病是胃寒。开了几副药吃下去，也不见好转。毕老头是家中的主要劳力，家中四五亩田的活儿，基本上都是他一人承揽下来。现在，毕老头躺倒了，那四五亩田没人打理，夫妇俩都急死了。种田要赶节气，耽误了节气，种上庄稼也没收成。夫妇俩商量了一阵，只好找亲友借钱雇请短工种田，毕老头看病吃药也要花钱，很快就债台高筑了。

这天毕昇放学回家，吞吞吐吐地对母亲说："娘，先生要我们把今年的学费和书本费交上。"毕昇知道自从父亲病倒后，家里不但拿不出钱，还借了不少，可能不会让他继续念书了。但毕昇上了一年学后，有点舍不得离开村塾，现在家里如果真的要他辍学回家，毕昇反倒不情愿了。

母亲听后，为难地看了看儿子，想了一个主意："儿子，你明天上学后对先生说，父亲病了，家里借钱给他看病，还借钱雇人种田，暂时拿不出钱交学费，先欠着，等缓一阵子后再交，行不？"

"不行啊，别的学生都交了钱。有几名学生家里拿不出钱，都没来村塾上学了。"毕昇说。

母亲听后，半天没吭声。毕昇欲要对母亲说："我不念书了。"但这句话几次溜到唇边，最终还是强自咽下了肚子。

"我去与你爹商量吧，看看你爹怎么打算。"母亲说着，走进卧室，轻声对丈夫说，"村塾先生催讨学费了，刚才儿子回家说了这事儿。"丈夫闭着眼睛，不知道是睡着了，还是在养神，听了妻子的话后，眼皮动了一动，仍没有睁开眼睛，妻子将耳朵凑到丈夫的嘴边，听到丈夫轻声说，"让……让儿子……别念书了……没钱念书……"丈夫说罢，两边眼角溢出两颗泪珠。

"嗯，嗯……"妻子知道丈夫做出这个决定非常艰难，实在因为家里太困难了，拿不出钱供儿子念书。如果丈夫不生病，按照以前的计划，家里再苦再难，丈夫也会节衣缩食供儿子念书，直至考中秀才、举人、进士，然后进京做官，让一家人过上大富大贵的生活。没想到，丈夫生了一场病，就将这个美好的梦想击得粉碎！穷人的梦想真的不堪一击啊！

妻子撩起被角，拭去丈夫两边眼帘下的泪迹，安慰丈夫道："伢子他爹，你不要难过，等你病好了，还了债，家里的日子好过了，再送儿子去村塾念书也不迟。"

丈夫微微点一点头，妻子走出卧室，顿时泪如泉涌，担心被儿子看见，走到院子里，蹲在地上，用衣襟揩着泪水。无声地痛哭了一会儿，站起走到厨房去，打了半盆水洗了脸，平复了心情，才去儿子的房间，对儿子说："儿子，刚才我与你父亲商量了一下，你父亲说家里现在很困难，拿不出钱给你交学费，让你暂时歇下来，等以后家里缓过来，再让你继续上学。"

毕昇没有吭声，母亲的话并不使他感到意外，如果搁在一年前，毕昇肯定要高兴得蹦起来。现在，毕昇真的要辍学回家，却忽然感到失落了。母亲原来以为儿子会像一年前那样不胜欣喜，不料，儿子此时的反应却大大出乎她的意料。母亲观察了一下儿子的表情后，便疑惑地问："儿子，你不是不想念书吗？现在不正合了你的心意？"

毕昇没有直接回答母亲的话，却忽然向母亲提出一个要求："娘，我想去挣钱！"

母亲吃了一惊，怔了一瞬，问："挣钱？你这么小，去哪里挣钱？"

"我要去做刻字工挣钱，像村里的大牛哥、福保哥那样。"毕昇回答。不知道从什么时候起，一些杭州人在本镇办起了印刷社，招了一批学徒工学习木版刻字，毕昇所说的大牛哥和福保哥，就是镇上印刷社的刻字学徒工，食宿由印刷社全包，每月还有一点津贴。

母亲见儿子动起了当刻字工的念头，知道儿子想要为家里分担一点困难，不禁为儿子过早的懂事感到欣慰，同时又感到难过，儿子毕竟还太小。母亲想到此，便摇头道："大牛和福保都比你大几岁，他们起码能照顾好自己，可你连自个儿都照顾不了！你不会洗衣，不会铺床叠被，不会做饭，难不成还让印刷社专门派人照顾你呀？"

"我虽然还不会洗衣、铺床、做饭，但这些事儿比较简单，我学一学就会了。"毕昇申辩道，"念书那么难，我都弄懂学会了！洗衣、铺床这些简单的事儿，我难道还学不会？！"

母亲说不过儿子，只好道："你如果不相信，哪天去镇上印刷社问一问，看看印刷社的师父肯收下你不。"

毕昇兴奋地说："娘，我明天就去镇上的印刷社报名当学徒工。"

"明天不行，你还没向先生提出辍学申请呢，这是对先生的礼貌和尊重。"母亲神情严肃地说,"我不识字,都想到了要这么做,你还念过一年书呢,就这样不懂礼貌和尊重先生?一年多的村塾念到狗肚子里啦?!"

"娘,刚才我说明天就去镇上印刷社报名当学徒,其实只是一时嘴快,明天我肯定要去村塾见先生的。"毕昇说出的这番话,也算是向母亲认错的一种方式。在古代,非常讲究和推崇尊师重道,"一日为师,终身为父",此言不虚,如果对老师不礼貌或不尊重,是要遭到老师、同窗,以及亲友唾骂的。一旦背上不尊重老师的罪名,此人的名誉就坏了。

六

晚饭后,毕昇向病卧在床的父亲问了安,就到自己的房间打开书本,做起了功课:背诵课文、默写生字……正用功时,母亲走进房间,说:"儿子,从明天起你不用念书了,今晚就不必用功了,早点上床睡觉吧。"

毕昇眼睛盯着书本,头也不抬地答道:"先生说了,念书重在养成自学习惯,即使我不再去村塾上学,但可以自学。"

"哦,好伢子!你懂事了。"母亲说这话时,眼睛闪烁着泪光,为了不让儿子发现自己流泪,赶紧转身走出房间,躲进厨房用毛巾揩着脸。

次日清晨,毕昇像往常那样拿着书本到院子里背诵课文,看看日上一竿子高了,父亲也醒了,毕昇走进父亲的卧室问了安,转而去厨房洗漱、吃早饭。饭毕，便拎起黑布书包上学。到了村塾里，毕昇想着从此不再踏进村塾与同窗们一起念书，鼻子便酸溜溜的，一种想哭的感觉攫住了他。

"毕昇，你爹的病好些了吗？"毕成功关切地问。经过一年以来的相处，毕成功和李长根两位学长对毕昇的态度好多了，不但承担起辅导毕昇学业的"半个先生"义务，还时常关心毕昇的冷暖。比如：冬天上学时，学生们都会从家中带去手提火炉，这种手提火炉是陶制的，瓦钵大小，有手提半轮式把子。火炉里盛着灶灰，灰里埋着柴火烬或炭块。手冻了，把双手放在炉口，手就不冷了。脚冻了，把双脚架在炉把子两边，双脚很快烘暖了。一股暖流从脚下升起，瞬间流遍全身，这时，全身仿佛浸浴在温暖的春阳中，感觉十分舒服。不过，有时毕昇上学匆促，忘记携带手提火炉，毕成功和李长根两位学长便把自己的火炉给毕昇使用，这让毕昇很感动，也很开心。

此时，毕昇听了学长毕成功的问候，摇了摇头，回答："我爹的病没好，还是那个样子。"

"毕昇，你不要着急，你爹的病会好起来的。"毕成功安慰道，"老人们常说'人吃五谷杂粮，哪有不生病的？'谁能保证自己一生不会生病？对吧？"

毕昇却道："我不能念书了，家里拿不出钱交学费。"

两位学长听后，既感到意外，又觉得在意料之中。他俩在村塾念了两三年书，眼见一些家境贫穷的同窗因交不起学费，而被迫辍学，想不到这种难堪的情景，今日又在眼前重演，毕成功和李长根的家庭在村里算是条件好的，各家都有百亩田地，雇请了几名长短工种田，还有部分田地出租，每年都能收取可观的租金。

家境富裕、衣食无忧的他俩，自然不会担心哪天会交不起学费。他俩照例是奔着考秀才、考举人、中进士的目标而苦读，即使考试受挫，名落孙山，他们也不会辍学回家，仍要坚持读下去，直到考中功名为止，

忽然，同窗们朗读课文的嗓音一下子"吊"了上去，毕昇意识到先生来了，转头朝门口一看，果然，先生拿着一叠书籍走进教室，走过毕昇身边时，先生停下来，说了句："毕昇，你来一下。"毕昇听后，没有像往常那样心跳一下，反而显得异常平静，起身跟着先生走了。

先生在椅子上坐定，乜斜着站在面前的毕昇，劈头问道："毕昇，你把学费带来了吗？"

"没有。我爹生病，家里欠下债了，拿不出钱交学费，我……我不能念书了。"毕昇涨红着脸，吞吞吐吐地说。

先生沉默起来。对于毕昇的家境，先生心里自然一清二楚，不过，像毕昇这样家境的学生不少，很多依靠借债给伢子念书，毕昇的父母为嘛不借债交学费呢？当然，这句话先生不便说出口。

"先生，我……我回家了。"毕昇向先生弯腰鞠了一躬，转身返回书桌旁收拾书本和文具。

先生无话可说，只好送毕昇到村塾门口，向毕昇挥一挥手，终于从牙缝中迸出一句："有空来玩。"

"哎……"毕昇答应一声，拎着黑布书包怏怏地回到家里。毕昇没有感到获得解脱和自由的快乐，反而觉得难受，大概他今年长大了一岁，比以前懂事一些，知道念书的好处，也品尝了念书时的愉悦感。让毕昇难过的是刚刚尝到念书的快乐时，就要放下书本，可能从此与书本无缘了。同时，毕昇又感到挺自卑的：

毕成功和李长根不但吃得好穿得好，还能一直在村塾念书，而他念一年书就被迫离开村塾了，仅在这方面就比不上他俩。忽然，毕昇内心升腾起一股不服气的冲劲儿，暗忖："我即使不能上村塾念书，但我可以自学呀，不信我自学念书会比他们差！"毕昇这么想着，心情舒畅多了。

路上，毕昇遇到小五子和几位年纪相仿的伢子在放牛、割草，小五子见毕昇提着黑布书包，以为毕昇又逃学了，便朝毕昇挤眉弄眼地说："毕昇，来和我们一起放牛吧！比你整日坐在村塾里摇头晃脑地念书自在多了。"

一位正在路边荒地里割草的男伢子站起，举起手中的镰刀朝毕昇挥了挥，笑嘻嘻地问："毕昇，你又逃学了吧？"

毕昇不好意思地驳斥那个男伢子道："黑皮，别瞎说！"说罢，朝小五子瞥了瞥。

小五子也"嘿嘿"地笑着，说："毕昇，这回你逃学可别怨我，是你自个儿逃学的吧？"

毕昇出于自卑的心理，不好意思直接说没钱交学费辍学回家，当然，更不会承认自己是逃学，只是默默地穿过小伙伴嘲笑的目光，回到家里。毕昇把黑布书包挂在墙壁钉子上，就去父亲的卧室探望，房间里散发出药汤的气味，父亲紧闭双眼，对儿子的到来毫无察觉。毕昇走到床边，想要问候一句，却又担心惊醒了父亲，默默地伫立着，看着父亲瘦得已经脱形的蜡黄的脸，毕昇心里很难过，唯有祈愿父亲快点康复。

这时，门口传来脚步声，毕昇转头一看，见是母亲。原来，母亲与小女儿一起下地干活儿，因为焦虑着丈夫的病情，中途回家看一看。这几天，丈夫的病情加重了，一顿只勉强喝下几汤匙稀粥，人瘦得皮包着骨头。毕母担心丈夫这样下去会挨不过去，但身边只有小女儿和两个儿子。前些日，两位出嫁的女儿风尘仆仆地赶回家探望父亲的病情，却因春耕大忙时节，自家的活儿堆成了山，还有老人伢子要照应，便又都匆匆回婆家了。小女儿才十二岁，还不到说亲的时候，但因身单力薄，阅历浅，处事又没经验，在母亲身边担当不了什么。毕昇呢，一个八岁黄口小儿，也做不了什么。至于出生不久的小儿子，还要母亲分出精力去照应呢。母亲唯一希望的是毕昇快快长大，分担她肩上的重担。但希望归希望，时间是一天一天地过，岁月的步伐一步一步向前迈进，不会因为母亲着急儿子长得慢而加快步伐。

"你对先生说了吗？"母亲见儿子从村塾回了家，便问。

"说了。"毕昇回答。

"先生怎么说呢？"母亲又问。

"先生什么也没说呀。"毕昇道。

母亲叹了一口气，说："先回家待着，等家里以后条件好了，再去念书吧。"说罢，便去床前探望丈夫。母亲有些疑惑，刚才自己与儿子对话却没有使丈夫醒来，起码也要睁开眼睛吧？但此时的丈夫却如此昏睡不醒，有点不合乎情理。母亲俯下身，轻轻呼唤着丈夫："伢子他爹，伢子他爹……"任凭她再三呼唤，丈夫毫无反应。母亲心里一慌，赶紧伸出手在丈夫的鼻子下试探一下，发现已没了气息，不禁"哇——"一声，蹲在床前大哭起来。

毕昇见母亲痛哭，知道发生了什么，连忙奔过去，只见父亲紧闭双眼，仍像在酣睡一般，甚至隐约可见父亲唇角泛出的笑纹。毕昇不相信父亲死了，连忙摇晃着母亲的肩膀，说："娘，爹在睡觉呀！"

"你爹就这么睡过去了，不再醒来啦！丢下我们娘儿几个，日子怎么过哟！可怜我们娘儿几个老的老，小的小，又欠下一屁股的债，日子……没法过了！"母亲一边哭诉着，一边拍打着床沿。

毕昇再去看一看父亲，在母亲悲恸的哭诉声中，父亲仍纹丝不动地睡着，唇角仍显出一缕笑影。毕昇这才相信父亲真的死了，这个家庭只剩下母亲和姐弟，再也看不到父亲在地里和家中辛苦劳作的身影。毕昇的心突然被一种恐惧牢牢地攫住，"爹！爹！呜呜……"毕昇放声大哭起来。

母亲痛哭了一会儿，渐渐停下来，吩咐儿子道："昇儿，你去地里把你三姐喊回家。"

"嗯。"毕昇扯着袖管抹去眼泪，转身跑出房间。在自家一块田里，毕昇看到三姐正用锄头刨碎刚犁出的大块田土。"三姐！三姐！……"毕昇大声喊着。

"哎！——"三姐闻声朝毕昇站立的田埂望去，停下锄头，应道。

毕昇想要实话实说："爹死了！"但一转念，如果现在就说出父亲的死讯，三姐可能会像母亲那样痛哭不已，那样可不好！想到此，毕昇转而喊道："三姐，娘要你回家！"

七

自从毕老头病倒后，家里的几亩田无法耕种，只好雇用短工代劳。这天，同村的村民帮着犁田，三姐便用锄头将犁出的大块田土弄碎，再花钱雇用短工耘田。正低头干活，三姐听到大弟毕昇喊她回家，以为家里有活儿要她帮着去做，便扛起锄头，深一脚浅一脚地从地头上了田埂，走到大弟毕昇面前，问："娘喊我回家有嘛事呢？"

"爹……走了……"毕昇终于忍不住说出了实话。

"啊！"三姐一怔，"哇——"的一声哭了，丢下锄头，向家的方向跑去。毕昇跟着三姐跑回家，还没踏进父亲的卧室，就听到母亲的哭泣声传出，夹着小弟的啼哭声。姐弟俩走进父亲的卧室，见母亲仍半蹲在父亲的床沿旁哭泣，小弟坐在一旁的地上啼哭。毕昇走过去抱起小弟，三姐扑到床侧，一边号哭，一边呼唤着："爹！爹！……"父亲的脸已经被母亲拉上被子盖住，三姐毕竟年纪尚小，心中有些忌惮，没有掀开被子。

母亲忽然止住了哭泣，对女儿说："你和大弟一起去二叔家报丧，记住，见到二叔先叩头，后说话。"

三姐"嗯"了一声，转过目光瞥了瞥大弟毕昇，母亲从毕昇手中接过小儿子，坐到一条凳子上，解怀给小儿子喂奶，姐弟俩便去了同村的二叔家报丧。二叔是父亲的胞弟，也是一位农民，家境与毕昇家差不多，平时种着几亩熟地，开垦了几亩荒地，勉强解决一家人的温饱。除了二叔，毕昇还有三位姑母，但都嫁得较远，大姑母前些年已经病死，两家几乎不再走动。古代交通不便，女儿回一趟娘家行车乘舟极为不便。毕昇的爷爷奶奶在世时，出嫁的姑母们隔几年还回娘家一趟探望高堂，爷爷奶奶去世后，姑母们就没有回来了。

二叔家与毕昇家虽然同村，但并不挨着住，相隔几百米，毕昇家又是单家独院，即使相邻的毕老瘸家，也没听到毕昇的母亲和三姐的痛哭声，姐弟俩踏进二叔家时，二叔还在地里，只有二婶在家里忙着家务。姐弟俩见到二婶，一声不吭，便"扑通"一声双双跪在二婶面前，伏地叩头。

二婶没有心理准备，此时突然见到侄儿侄女这个架势，倒是吓了一大跳："这，这……"

"二婶，我爹……走了……"三姐哭着报丧。

"哦，哦……"二婶这才明白过来，定了定神，说，"你二叔还在地里忙着呢，我这就去地里喊他回来。"二婶慌慌张张地来到地里，对正在犁田的丈夫说，"你哥刚才……走了，快去你哥家看看吧。"

"我哥……走了？这么快？"二叔一下子蒙了，回过神来后，自语地道，"我哥没大病呀，不就是胃痛嘛，怎么突然就走了呢？"

"现在说这些有嘛用？是毕昇和他三姐来报丧的，姐弟俩可能还在咱家呢。"二婶说着，帮忙解开牛绳，让丈夫扛着木犁，她自己牵着牛回了家。

毕昇姐弟俩果然还待在二叔家，二叔去厨房洗了洗手，又到卧室打开箱子拿出一些钱，吩咐毕昇道："你念过书，我报出需要购买的丧事物品，你记下来，拟出一个清单，然后我让毕武去镇上购买。"二叔有二子二女，毕武是二叔的大儿子，今年才十八岁的毕武去年就已结婚成家，在村头新建三间茅屋当新房，与妻子另立小家。二叔的大女儿也已出嫁，与二叔夫妇俩在一起生活的是小儿子和小女儿，都已经十几岁，在家里帮着父母种地和做家务。

二婶找出纸笔砚台交给毕昇，当毕昇研好墨、铺开纸时，二叔便口授丧事所需的物品清单，让毕昇记录。这时，二叔的三个子女都被喊回家，围聚在毕昇身后，看着毕昇写字。其实，二叔的大儿子毕武和小儿子毕文都在村塾念过几个月的书，因为家中无钱继续供读，只学会《百家姓》和《三字经》上的几百个字，就辍学回家种田。毕昇与两位堂兄比较起来，算是"高学历"了。

"毕昇写的字真好看。"毕武和毕文异口同声地赞道。

二婶接着两个儿子的话茬，感慨地道："毕昇聪明又刻苦，念书不错，如果他爹没有'走'，可能家里还会继续供他念书，以后说不定中个皇榜，光宗耀祖。唉，这都是'命'……"二婶说这话时，抬头瞥了瞥丈夫，只见丈夫铁青着脸，二婶知道刚才失言，使丈夫听了不高兴，便闭上嘴巴。

毕昇写好清单，二叔拿过去，交给两个儿子，说："你俩一起去镇上去采买，买齐了就回来，这边等着用呢。"

两个儿子应允而去，二叔、二婶这才锁了门，和毕昇姐弟俩一起赶到亡兄家里。

在二叔的主持下，按照乡下传统的丧葬习俗，将毕昇的父亲葬入家族坟山。丧事结束后，毕昇的母亲为了偿还债务，卖掉了三亩良田，仅留下两亩。这两亩田加上两三亩自家开垦的荒地，逢上风调雨顺的年头，种出的粮食勉强够一家人的吃喝。家中的劳力主要是母亲和毕昇的三姐，虽然母女俩是弱女子，但为了撑起这个家，只能像男人一样地出大力流大汗，起早贪黑地在田里辛苦劳作。

毕昇想着自己是家里的男子汉，虽然还只是伢子，但"穷人的孩子早当家"，他也要为家里分担一部分担子。在父亲"走"之前，刚辍学回家的毕昇就打算去镇上刻字社当学徒，不料父亲突然病亡。现在，母亲在二叔的帮助下，将丧事料理完毕，毕昇想去当学徒的念头重新冒出来，担心遭到母亲反对，决定瞒住母亲，偷偷地去镇上。

这天早上，毕昇喝了一碗菜粥，换上一身干净衣裳就出门了，母亲以为毕昇出去玩儿，也没有在意。从毕昇的家到镇上有八里之遥，而且大多是田间小路，如果走车马通行的大路，至少多走三四里。父亲活着时，每次去镇上卖土产品或采买生活用品，毕昇都要缠着父亲带上他，让他开一开眼界，瞧个新奇。毕昇因此对通往小镇的那条小路并不陌生，每每走到岔路口时，便会不加分辨选择正确的道路。在毕昇看来，走在那条曲曲弯弯的田间小路上，既有一种新鲜的感觉，又有成就感。父亲活着时，常常懊恼地说："自己一生最后悔的是没有出远门，从小到老都被困在家门口的田地里翻土坷垃。哪怕出门给东家做长短工，也算是见了世面，不枉活一世。"父亲念叨的话，让小小的毕昇记在了心上。

从六岁开始，毕昇曾几次独自沿着田间小路走到镇上玩耍，第一次走在这条路上时，毕昇因为害怕和担心半途而返。那次，毕昇走到岔路口，凭借记忆已分辨出那条正确的通向小镇的路，但硬是不放心，害怕走错路回不了家，只好返回。第二次独自走那条路，毕昇汲取上次的教训，守在岔路口等待路人或附近干活儿的农人走过，遂上前询问，当证实自己的判断是正确的后，毕昇继续向前走，终于走到小镇上。这时，毕昇内心充满了一种从未体验过的成就感。这以后，毕昇走的次数多了，对这条小路也熟悉到了如指掌的程度，虽然成就感有所减弱，但新鲜感反而上升了。因为季节的不同，沿途的景色也随之发生显著的变化，小孩眼中的世界与成年人眼中的世界是大不相同的，小孩对周围的一草一木一片叶子，房屋和人，都非常留意，印象深刻，往往诗意地刻印在脑海中。

但此刻毕昇走在这条小路上，既没有新鲜感，更没有成就感，反倒充满了焦虑。毕昇担心这次求当学徒会遭到拒绝，心里完全没有把握，自然轻松不起来，对周围的景色也不会关注。此时已是初夏时节，太阳升在半空，开始大发威力，烘干了缀在树叶和草尖上的露水，毕昇感觉脊背也热烘烘的，额上渗出了一小片汗珠。毕昇脱下了外衣，学着大人样子将外衣搭在右胳膊弯里，从田野上吹来一股清凉的微风，夹裹着一缕缕秧苗的清香，使人感到舒适、惬意，减少了徒步的疲劳和初夏的闷热。

到了小镇后，毕昇立即去找刻字社，小镇只有一条街，两旁大多是茅草屋子，前店后住宅，较少砖墙瓦顶的房子。刻字社坐落在小镇中央，青砖墙壁、鱼鳞瓦顶，院墙也是青砖砌成。但屋子似乎有些年代，屋墙和院墙的一些青砖呈现出明显的风化痕迹，风化的砖粉掉落地上，露出空心墙的墙窟窿，屋顶的鱼鳞瓦和椽子也呈现出年深日久的黑色。

毕昇找到刻字社，心里却突然虚怯起来，在刻字社店堂门口徘徊着，迟迟不敢进去。店堂内一位中年男人见门口有个小孩探头探脑的，十分可疑，便走出来，问毕昇："你在这里干嘛呢？"

毕昇见此人一脸严肃的神情，说话的腔调也有点"凶"，顿时被唬住了，头脑一片空白，在路上想好的说辞瞬间忘得一干二净，结结巴巴地回答："我……我……"

八

"我们这儿是做生意的，小伢子别在门口玩耍，挡着客人进店。"中年男人挥手驱赶着毕昇。

毕昇讪讪地走开了，在小镇短窄的小街逛了一遍后，又来到刻字社门口，却仍然不敢走进店里。忽然，背后有人吆喝道："小伢子！怎么又来了？想要做嘛呢？！"毕昇转头一看，正是刚才从店里出来驱赶他的那位中年男人，不知道此刻他是从哪里"冒"出的，反正不是从店里走出的。

毕昇猝不及防，情急之下吐露了真言："我……我想当学徒。"

"当学徒？当哪里的学徒？"中年男人瘦精精的，中等身材，炯炯目光像锥子似的扎在毕昇的脸上。

毕昇指一指店内，说："我想当刻字学徒。"抬起头，却没敢去看中年男人，"先生，您是这里的沈老板吗？"

"我不是沈老板。"中年男人继续审视着毕昇，问，"你多大了？"

"我……我十岁了。"毕昇回答。

中年男人摇摇头，说："你顶多只有七八岁。"

毕昇急了，辩解道："先生，我说的是虚岁。"毕昇虽口称刚才说的是虚岁，但也多报了一岁，按照实际年龄，毕昇周岁是八岁，虚岁是九岁。古代民间通常以虚岁计算一个人的年龄，即在周岁上再加一岁。中年男人说毕昇只有七八岁，一则是故意往小岁数说，二则毕昇长得瘦小，看上去确实只有那个年龄。

"你年龄太小，过两年再来吧。"中年男人说罢，扭头走进店里。

"我已经十岁了，不算小啦！"毕昇跟在中年男人身后，嘴上念叨着，"我念过书，识很多字……"

中年男人似乎被毕昇这句话打动了，转身瞥了瞥毕昇，问："你念过几年书？"

"一年多呀。"毕昇又答。

"继续念下去呀，怎么，厌学了？"中年男人口吻中透着一点"审问"的意味。

"先生，我不是厌学，是家里没钱'供'了……我爹刚去世。"毕昇低下头。

"哦……你先坐下。"中年男人指一指店堂里的椅子，道，"我去把沈老板喊来，你对沈老板说吧。"言毕，中年男人走进后面的宅院。

店堂里除了那位中年男人以外，还有一位二十岁左右的年轻人，此时，年轻人正伏在一张雕版上刻字，毕昇想上前看个仔细，但隔着柜台，毕昇不便走进柜台里面，只好站在柜台外面，踮起脚尖朝柜台里面远观。终因距离较远，不能看个清楚。年轻人埋头刻字，并不理睬毕昇，这期间也没有客人来店堂联系业务。

一会儿，中年男人从后院走出来，招呼毕昇说："你跟我来！"把毕昇带到后院的一间房子里，这间房子较大，摆着方桌、长桌、太师椅、花架等家具，更惹眼的是四壁都立着书橱，书橱里摆放着各类书籍。沈老板正坐在长桌后面，闻声抬起头，看了看毕昇。

"老板先生！"毕昇连忙跪下叩头。

"你多大岁数？叫什么名字？家在哪里？"沈老板约莫四十来岁，长着一副阔脸膛，两腮的肉有点下垂，显得富态。

"老板先生，我今年十岁，名叫毕昇，家在本镇伍桂墩村。"毕昇恭恭敬敬回答。

"沈老板，这个伢子念过书。"中年男人插话道。

"念了几年书？"沈老板一边问，一边站起，从一架书橱里抽出一本书。

"念了一年多，因为父亲去世了，家里没钱，只好辍学。"此时的毕昇已经没有初来时的胆怯与惶惑，平静地回答着沈老板的询问。

沈老板拍一拍手中的线装书，说："这是一本《百家姓》，你念给我听一听。"言毕，将书递给毕昇。

"老板先生，我背诵好吗？"毕昇问。

"那当然好哇，你背诵吧。"沈老板脸上露出一抹笑容。

毕昇定了定神，便背诵起来："赵钱孙李，周吴郑王……"一口气背诵下去，像一条小溪潺潺流淌着，中途没有任何东西阻挡，顺流而下。沈老板一眼不眨地盯着《百家姓》书本，似在检查毕昇的背诵是否有错。

毕昇背诵完毕，沈老板不禁向毕昇竖起了大拇指，称赞道："很好哇！你能一字不漏地把一本书背诵下来，说明你念书确实下了功夫。"

　　毕昇受到沈老板的称赞，心里很高兴，说："老板先生，我念过的书都能背诵呢。"

　　"你念过哪些书？说说看。"沈老板饶有兴趣地问。

　　"《百家姓》《三字经》《千字文》《论语》……"毕昇列举了一年来在村塾读过的书。

　　沈老板站起，从书橱里找出一本《论语》，对毕昇说："你背诵《论语》，行吗？"

　　"在村塾念书时，先生规定我们必须背诵《论语》，我也背诵下来了。现在隔了一段时间，不知道是否忘记了，试一试吧。"停了停，毕昇忽然用央求的口吻道，"如果我忘记书中哪一句话，请老板先生提示一下，好吗？"

　　"嗯，嗯。"沈老板点着头。

　　"学而时习之，不亦说乎？有朋自远方来，不亦乐乎；人不知而不愠，不亦君子乎。……"毕昇竟然把一万多字的《论语》都背诵出来了。

　　"好！"沈老板又称赞了一声，拍了拍书本，问，"你念过的书上的文字，都会写吗？"

　　"会写的。"毕昇回答。

　　"我收你当学徒了。"沈老板当即拍板。忽然，沈老板想起什么，问，"你到刻字社来当学徒，家人同意吗？"

　　"我娘当然同意喽。"毕昇道。虽然他今日是瞒着母亲来镇上的，更不知道他来镇上刻字社当学徒，但毕昇以前曾向母亲提起过这个意愿，只是母亲认为他年龄小，刻字社不一定愿意收下他。如果母亲知道他已经被刻字社录用，高兴还来不及呢，怎么会反对呢？！这么想着，毕昇对能否过母亲那一关，充满了自信。

沈老板似乎有点不放心，对毕昇道："你回家告诉你母亲，说沈老板已录用你为学徒，但有些事要与你母亲当面商量一下，请你母亲明天来这里一趟。"

毕昇满口应承道："好的，我这就回家对母亲说。"遂告辞离去。在刻字社门口，毕昇略停一下，看了看刚才自己徘徊的地方，不禁心生感慨之意："还是念书好哇，如果没有念一年时间的书，此次求当学徒一事，非'泡汤'不可。"由此，毕昇想起亡父生前执意要送他去村塾念书识字，按照亡父望子成龙的规划，一家人省吃俭用供毕昇一直读下去，直至毕昇考取功名。亡父生前虽然在儿子毕昇面前无数次念叨这句话，并以这句话鼓励儿子毕昇，但毕昇彼时年龄尚幼，根本不理解父亲的一片苦心，反而觉得父亲送他进村塾，像鸟儿被捉进笼子，再也不能继续自由自在地玩耍。

但自从父亲生病后，毕昇突然懂事了，比同龄孩子成熟了许多，也理解了父亲"逼"他念书的苦心。但造化弄人，父亲撒手而去，家中的顶梁柱倒了，毕昇心中刚刚升起对念书的一点兴趣，就被命运的手掐断了。毕昇心中纵有一万个后悔，也无法挽回父亲的生命，使生活从头再来了。

毕昇几乎一路小跑着回家，到了家门口，却见门上挂着锁，毕昇心中一惊，以为家里又出了事。略定了定神，才想起现在已是下午，母亲带着小弟和三姐一起下地了。毕昇没带钥匙，尽管突然感到饥肠辘辘，却不能进屋弄吃的，便朝自家地里奔去。到了地头，见小弟在埂上独自玩耍，弄得一身尘土泥垢，母亲和三姐在地里平整土块。

"娘！我回来了。"毕昇大声招呼着。走过去，欲要换下母亲手中的锄头。

"你到哪里'野'去了？"母亲瞪着毕昇，气愤地斥责道。

"娘，我去镇上了，找到刻字社要求当学徒，沈老板同意了。"毕昇见母亲生气，连忙解释。

母亲听后，气才消掉一半，停了一会儿，问："沈老板不嫌你还小？"

"我说我今年十岁了。"毕昇说着，"嘿嘿"地笑起来，眉眼间掩饰不住得意的神情。

"沈老板相信了？你那模样能看出十岁？"母亲半信半疑，"你就瞎扯吧。"

毕昇有声有色地介绍当时"应聘"的情景："沈老板盯着我看了半天，不相信我说的年龄，要我过两年再来。"

"我就说沈老板眼睛不瞎，怎么瞧不出你的年龄呢？"母亲道。

毕昇继续介绍道："我对沈老板说我念过书，识了不少字，沈老板让我背诵念过的书，我一口气背诵了两本书的内容，沈老板夸奖了我，当场收下我当学徒。"

"得亏你念了书呢，不然的话，你乖乖地回来与我一起握锄头整地。"三姐笑着插言道。

毕昇换下母亲手里的锄头，一边整地，一边继续对母亲道："娘，先生让您明天去刻字社一趟，说要与您商量一些事儿。"

"商量嘛呢？当学徒不拿钱，说不定还要拿钱给沈老板吧？我们家穷得叮当响，可拿不出一枚铜钿给沈老板哟。"母亲担忧地说。

毕昇连忙摇头道："不会的！沈老板如果要我拿钱，当时就应该说出来了，沈老板可没有透露半个字呀。"

母亲略思忖片刻，遂做出决定："不管怎么说，明天我去一趟镇上，见一见刻字社沈老板。按照老规矩，师父招收学徒三年不给工钱，但管吃管住，一年给学徒缝制一套衣裳，不收学徒的学费呀伙食费呀什么的。明天我去与沈老板谈，看看沈老板是不是也是照老规矩办。"

九

母亲为了明日去见刻字社沈老板做了一番准备：挑选出一套补丁较少的干净衣裳，还从地窖里挑拣出一篮红薯，又从屋后竹园中挖了几个竹笋、去年秋天打下的板栗，这些乡下土特产虽不值钱，吃着却有一番滋味。当然喽，刻字社坐落在小镇上，百米之外就是乡下，不愁买不到这些廉价的土特产。但买归买，送归送，送的意义不同，包含着对受赠人的心意。

天未亮时，母亲就起床煮了一锅红薯粥，又去小溪边洗了全家的衣裳，忙完这一切，才把儿子毕昇和三女儿叫醒。一家人吃完早饭，母亲嘱咐三女儿在家里照看小弟，不用下地，她带着儿子毕昇去了镇上。

母亲长期忙里忙外，地里的活儿不输于男人，身体显得比较强健，加上母亲性子急，此时步伐迈得快，毕昇要小跑着才能赶上母亲。到了镇上，母亲的脚步才放慢下来，似乎在她的潜意识中是完成了一项任务。"刻字社在镇上哪里呀？"母亲东张西望着。

其实，即使看到刻字社的招牌，不识字的母亲也认不得。

"娘，刻字社在镇街的中段，再往前走十几米就到了。"毕昇指着镇子的前面说。

母亲没有吭声，目光却在左顾右盼，这也难怪母亲了，终年在地里和家里辛苦劳作，极少有机会到镇上来。走到刻字社门口，毕昇说："娘，到了，这儿就是刻字社。"遂带着母亲走进去。

精瘦的中年男人见到毕昇母子俩，连忙招呼俩人稍坐，说："我这就去向沈老板通报一下。"言毕，便去了后院。

一会儿，中年男人从后院出来，笑容可掬地对毕昇的母亲说："毕嫂，我们沈老板请您去谈话。"便领着毕昇母子俩去了沈老板的书房。

沈老板对毕昇的母亲也很热情，吩咐仆人沏茶，毕昇虽然还是一个孩子，但此刻也跟着沾光，享受着被敬茶的待遇，毕昇长这么大，还没有享受到这种待遇呢，不禁对沈老板产生了好感。

"毕嫂，您儿子毕昇昨天来这里要求当刻字学徒。"沈老板开门见山地道。

"沈老板，昨天儿子把这事儿告诉我了，谢谢沈老板关照。"母亲向沈老板欠了欠上身，算是行了礼。

"毕嫂，你儿子究竟几岁呀？"沈老板是"哪壶不开偏提哪壶"。

毕昇顿时心中一惊，赶紧向母亲使眼色，示意母亲按照他的话去说。不料，母亲偏偏说了实话："沈老板，实话说吧，我家儿子毕昇今年虚年九岁了。"

"完了！沈老板肯定认为我撒谎，不录取我当学徒了，更糟糕的是，沈老板对我印象差了，以后再也不会录取我，这个门被堵死啦！"毕昇这么想着，不禁朝母亲怨忿地瞥了一眼。

这时，母亲不慌不忙地又接着说道："不过，他是上半年农历三月初四日生日，说是虚岁，其实是不'虚'的。"

毕昇脸上转嗔为喜，高兴地看着沈老板，仿佛在说："沈老板，昨天我没有说谎吧。"

沈老板点一点头，将话题一转，道："我们刻字社是印刷书籍的，要求学徒会识字写字，昨天我对毕昇进行了测试，毕昇在识字写字方面合乎我们的标准，因此决定录取他当学徒。"

母亲连忙说："我这个大儿子早就想着来这里当学徒，这下子沈老板遂了他的心愿，我们全家都感谢沈老板的恩典！"

"毕昇想当刻字学徒是一件好事哇，比起那些被家长逼迫来学艺的伢子要好嘛，说明毕昇对刻字一行产生了兴趣，有兴趣就有动力。"沈老板赞许道。

接下去，沈老板把话题一转，向毕昇的母亲交代了刻字社学徒的待遇，并要求学徒出师后须在本刻字社工作五年，如果在五年内，瞒着刻字社另聘他处或自立刻字社，就要按照违约规定缴纳违约金若干。沈老板说完这些后，询问毕昇的母亲道："毕嫂，您现在就考虑一下，如果同意我刚才介绍的有关规定，毕昇就留下来，如果不同意，也不勉强。"

毕昇生怕母亲不同意，连忙小声催促母亲："娘，快点同意呀！"

母亲见儿子态度坚决，便朝沈老板微微一笑，表态道："只要我儿子同意，我做母亲的就没什么意见。"

"好！"沈老板说着，便从资料橱里翻找出一叠文件，又朝毕昇招一招手，道，"你过来，把这份契约（古代的合同文书）

念给你母亲听一听。"

母子俩走过去，毕昇从沈老板手里接过契约，一字一句地念出来，念毕，沈老板又征询了毕昇的母亲："毕嫂，您没有异议吧？"

"沈老板，只要我儿子没意见，我也就没意见。"母亲再次这样说。

"好哇，毕昇，你在契约上签上名字，再按上手印。"沈老板吩咐。

毕昇照办后，沈老板将一份契约递给毕昇的母亲，说："契约一式两份，我留下一份，另一份由毕嫂拿回去妥存。"

签完契约，毕昇正式成了刻字社的学徒。这时，恰好前面店堂的中年男人领一名客人来见沈老板，原本沈老板准备亲自带毕昇母子俩去参观刻字坊，此时见抽不开身，便吩咐中年男人临时担当此任："金管事，你把毕嫂和毕昇带到刻字坊转一转。"

"沈老板，好的。"中年男人金管事应允着，转身对毕昇母子俩道，"请跟我来吧。"

刻字坊在后院里，那是一间四十多平方米左右的大房间，十几名师傅和学徒正在埋头刻字。房间一侧摆放着两只四层的木架，一只木架上整齐地码放着刻好的雕版，另一只木架摆放的雕版是白木板，金管事介绍说那是尚未刻字的雕版。忙碌着的工匠们见金管事领了中年农妇和小伢子进来，只是抬头朝来人瞥一眼，神情显得淡然，也没谁向金管事询问。

稍待片刻，金管事又说："毕昇，我领你看一看宿舍。"宿舍在工坊的隔壁，也是一间大房间，摆放着十几张床铺，其中有几张床铺光溜溜的，没有床褥和被子。金管事指一指那几张空床铺，转头对毕昇道，"这几张床铺都是空的，你挑选一张床铺。"

"没有被子呀。"毕昇道。

"哎，我正要向你打个招呼呢！"金管事连忙道，"垫被呀、被子呀、枕头呀等床上用品，都要自备，或者在镇上的店铺购买，或者从自己家里带过来。刻字社呢，只提供住宿处。"

毕生母子俩看了看各张床铺，果然发现那些床铺上铺放的床垫、被子和枕头都各不相同，颜色、新旧各别。毕昇的母亲想起儿子在家里有床垫、被子，只是打了不少补丁，比较破旧罢了，便道："行，我儿子这就回家把铺盖扛来。"

金管事见毕昇母亲没有在这些小事上计较，心里一高兴，便趁机将刻字社学徒的待遇夸耀了一番："在我们刻字社当学徒，比给一般店铺的掌柜当学徒要强百倍，为嘛这样说呢？给一般店铺的掌柜当学徒，等于当了小佣人，每天要给掌柜带小伢子，给掌柜女眷倒马桶，跑前跑后地侍候着。掌柜的稍不满意，就要罚跪、打耳光、拳打脚踢，不给吃饭，三年下来，不但白侍候了掌柜一家，什么本领也没学到。可在我们这儿，学徒不用侍候沈老板和沈老板家人的，只需一心一意学习刻字本领，学得越专心，技艺越精湛，沈老板越高兴。——这个方面呢，不用我多饶舌了，毕嫂您刚才在工坊也亲见了。"

母亲听后，心里愈加满意，当即当着金管事的面，叮嘱儿子毕昇道："儿子，你算是交了好运啦，以后要多听金管事教诲，好好地干！"

"娘，我会好好干的。"毕昇回答，下意识地握了握右手。

母子俩回到家里，吃了午饭后，母亲欲要挑着儿子毕昇的铺盖送到镇上刻字社，但毕昇想到母亲上午已经跑了一个来回的路程，已经疲劳了，下午再挑着铺盖行李去镇上，肯定会累得受不了，能否支撑走完八里路程还不能打包票。母亲听从了儿子的话，打消了挑儿子的铺盖去镇上的念头。不过，母亲仍坚持要儿子去亡父的坟上磕个头，向亡父报告他去刻字社当学徒一事。古人言"事死如事生"，人死了，但灵魂不灭不散，活着的亲人如果去死者坟上磕头倾诉，死者有灵是会听到的。

母亲在家里翻找出年节祭祀剩下的纸钱、鞭炮、香烛等丧葬物品，走了几里山路，来到毕老头的坟前，点燃了香烛、纸钱，接着，又由毕昇亲手点燃一挂短鞭炮。"噼里啪啦"的一串鞭炮声，吸引了周边田地里耕作的农人目光，他们可能感到诧异："清明还早着呢，这就祭祀扫墓啦？"不过，想一想提前个把月扫墓的人不是没有，便都释然地转过头去，不再盯着这边看。

"娘，我该向爹说些什么呀？"毕昇跪在亡父坟前，正欲磕头时，忽然抬眼看着伫立一旁的母亲问。

母亲想了想，便道："你就对你爹说'我已当上镇里刻字社的学徒啦，明天就离开家去刻字社了，现在特地来向爹说一声，一来请爹放心，我会好好学手艺的。二来呢，请爹多保佑我尽快学会学好手艺。'——说出这意思就行了。"

十

次日，母亲挑着铺盖和行李，送毕昇到镇上刻字社。到了刻字社后，母亲又亲手铺好儿子毕昇的床，才放心地离去。

"昇儿，我带你去见刻字坊的潘把头。"金管事对毕昇说。毕昇不明白"把头"是什么意思，却又不好意思询问。毕昇暗暗猜测"把头"是一个头头，这姓潘的可能是刻字坊的工头。走进刻字坊，金管事领着毕昇来到潘把头面前，"老潘，给你送来一名学徒，你安排一位师傅带着他吧。"毕昇听金管事这句话的语气，似乎金管事的职位比潘把头高，管着潘把头。

潘把头朝毕昇瞥了瞥，问："你姓什么？"

"潘师傅，我姓毕，名叫毕昇。"毕昇回答。

潘把头"唔"了一声，没有再说什么，继续忙自己的活儿，竟把毕昇晾在一旁，而金管事也不再过问，转身走了。

毕昇显得很尴尬，却又不便催问，只好站在那里东张西望。过了一会儿，潘把头似乎想起毕昇，便放下手中活儿，站起，对毕昇说："跟我来吧。"

将毕昇领到一位埋头刻字的师傅面前，说："老高，给你一位学徒。"

被称为"老高"的人也是一位中年人，面孔粗糙、黢黑，头发蓬乱，像一位刚从地里回来的老农。"师父好！"毕昇恭恭敬敬地向老高鞠躬。

"呃。"老高喉咙里响了一下，重新低下头在雕版上刻字。

"老高，你要把这个徒弟带好哟。"潘把头叮嘱了一句。

"呃。"老高喉咙里又响了一下，却没有抬起头。

潘把头走开了，毕昇站在一旁看着师父雕刻，正看得入神，老高忽然停下来，抓起桌上一侧摆放的几把刻刀，递给毕昇，吩咐道："你去将这几把刻刀都磨了，磨得越快越好！"

"师父，在哪儿磨刻刀呀？"毕昇接过刻刀，环顾着刻字坊，却没有发现磨刀石摆放在哪里。

"笨蛋，你不会去找啊？"老高骂了一句，只管自个儿刻字。

毕昇一下子蒙了，自小儿长大没听到有谁骂他"笨蛋"，即使在村塾先生面前写不出生字、背不出书，解释不了书中的内容，先生也从未骂过他，父母更不会以这句骂人语责骂他。第一次听到师父骂"笨蛋"，毕昇既感到委屈，又很自责，认为自己确实太笨了，连找磨刀的地方这种事还要询问师父！毕昇东张西望，目光在刻字坊的每一个角落搜寻着，却仍一无所获。毕昇正感到无奈时，忽然瞥见一位十四五岁的年轻学徒朝这边走过来，便迎上去问道："师傅，请问磨刻刀的地方在哪里呀？"

那个年轻学徒略打量了毕昇一下，竖起右手一根指头朝上空指一指，一语不发地走开了。毕昇抬头看了看屋顶，只见屋顶除了大梁、椽子和鱼鳞瓦，什么也没有，毕昇顿时明白那位年轻学徒在捉弄自己！心头不禁升起一缕愤怒的火焰，如果不是理智告诉他千万不要冲动，他可能就会冲过去撕咬那位捉弄他的年轻学徒，发泄心中的怒火。

毕昇暗忖："磨刀处不在刻字坊，那么，是不是在外面呢？"

想到此，毕昇走出刻字坊，恰好在门口处遇到刚从沈老板书房出来的金管事，毕昇迎上前问："金管事，师父让我去磨刀，可我不知道磨刀处……"

金管事抬手指一指刻字坊隔壁的小房间，说："那间小屋就是专门磨刀的。"

毕昇道了谢，转身欲去，金管事忽然将他喊住，问："毕昇，你师父是谁呀？"

"姓高。"毕昇答。

"哦……"金管事沉吟片刻，道，"老高这人性格有点古怪，不过，他人还好，处的习惯了就好了。"说罢，便匆匆走了。

磨刀的房间地上摆放着一排各类磨刀石，还有桶装水，地面砌成斜的，磨刀时用的水都从这个斜面流到水沟里。此外，还有一种磨刀机器，这种机器采用脚踩式圆形磨刀石打磨刻刀，它用牛皮带一头连接踩板，另一头连接圆形磨刀石，使用者用一只脚不停地踏动踩板，圆形磨刀石便旋转起来。这个机器一般用于粗加工打磨刻刀，而精细加工打磨刻刀，则须用手去一下一下地去磨刀。后者是比较累的，而且要考验磨刀者的耐心。

毕昇进去磨刀时，磨刀间没有一人，他蹲在一块磨刀石前，耐心地磨着刻刀。没有一位师傅在这里，毕昇不知道刻刀是否磨得锋利，只能靠自己盲目揣测。毕昇磨完高师父交给他的刻刀，感觉全身的力气都用尽了，瘫坐在地上，歇息了一会儿，才站起，回到刻字坊。

"师父，我已经把这几把刻刀都磨好了，您看看可行？"毕昇双手将磨好的刻刀捧到高师父面前。

高师父的嘴里咀嚼着什么，抬手指一指桌子一侧，含混不清地说："放在这儿吧。"

毕昇依照吩咐将磨刀摆放在桌子一侧，迟疑了一下，问："师父，您还让我做嘛事呢？"

高师父乜斜着毕昇一眼，说："看事做事，还要我吩咐吗？"骂了句，"笨蛋！"

毕昇无缘无故地又被骂，心里自然不舒服，不过，此时似乎却感到淡然一些，没有第一次挨骂时委屈的感觉。毕昇便站在一旁看着高师父刻字，看了一会儿，高师父拿起桌上的茶杯，道："你真是笨蛋！看事做事都不会？去厨房灌一杯热水！"

毕昇心头又蹿起一束火苗，不过，他还是强忍住了，拿起高师父的水杯出去了。这时，毕昇似乎学乖了，没有找人询问厨房在哪儿，而是在后院一个房间一个房间地寻找，果然很快找到厨房，将水杯灌满开水，端回刻字坊。高师父没有再支使毕昇做这做那，允准毕昇站在一旁看着他刻字，但他没有教授毕昇一丁点有关刻字方面的技术。常言道"看花容易绣花难"，看着高师父一刀一刀地刻字似乎并不太难，但如果达到每一刀下去都不出错，不是一件易事。

当时，刻字工在一块木板上刻出一版书页的文字，至少几百字，如果一笔刻错了，这一个字就废了，又不能把这个废了的字从木板中抠出来。怎么办呢？没办法补救啊！只能把这一版都报废掉。对于刻字工来说，下刀的准确率必须达到百分之百，这个压力是巨大的。刻字技艺熟练的工匠是刻字社的"宝贝"，不仅给刻字社降低成本带来经济效益，他们的高超技艺和经验，也是刻字社无形的财富，沈老板对他们都要敬三分，当然喽，给他们的工资也是不菲的。

午饭时，高师父对毕昇的态度和蔼起来，问："你领了饭牌吗？"不等毕昇回答，高师父又道，"新来的学徒在金管事那里领饭牌，凭饭牌打饭菜。"

"喔，我这就去找金管事。"毕昇经高师父提示，正准备去找金管事要饭牌，金管事却来了，拿着一枚饭牌递给毕昇，并让毕昇在饭牌发放人员登记表中签名，毕昇提笔签了名，接过饭牌，向金管事道了谢。

金管事问："你从家里带来了碗筷没？"

"我娘忘了这事儿，没碗筷怎么吃饭呢？我没钱去镇上陶瓷店买碗筷呀。"毕昇为难地说。

高师父从衣兜里掏出一把铜钿，递给毕昇道："你快点去镇上陶瓷店买碗筷，厨房已开饭了，去迟了恐怕打不到饭菜。"

毕昇没想到此时的高师父与上午判若两人，不但不再骂他，还"乐于助人"，毕昇尽管感到高师父很古怪，但也没有进一步去深想。事实上，像毕昇这样年龄的孩子，在面临这样的问题时，是不可能深想的。

这时，毕昇拿着钱，飞快地跑出刻字社，到一家陶瓷店买了碗筷，又快速赶回来，去厨房打了饭菜。古代吃饭是一件大事，绝不容许浪费粮食，刻字社免费供给全体员工一日三餐，这个开销不算小，因此，厨房要按照吃饭人数来准备饭菜，以免剩饭剩菜，造成浪费。厨房伙夫在开饭前，已经把饭菜分好，用碗盛好，当员工拿着自己的碗去打饭菜时，伙夫将一碗饭和菜同时扣在员工的空碗里，非常公允，也非常简单。

毕昇把饭牌递进窗口时，伙夫透过木格子瞥了瞥毕昇，问："你是今天才来的学徒？"

"是呀！"毕昇应道。

"谁是你师父呀？"伙夫一边将饭菜扣在毕昇的空碗里，一边顺口问道。

"高师父。"毕昇又答道。

"是那个'高神经'呀。"伙夫又顺口说道。

毕昇第一次听到师父的不雅外号，岂止不雅，简直带有侮辱性。"神经"，即"精神病"，也就是俗话说的"疯子"，师父被人称为"疯子"，肯定是言语行为不正常。此时，毕昇正不知如何回答，只听身后一声怒吼："你他妈的嘴巴干净一点！谁是'神经'？！"毕昇回头一看，高师父正站在他身后，刚才把伙夫的话都听得一清二楚。

"高……高师父，对不起……"伙夫连忙朝排队打饭的高师父赔着笑脸，辩解道，"我和你新来的徒弟开玩笑呢，高师父您可别当真哟！"

"有你这样开玩笑的吗？你这是骂人！何况是在我的徒弟面前骂我！"高师父严颜厉色地驳斥道。

第二章

一

高师父在朝窗口里伸进饭碗时，在一旁的毕昇不禁暗暗地捏了一把汗，担心高师父将饭碗砸到伙夫头上。幸好高师父虽然骂骂咧咧的，但没有砸饭碗。打了饭菜后，高师父没离开，仍站在窗口斥骂伙夫。后面打饭的几位刻字工将高师父搡走，一场险些发生的"战争"才没有发生。

高师父返回刻字坊，毕昇赶紧跟上去，这时，高师父注意到了毕昇，原本已不再骂骂咧咧，却又开始在毕昇面前大骂伙夫："什么东西？一个臭伙夫！挑水烧饭的苦力！竟然在我面前神气，也不撒泡尿把自己照一照。哼！……"

毕昇欲要劝说高师父息怒，却想到自己刚来这里，又是一个小伢子，劝说高师父可能使他反感，在高师父心目中留下"老人精"的坏印象。"老人精"这个词如果用戏谑的口吻称呼小伢子，是大人赞赏小伢子少年老成，在这种场合下，这是一个褒义词。如果一个小伢子的言行出格，与自己的年龄不符，大人反感，就成了一个贬义词。

高师父在毕昇面前絮絮叨叨地将伙夫骂了一阵，也就自个儿停下来。吃完饭，毕昇主动把高师父的碗拿去洗了，又给高师父的茶杯里灌了开水。饭后有一段时间午休，有的去宿舍小憩，有的在院子里散步，有的在坊里勤奋刻字。……高师父吹拂着茶杯里的开水，喝了几口，"咕噜噜"地漱了口，便问毕昇："你去宿舍躺一会儿不？"

毕昇摇摇头，道："不躺了。"

"我去躺一会儿，"高师父叮嘱，"你如果见有人上工了，就去宿舍把我喊醒。"

"嗯，我会的。"毕昇答允道。

高师父走后，毕昇就去看那几位师傅刻字，不过，却也有一位是学徒，就是那个指着屋顶回答毕昇的年轻人。毕昇对他印象不好，但见他也伏在雕版上一刀一刀地刻字，觉得很佩服，坏印象顿时冲淡不少。毕昇轻轻地走到那人背后看着，只见他在刻一本书的封面。通常来说，封面的字都选择大号的，比较醒目，刻工比较容易下刀，也不容易刻坏。这个年轻人显然技艺还嫩着，只能刻封面上的大号字。即使如此，在初来乍到的毕昇面前，仍堪称师父。

毕昇正看得入神，年轻人停下刀，站起，转身发现站在他身后的毕昇，不由得一激灵，瞪着毕昇骂道："吓我一大跳！你是鬼呀？！"

"师傅，对不起，对不起！……"毕昇一个劲儿地向年轻人道歉。

大概毕昇的谦恭表现打动了这人，他脸上的怒气渐渐消去一些，问："你是新来的？"

"师傅，是的。"毕昇答道。

"哦，你姓甚名谁？"对方又问。大概毕昇一口一声"师傅"，使对方的虚荣心得到了满足，对方的嗓音也变得柔和起来。

毕昇报了自己的姓名，反问道："敢问师傅贵姓？"

"免贵姓汪，名叫汪桂生，三点水的'汪'，桂花的'桂'，不是富贵的'贵'哟。"汪桂生说罢，朝毕昇挤一挤眼睛，调侃地笑起来。

毕昇此时忽然觉得汪桂生没有起初他印象中那样"坏"，说话还有点诙谐、幽默。毕昇也不是一个性格刻板的人，加上与汪桂生的年龄相仿，便一改刚才的拘谨神情，显得些许活跃，问："汪师傅，您的生日大概在八月吧？"

"是呀，你怎么知道的？"汪桂生一时诧异。

"汪师傅的尊名'桂生'透露出来的，'桂'暗指'八月'，大人们常说，'八月桂花香'呀！"毕昇解释道。

汪桂生点点头，笑道："毕昇，你的名字'昇'，是不是你父亲盼望你步步高昇呀？"

"大概有这个含义吧，不过，我父亲生前没有向我解释这个。"毕昇老实承认道，"我父亲送我去村塾念书，就是希望我念书有出息，将来考取功名做大官。"

"你父亲也去世了？"汪桂生盯着毕昇的脸孔。

毕昇从对方那句问话中听出了异常，便小心翼翼地问："汪师傅的尊父大人？——"

"唉……"汪桂生轻叹一口气，道，"我命不好，还在娘肚子里时，家父就升仙了。"

毕昇脱口而出："汪师傅比我还惨呐，家父不久前才去世，如果家父健在，我可能这阵儿还坐在村塾课堂上呢。"

汪桂生没有说毕昇命运比他惨，反而用羡慕的眼光瞟了瞟毕昇，说："你多少还享受了几年父爱，可我……唉，不说了！"汪桂生转换了话题，问，"你今年多大岁数呀？"

毕昇犹豫了一下，但想起母亲在回答沈老板询问他的年龄时所说的话，便爽快地答道："汪师傅，我已经十岁了。"遂又反问道，"汪师傅大概比我大吧？"

汪桂生向毕昇竖起右手的四根指头，道："我比你大四岁，来这里已经两年，明年就要出师啦。"

"真好！汪师傅只有一年就出师了。"毕昇道。看得出，毕昇羡慕汪桂生学会了刻字技艺。常言道："荒年饿不死手艺人。"在古代，对于年轻人，除了读书做官这一条出路，还有学习各类手艺谋生方式。学会刻字技艺，就等于端上了一只饭碗，是一些穷苦孩子所向往的。

汪桂生却摇摇头，道："不行啊，明年我虽然出师了，但比起坊里那些资深师傅，我所掌握的手艺还差远着呢。"

毕昇听汪桂生提起其他师傅，便问道："汪师傅，我的师父手艺也一定很好吧？"

"高师傅？"汪桂生问。

"是呀。"毕昇答道。

"高师傅的手艺蛮不错的，只是——"汪桂生说到这里，马上将话打住，因为他看到高师傅正走进坊里。

毕昇顺着汪桂生的目光看去，见高师父来了，连忙站起迎过去，自责地说："师父，不好意思，我还没去喊您，您就自个儿来了。"

"我头脑里有一个小人儿，他会按时喊醒我。"高师父说罢，不禁为自己编造了一个"神话"而"嘿嘿"地笑起来。其头，高师父午休时只是打一个盹，从来不深睡。换一句话说，只是处于一种半睡眠状态。不过，让毕昇感到惊奇的是，那些在宿舍小憩，以及在院子里、街道上散步的刻字工们，仿佛听到上工口哨声似的，都鱼贯走进坊里。

"毕昇，去厨房倒一杯开水沏茶。"高师父吩咐。

毕昇赶紧端起高师父的空水杯和一小包茶叶，快步奔向厨房。这时，毕昇暗暗责怪自己反应太慢了：倒水沏茶这种杂事根本不用高师父吩咐，作为徒弟，要主动、利索地去做好。当毕昇在厨房沏了茶回到坊里，高师父已经坐在桌前刻字了，桌子的一侧照例摆放着小碗，碗里盛着半碗炒黄豆，这是高师父最爱吃的"零嘴儿"。毕昇第一次见到大人也吃"零嘴儿"，感到有些奇怪。在毕昇的家乡，黄豆唯一的用途是过年节时打豆腐，平时都珍藏在仓储里，即使小伢子馋嘴，大人也不舍得拿出炒着给小伢子当"零嘴儿"。高师父拿炒黄豆当"零嘴儿"，可见高师父家底儿有多丰厚。毕昇很想当面询问高师父的家庭情况，话到唇边，忽然意识到这不是刚当学徒的人所问的话，便将话语咽下肚里。

整个下午，毕昇照例磨刻刀、做杂事，连待在一旁仔细观看高师父刻字的机会都很少。黄昏时分，刻字坊就收工了，在任务不太紧急的情况下，沈老板是不让刻字工点燃蜡烛刻字的。一来蜡烛价格昂贵，耗费蜡烛的成本收不回来，不划算；二来即使点燃蜡烛刻字，但光线还是较暗，很容易将字刻坏。只要刻坏一个字，一块整版就报废了，不但损失一块加工好的木板，前面那些已经刻好的字都没用了，真可谓：前功尽弃！

吃罢晚饭，天空尚有一抹微亮，员工们有的去洗浴，有的去小镇街道、附近村路上散步，也有的乘着天没黑下来，去附近的小河沟、田里捕捉黄鳝。他们抓到黄鳝后，塞进竹篓里，将竹篓浸在一盆水中，次日拿到厨房请伙夫烹饪。或索性卖给厨房，伙夫烹饪后卖给员工。

毕昇看到汪桂生在院子里绕圈圈儿跑步，觉得奇怪，等到汪桂生小憩时，毕昇上前问道："汪师傅，在院子里跑步碍手碍脚的，去外面村路上跑不好吗？"

"我以前在村路上跑步，但附近或路过的农夫们见了后，都用怪异的眼光看我，不知道我在干什么，有的甚至还问我是不是在寻找丢掉的东西？听了真让人啼笑皆非。打那以后，我索性在这院子里跑步，师傅们都知道我是在跑步锻炼身体，不会感到奇怪。"汪桂生向毕昇解释着，微微摇一摇头，脸上露出一缕无奈的苦笑。

"汪师傅，您的身体不是挺好的嘛，干吗还要锻炼？"毕昇好奇地问。老实说，他长这么大，还没见过谁花力气锻炼呢！即使在念村塾时，同窗们终日伏案苦读，先生也没有组织大家或跑步，或打拳伸腿地锻炼身体。在村里，更不要说农夫挥汗劳作之余，还去跑步，有那空儿不如歇着呢。农夫们讲究实际，认为力气是换取劳动成果的，不如多挑一担粪，多锄一块地，多干点农活儿来得实惠。

二

"刻字工整天趴在雕版上刻字，如果不锻炼，身体就要变差。"汪桂生一边擦拭着额上的汗水，一边回答毕昇的提问。

"我没看见其他师傅在锻炼呀。"毕昇下意识地环顾着空旷的院子。古代地广人稀，即使是小镇，也不像近现代那般房屋鳞次栉比的类型，往往是店铺各自独立、前店后坊，这种类型的店铺集生产作坊、店铺售卖、产品仓储和人员生活于一身，是一种小农式生产和经营模式。

"沈记书坊"的院子足有现代的一个足球场那么大，没有堆积杂物，也没有花圃、草坪之类。院子一侧搭建着马厩，有一扇可供车马进出的大门，书坊进出货物，都由马车载运。

"各人的想法和习惯不同嘛。"汪桂生回答，"我认为人生在世想要做成功一件事很难，往往要十几年甚至几十年时间，甚至穷其一生也做不好一件事。如果没有好身体，早早地短寿夭折了，或病歪歪地做不了事，也等于自动放弃成功的希望。"

毕昇听后，顿时感到心灵震撼，不禁赞道："汪师傅，您胸怀大志呀！"

"过誉了，谈不上'胸怀大志'哟。"汪桂生谦虚地道。

"汪师傅是想成为一位顶尖刻字工吧？"毕昇试探地问，又道，"说出来不怕汪师傅笑话，我也想以后成为一名技术精湛的刻字工。不过，我有自知之明，知道自己没有天分，可能达不到这个目标。"

汪桂生撇了撇嘴角，说："即使当上顶尖刻字工，也只是一名刻字工。"

毕昇见汪桂生连"顶尖刻字工"也看不上，不禁又问道："汪师傅，您的人生目标是什么呀？"

汪桂生朝毕昇挤一挤眼睛，说："现在暂不告诉你。"

毕昇"呵呵"一笑，说："汪师傅还保密呀。"

汪桂生反问道："毕昇，如果我猜得不错，你的愿望是当一名顶尖刻字工吧？"

"是呀。"毕昇老实承认，"我担心自己没有那个本事，这个目标不一定能够实现。"

"你念了一年多的书，人又不笨，只要不懒，这个目标肯定能够实现的。"汪桂生鼓励他说。

毕昇低下头，眉梢下垂，说："高师父总是骂我'笨蛋'，我这人确实很笨的，恐怕'心有余而力不足'，达不到这个目标。"

汪桂生听后，忽然仰头"哈哈"大笑起来，说："毕昇，那是高师傅的口头禅呀，他除了不骂自己是'笨蛋'，谁在他眼里都是'笨蛋'！"又安慰毕昇道，"你别介意他骂你，其实，他也是一个可怜人。"

毕昇正想了解高师父本人和家庭情况，听了汪桂生对高师父这句评价后，不禁感到惊讶，问："高师父家在哪里？家里有哪些人呢？"

汪桂生盯着毕昇，说："你去询问高师傅呀。"

"我……我不敢……"毕昇实话实说。

汪桂生又"哈哈"大笑起来，笑毕，道："小老弟，你太老实啦，直接拿这话询问你师父，他肯定不高兴，要'艺术'地询问。
'艺术'，你懂不懂？"

毕昇眨了眨眼睛，说："汪师傅，还是您现在告诉我吧，这儿又没别人，只有你我俩人。您对我说的话，我绝对不对别人说，您尽管放心哟。"

汪桂生咧了咧嘴，似笑非笑的，道："嘿嘿，我要的就是你这个'保证'！"便压低嗓音，道，"高师傅把堂客（方言，妻子）沉塘了。"

"啊！"毕昇惊得目瞪口呆。沉塘是当地农村的传统习俗，也可以说是一种极为残酷的"私刑"，与国家刑法无关。但在古代农业社会基层，尤其在偏远的农村，通常实行宗法管理。族长的权力很大，小到吃饭穿衣，大到交税劳役，以及族人违反族规家法，等等，族长都可以决定或审判。

一些宗族对于不贞的女人，实行所谓"沉塘"这种残酷的惩罚：男人发现堂客与人偷情，抓到证据后，便将堂客绑缚到家族祠堂，再呈请族长。由族长邀请几名族里德高望重的士绅共同审讯偷情的男女，人证俱在，偷情的男女也都承认，然后由族长判决。通常会罚偷情的男人一些银子或稻谷，请族长和士绅吃几顿酒席就释放了，但偷情的女人却没有好结果，往往都会受到"沉塘"的严惩。五花大绑的女人被塞进一只大竹笼里，再朝竹笼里放一块大石头，然后锁上笼门，由几名壮汉抬着扔到几十米深的水塘里，女人背负着奇耻大辱永远沉睡在水塘里，不会被人捞起来。不过，有些地方会将男女双方都塞进竹笼沉下水塘，将犯错的男女双方全都沉塘。有些地方呢，不在竹笼里塞进大石块等重物，竹笼被抛下水塘后，沉塘者也会被淹死，过一段时间漂浮上来，家属把竹笼捞起来，打开竹笼，把死者抬出来，换一身干衣裳，在一个黑夜里抬上山悄悄埋了。如果在白天办丧事，会被村里人唾骂的。

毕昇六岁那年，就曾经亲睹过一次"沉塘"场面。——

邻村有一位孩子的母亲与本村的一位年轻人好上了，这个犯错的女人虽已是两个孩子的母亲，但那时仅有十六岁。按照现代人的看法，她还是一个孩子。这个女孩是外省人，在她十四岁时，经过媒人介绍，嫁到了这里。婚后，丈夫不但好吃懒做、游手好闲，还常常暴打她。受尽苦难的女孩，在与本村的一位年轻人的接触中产生了感情，女人也深知自己的行为被村民所不容，更被家人所深恶痛绝，但生活中的深重苦难助长了女人的叛逆心理，同时也坚定了女人勇敢追求爱情的决心。终于有一天，女人在与那位年轻人约会缠绵时，被丈夫的家人当场抓获。常言道："捉贼拿赃，抓奸拿双。"女人与相好的被丈夫带人绑送到祠堂，经过族长和几位士绅一番审讯后，决定对女人予以沉塘的惩处，而那位相好的则因为是一名未婚者，被认为受到已婚女人的诱惑而犯错，因此网开一面，酌情给以原谅，但要罚银若干，并要做出保证，下不为例。

邻村女人被沉塘的消息传出后，当天有不少人从四面八方向那里涌去，大家抱着亲睹这一"奇观"的猎奇心理。毕老头夫妇俩担心毕昇年幼，看了这种残忍场面会受到刺激，严禁毕昇去邻村看这个热闹。但小孩子总是天生有好奇心的，毕昇原本答允了父母，后来，同村的小五子却跑来约他一起去邻村，说不是去看淹死人，只是看个热闹而已。毕昇听后，不禁心动了，哪个小孩子不爱凑热闹呢？趁着父母不留意，便和小五子一起向邻村跑去。一路上，都有人去邻村看"沉塘"的"观众"，使毕昇感到奇怪是，去现场看热闹的人没有一个女人，全都是清一色的男人，大概男人天生比女人的胆子大吧。再则，被沉塘的是一位女人，无形中对于别的女人也是一种惩戒。从这一点来说，沉塘的现场所寓含的潜台词是显而易见的：女人啊，千万不要做出偷情这类下三烂的事，如果一意孤行，这就是偷情的下场。

毕昇和小五子在人群中钻来钻去，像鱼一样在水中石缝之间游动。一会儿，人群中发生了骚动，向村外的一口水塘涌过去。在乡下，一个村大都有几口水塘。外村人前来观看沉塘的"观众"，不知道族长会选择哪一口水塘沉塘，都在相互询问打听，或在等待。此时，大概沉塘的水塘已经确定下来，且那只装着女人的竹笼，正在被几名壮汉们抬向水塘。

忽然，传来一串尖利的女人号哭声，毫无疑问，那是即将与人间告别的可怜女人。她此刻像一只被人抓住的动物关在笼子里，几分钟或十几分钟后，她就要沉入冰冷无情的水里，张开口就会被周围涌来的水呛住，无法呼吸。女人呛了几口水后，头脑就会一片空白，失去意识，不再想着有关人间的一切。

毕昇听着女人凄厉的哭声，一种恐惧感突然向他袭来，他扯住小五子的胳膊，央求道："小五子，我……我怕……我们回家吧。"

小五子胆子大，转头瞪他一眼，道："怕什么？又不是把你沉塘！"反而紧紧地扯住毕昇的胳膊，不让毕昇中途"逃跑"。

到了水塘边，小五子拉着毕昇钻出人缝，只见竹笼已经被抬到水塘岸边一处空场上，村里有几家好心人在岸边摆放着一张破旧桌子，桌上摆放着香烛、米饭、茶果等祭祀死人的供品，这明显是把竹笼里的大活人当成死人来祭祀，有几个人甚至还跪在竹笼前向那位可怜的女人磕头，大概是让女人死后到阴间不要记恨村里的人，不要出来作祟报复他们。

突然，一串鞭炮声响起，一位主持沉塘现场的士绅大声下令道："时辰到！"

刹那间，人群向前涌去，族长和士绅们害怕出事，都扯起嗓子吆喝："赶快沉塘！赶快沉塘！"让小五子和毕昇感到奇怪的是，竹笼里的女人忽然停止了哭泣，改为尖声痛骂："我到阴间做鬼也不放过你们这些王八蛋！你们都等着吧，谁在人间害了我，我心里全都记着！不是不报，时候未到，时候一到，全都要报，你们这些王八蛋们的末日也都要到了！"女人说到这里，突然大笑起来，那笑声使人毛骨悚然。

"快沉塘！沉塘！动手啊！快，要快！"族长和士绅们恐惧地吼叫着，指挥着动手掀翻竹笼的壮汉们，而这些壮汉也都被女人的一番话吓得怔在那里。

三

气急败坏的族长见此情景，只好带领那几名士绅扑上前，亲自推搡竹笼，壮汉们这才清醒过来，一齐将竹笼推下水塘。当竹笼落水的瞬间，人群中爆发出"啊！啊！……"的惊呼声，有人尖叫，有人大哭，现场乱成了一锅粥。

"小五子，我们回家吧，我……我怕！"毕昇不敢再看下去，再次央求回家。

"嗯，嗯……没看头啦！"小五子答应了。俩人挤出人群，小五子嘴里仍嘟囔着，"唉，一个大活人，就这样……死了！"

"别说了，你再说，我可要哭了。"毕昇带着哭音道。但回家后，一连几天的夜晚，毕昇都在噩梦中惊醒，梦中都离不开被关进竹笼的女人。

......

此时，汪桂生说起高师父的堂客被沉塘，不禁勾起了毕昇几年前那一次亲睹沉塘的记忆。"哎呀，沉塘太可怕了，太惨了！"毕昇便把亲睹邻村女人沉塘的情景，向汪桂生做了一番叙述。接着，便问汪桂生道，"汪师傅，你知道高师父堂客沉塘的情景吗？"

汪桂生瞪毕昇一眼，嗔责道："你真孬！高师傅会说出详情吗？！"

毕昇意识到自己说了一句蠢话，马上认错道："我孬，我确实孬！"

汪桂生"扑哧"一声笑了，化嗔为乐："你认错倒是挺快的。"

毕昇见汪桂生不再生他的气，便放下心来。想了想，又问："汪师傅，我师父现在讨了堂客没有啊？"

汪桂生摇摇头，道："没有。他说打从堂客被沉塘后，看到女人就厌恶，哪里还敢再讨堂客呀？！"

稍停片刻，毕昇再次提问："汪师傅，我师父有小伢子没有？"

"好像有三个伢子吧，两儿一女。"汪桂生回答。但随即，便显出厌烦的模样，说，"你别再问三问四的了！"

毕昇委屈地说："我想多了解一下我师父，可我不敢向我师父打听，只好问汪师傅您啦。"

"我不是都已经告诉你了吗？"汪桂生道。

"嗯，嗯……"毕昇应着。

汪桂生站起来，说："你耽误了我跑步，少跑了几圈。"

"汪师傅，我陪你跑吧。"毕昇果真跟着汪桂生跑起来。

天色已经暗了，一缕田野的气息从院墙外飘进来，有一种夹杂着火粪烟气的土腥味儿。跑步促进了呼吸，毕昇此时更加清晰地感觉到呼吸这种村野气息的畅快。当汪桂生停下脚步，结束今夕的锻炼时，毕昇对汪桂生说："汪师傅，以后我也跟着您一起跑步锻炼。"

汪桂生撇了撇嘴，说："你跑三天就不干了。"

"汪师傅，您不相信？我敢和您打赌！"毕昇信誓旦旦。

"打什么赌？多大事儿呀！跑就跑，不跑就不跑嘛。"汪桂生道。

这以后，毕昇果然践行了自己的诺言，每天晚饭后，都会与汪桂生一起跑步，俩人的关系很快密切起来。这天晚上，俩人跑步结束后，到厨房舀水洗漱一番，便返回宿舍，汪桂生坐在毕昇对面的一张空床铺上的想法，与毕昇闲聊。汪桂生的床铺在宿舍另一头，与毕昇隔了四五张床位，汪桂生忽然萌发了将铺盖搬过来，睡在毕昇对面的空床铺上，这点小事是不需要经过沈老板或金管事点头同意的。汪桂生搬过来后，俩人躺在各自的床上可以聊天，彼此也都有了说话的对象。

不知不觉过去一个月，在刻字坊当学徒两年以上的师傅们都领到了工资或津贴，汪桂生属于学徒两年期满的，也在领取津贴的范围之内。这个月是汪桂生第一次领取津贴，自然十分高兴，要请自己的师父赵铁头的客。在临去镇上小酒店之前，师父赵铁头忽然有事，不能赴席，汪桂生想了想，便把毕昇喊了去。大概汪桂生觉得一人喝酒有点冷清，不如拉一个人来陪酒，就把毕昇拉上了。一来近些日子毕昇与他的关系走得最近，二来毕昇举止沉稳，喝酒不会闹事。汪桂生最怕找酒疯子去陪酒，酒疯子喝多了酒，什么事情都能干出来，到时候出了事，汪桂生就会"吃不了兜着走"。此外，汪桂生也不愿意请沈老板或金管事、潘把头，只请三位大小头头中的任何一人，不用多久，便被同事们知道，那就会被同事们视为巴结上司。古人讲究兄弟义气，出门在外，同事即兄弟，如果只"巴结"上司，撇开兄弟们，是会被兄弟们所不齿的。

来到小酒店里，俩人坐下，小镇子不大，大家都熟悉。店小二满脸堆笑，迎上去招呼道："汪师傅、毕师傅，稀客呀！"

毕昇第一次听到别人喊他"师傅"，有点不习惯，说："沈老板，我不是'师傅'，是刚来的学徒。"

汪桂生指着店小二和毕昇道："你俩一个不是沈老板，却被喊成'沈老板'。另一个呢，不是师傅，却被喊成'师傅'，都扯平了吧！"

店小二笑道："毕师傅现在虽然暂时不是师傅，但成为师傅只是迟早之事。我嘛，难说喽——"店小二说这话时，下意识地朝后面看了看，似乎担心沈老板突然从身后出现，听到了他刚才说的话。店小二是去年来这里的，年龄在二十岁出头，据说是酒店沈老板的一个远房亲戚。小镇酒店客人不多，沈老板只雇用了这位远房亲戚做店小二，后厨则由沈老板夫妇俩亲自掌勺。当然喽，店小二除了在店堂里送往迎来，招呼食客以外，也要做其他出力的活儿，沈老板是不会出钱养闲人的。

酒菜上桌后，毕昇双手捧着酒杯，恭恭敬敬地向汪桂生敬酒，一时想不起合适的祝酒词，索性说了一句："祝汪师傅早酬壮志。"那时，酒是民间酿造的果酒，毕昇和汪桂生虽然还是伢子，但由于酒的度数低，喝几杯并不碍事。

两杯酒下肚，毕昇便大倒苦水："汪师傅，不瞒您说，我现在很烦恼——"

"烦恼什么？"汪桂生眯着眼，看着毕昇紧皱的脸孔。

"高师父不让我沾雕版的边，整天支使我不是磨刻刀，就是端茶打水。这样下去，我什么时候才学会刻字的手艺呀？"毕昇向汪桂生倾诉心中的苦恼。

"高师傅就是这样的人，你在他身边当学徒的时间长了，就知道啦！"汪桂生含糊地说。

毕昇似乎听出汪桂生的话中有话，刨根究底地追问道："汪师傅，您向我透个底儿，我师父到底是一个什么样的人呀？"

汪桂生矜持起来，但禁不住毕昇再三撺掇，只好道："毕昇，这里没有别人，我就向你透个底儿。"遂将嗓音压得低低的，"高师傅以前收过几名徒弟，但都被骂跑了。"

毕昇吃了一惊，问："那几名徒弟现在哪里？有没有在刻字社的？"

"他们在高师傅身边都没学到手艺，能留在刻字社？都回家种地或干别的营生去了。"汪桂生说着，拿起筷子夹了一口菜，塞进嘴中咀嚼。随着咀嚼的节奏，汪桂生脸颊肌肉一下一下地滚动着。

毕昇听后，当即耷拉着脑袋，说："看来我也逃不过回家种地的命运。"稍停，又自语般地道，"高师父这人怎么这样古怪呢？是不是担心徒弟学了手艺，抢了他的饭碗？"又兀自摇着头，说，"刻字社也不只有他这一名师父呀！别的师父教会自己的徒弟后，是不是丢掉饭碗了？"

"没有。我在这里学了两年，也看到别的徒弟满了师，但他们的师父都仍在这里干得好好的，并没有被沈老板辞退回家，相反，还都得到沈老板的器重呢！"汪桂生说。

"汪师傅，既然如此，高师父为什么要这样做？为什么不像别的师父那样，放手让徒弟学手艺，把手艺传授给徒弟？却要保守呢？"毕昇提出疑问道。

汪桂生想了想，吞吞吐吐地说："我与高师傅没什么交往，在刻字社，高师傅与别的师傅交往也不多，总是显得独来独往。你来刻字社也有一个多月了，应该看出这一点哦！"

毕昇疑惑地问："汪师傅，您说的是什么意思呀？我一点也不明白。"说罢，抬手敲了敲自己的脑袋，"难怪高师父说我是笨蛋，看来，真的是很笨呢！"

"哈哈！"汪桂生笑了，笑毕，又半开玩笑地道，"你是笨呢！我刚才说你师父性格孤僻乖张，意思是他对待徒弟学手艺这件事上，同样显得古怪，我想这与你师父的堂客沉塘有关吧。"

毕昇若有所悟，道："汪师傅的意思是，我师父受到这事的打击后，性格和处事方式变得不正常了？"

"我想是这样。"汪桂生点点头，道，"不过，我没有与你师父谈心，不知道你师父内心是怎么想的。当然喽，你师父也不会轻易把内心的真实想法告诉我或别的师傅。"

两人一边吃喝，一边聊着高师父，毕昇接着刚才的话茬，说：

"汪师傅，我师父以前的那些徒弟都被气跑了，潘把头怎么还让我去当他的徒弟？是不是潘把头看我不顺眼，借我师父之手把我赶走呢？"

"不会的，不会的。"汪桂生连声否定道，"潘把头不是那种人，他是一个直肠子人，没那个心机。再说，你是沈老板看中的，潘把头起码要给沈老板的面子吧，他如果借故把你赶走，就是不给沈老板面子。另外，你刚来，又没有得罪潘把头，他怎么会看你不顺眼呢？！"

四

毕昇沉默了一会儿，忽然又问道："汪师傅，高师父以前那些徒弟跑回家后，潘把头派人去他们的家找了吗？"

"找什么找？常言道'四条腿的人找不到，两条腿的人有的是。'想要来刻字社当学徒的人一抓一大把。"汪桂生答毕，将话题一转，道，"人生多艰！话说回来，大抵家里有田有地的人都不会到这里当学徒，都是穷人家的伢子来这里学一门苦手艺，将来能有一碗饭吃。"

毕昇听后，不禁联想到自己的家境，觉得汪桂生仿佛说的是自己：父亲死后，家里没钱供他继续念书，年纪尚小，地里的活儿干不了，只好来刻字社当学徒。汪桂生说得对，穷人家的伢子能够进刻字社当学徒，是一件幸运的事，很多穷人家的伢子求之不得。当刻字社学徒最基本的条件是要识字，而在毕昇的村里，很多穷人家的伢子连"扁担大的'一'字都不认识"，常常与毕昇在一起玩的小五子，就未曾跨进村塾的门，未曾摸过书本。

但此时毕昇又想到高师父性格古怪，自己可能不会如期学到手艺，即使忍气吞声熬过学徒期三年，却什么活儿都不会干，那有什么用啊？沈老板仍然要赶他走。与其到那时被沈老板赶走，还不如像高师父以前那几名徒弟一样，趁早溜之大吉。毕昇想到这里，便把憋在心里的话说了出来："汪师傅，我真担心自己哪天想不开了，也跑回家。"

"别回家，要忍耐！"汪桂生鼓励道，"高师父不教你手艺，你就跟我学，我的手艺虽然学得有点'糙'，但教你还是能凑合的。"

"真的？"毕昇听后，不禁大喜过望，"你收我当徒弟？太好了！从明天起，就开始跟你学，行吗？"

"不行。"汪桂生朝毕昇摆一摆手，"我现在还跟着赵师父学手艺，一年后才算正式出师，在这一年内，我只能瞅空教一教你。"

毕昇的心一下子又冷了，笑容顿时僵凝在脸上，说："我们平时没有假期，每天只有午休和晚饭后一小段时间的空暇，这点时间我能学到什么呀？"

汪桂生不以为然地说："有一句老话'师父领进门，修行在个人。'你不要认为时间少，学不到手艺，时间可以挤，只要你愿意挤，总会有的。"

次日午饭时，汪桂生与毕昇打了饭菜返回坊间，一边吃饭，一边口授刻字要领。饭毕，汪桂生拿出一块报废的雕版，让毕昇练习刻字。这是毕昇第一次提刀，不但掌心沁出一片汗水，捏着刻刀的三根指头也都汗津津的。下刀时，手颤得厉害，半天都不敢落到雕版上。

汪桂生一见毕昇这副模样，不禁咧了咧嘴，无声地笑了，打趣道："毕昇，你拿刀是在刻字，不是去杀人，害怕个鸟呀！"

毕昇听了汪桂生的玩笑话，紧张的心情才稍微松弛一点，镇静了一下，终于下了刀。汪桂生又鼓励道："刻吧，刻坏了不要紧，反正这块雕版是报废的。"这句话无疑又给毕昇吃了一颗定心丸，增加了一点信心。

这时，汪桂生突然自语般地说："你师父来了……"

毕昇的心倏地一跳，捏着刻刀一颤，把刚刚刻出的"一"横刻断了，心里沮丧地说："完了，这下子真的刻坏了！"抬头一看，只见高师父端着饭碗，一边扒着饭，一边朝这边走过来。

"笨蛋！这么大号的字也刻坏了啊！"高师父走近后，瞥见毕昇正在刻的字，不满地嗔责道。

毕昇又听到高师父骂他"笨蛋"，不禁头脑发胀，放下刻刀，站起，准备避开，高师父腾出一只手，拉住毕昇，说："继续刻呀！"毕昇一怔，不知道高师父是要看他的笑话，还是真心让他继续练习。

"毕昇，高师父让你继续练习，你就接着刻嘛！"汪桂生向毕昇丢着眼色。

毕昇嘟囔着说："我刻得不好……"

高师父不吭声，吃完饭，返回到自己的工作桌旁，拿起刻刀开始了工作。毕昇见此情景，倒是进退两难起来，是继续留在汪桂生这里练习刻字，还是到高师父那里待着听从吩咐？汪桂生看出毕昇的犹豫，便说："毕昇，现在还没到下午正式上工时间，你在这里继续刻字，等到下午上工时间到了，你就去高师父那里。"

毕昇又埋头练习刻字,重新刻成功第二个字,虽然字被刻得走了形,但毕昇很高兴。正当毕昇准备刻第三个字时,下午上工的时间到了,汪桂生的师父赵铁头从外面回来,用诧异的眼光瞥了瞥毕昇面前的雕版。毕昇从赵铁头的目光悟出什么,连忙解释说:"赵师傅,我这是用的报废雕版,汪师傅指教我练习刻字。"

"高师父没教你?"赵铁头咕哝了一句,其实,他心里也很清楚:高师傅以前的几位徒弟都被气跑,就是因为那些徒弟不但从高师傅那里学不到手艺,还经常挨骂。赵铁头之所以问了这句话,完全是下意识的。

毕昇张了张嘴,却又闭上了,因为赵铁头随口问的这句话却让毕昇无法回答,如果回答说:"赵师傅,我师父天天在教我手艺。"这显然有违事实。反之,如果回答:"赵师傅,我师父从未教过我手艺。"咫尺之外的高师父听了,心里一定很气愤,虽然这是事实,但总是贬损之词。此时,毕昇索性一语不发,站起,向赵铁头鞠了一躬,说:"赵师傅,对不起,打扰您了。"便返回高师父的工作处。

毕昇来刻字坊已一个多月,对坊里的十几名师傅都比较熟悉了,当然喽,由于汪桂生的关系,毕昇对他的师父赵铁头了解更多。赵铁头在性格上与高师父相反,喜欢说笑,举止行为不拘小节,而高师父呢,性格比较阴郁,少言寡语,即使偶尔说一两句话,也是轻言慢语。毕昇以前不知道高师父与赵师傅俩人在性格上为何差异这么大,昨天在小酒店喝酒时,汪桂生说高师父可能受到堂客沉塘的刺激,性格才变得古怪起来,汪桂生这句话提醒了毕昇,也使毕昇对高师父产生了同情和谅解。

相比之下，赵铁头的家庭比高师父幸福多了，妻子贤惠，两儿两女都很孝敬，女儿们为了更好地孝敬父母，都不愿意远嫁，婆家都在相隔不远的邻村，吃一顿饭的工夫就可以跑个来回。大儿子已经娶亲成家，与岳家住在一起，赵铁头每年回家两次探亲。小儿子尚未娶亲成家，但今年也已经说了亲事，对象也是农村的，家中大小人口六人，有良田二三十亩，在农村算是小康之家。赵铁头的家也有十几亩良田，还开了几亩荒地，加上赵铁头每年往家里捎钱，全家人倒也是衣食无忧。

赵铁头为嘛有"铁头"的外号呢？毕昇也曾询问过汪桂生，原来这里有一个故事。——

与湖北一江之隔的湘乡，是赵铁头的家乡，自古湘人多彪悍，赵铁头的村里出了不少将军，也出了不少土匪。赵铁头十几岁起，与村里的一些同龄人跟着本村的一位武师练习武艺，主要练习轻功、铁头功，前者是飞檐走壁，后者是为了防备被对手攻击。赵铁头练习了两年，武师因病去世，加上要帮着父母干农活儿，赵铁头便放弃了练武。那时，距离该村不远处的大山里盘踞着一帮土匪，这些土匪经常乘夜下山袭扰村民，抢粮抢钱。官军几次进山搜剿，但因土匪在山下预设了眼线，只要官军进山，马上有眼线飞报土匪，加上山高林密，土匪早已经踪影全无。官军屡次无功而返，时间一长，也就听之任之了。这样一来，土匪更加嚣张，有时竟然在光天化日下山侵扰村民。

赵铁头的村里男人们都习武，土匪倒也惧怕三分，知道这个村里的人不好惹，因此不常来此村侵扰。但这天夜里，一群土匪却突然跑到村里，熟睡的村民被一阵阵猛烈的砸门声惊醒，赵铁头和一个哥哥、两个妹妹以及父母一家六口人，被四名土匪从床上扯下地，用绳索捆绑起来，土匪们举着明晃晃的大刀，吼叫着要他们拿出家中的金银铜钿，否则就要把一家人全都砍死。

村里以前也曾几次遭遇过土匪，但都被武师带领村中学武的壮汉将进犯的土匪击退。现在，武师早已病死，更重要的是，村民们见土匪多年不敢来村里侵扰，以为土匪不敢来，放松了警惕性，村中学武的汉子也数年不再习武，武功逐渐退化了。此时，老实本分的赵铁头的爹娘，担心这几名土匪杀人或侵犯堂客和女儿，赶紧将土匪带到一口盛着米糠的大缸前，用下颌向土匪示意着，说："钱和一点碎银子都放在大缸的米糠里。"土匪一脚蹬翻大缸，米糠向四面流去，显露出几串铜钿和几两碎银子，那位土匪扒出铜钿和碎银子，双手捧送给为首的土匪。

谁知，拿了钱的土匪并没有罢休，却用淫邪的目光盯着赵铁头两位待嫁的妹妹，土匪们小声叽咕了几句，便做了分工，有两名土匪执刀分别看守着赵铁头兄弟俩，另两名土匪先去侵犯赵铁头的两位妹妹。

<h1 style="text-align:center">五</h1>

正当那两名土匪欲行兽欲时，赵铁头怒目圆睁，大吼一声，一头朝看守他的土匪头脸部撞去，只见那名土匪"啊！"的一声仰面倒在地上，手中的大刀也"当啷"跌落在地。说时迟那时快，赵铁头转而又一头撞向看守他兄长的那名土匪，那名土匪也同样躺倒在地，身子抽搐着，很快一命呜呼。赵铁头用轻功崩断绑在

身上的绳索，捡起地上的两把大刀，左右开弓，将那两名目瞪口呆的土匪砍倒在地，结果了他们的性命。接着，赵铁头用刀割断了兄长身上的绳索，一家六口趁着村里混乱之际，逃出村子，跑到山上躲藏起来，直到天亮后，探明这帮土匪已经撤走，才返回家里。

那四名土匪的尸体还躺在赵铁头家的地上，除了两名被大刀片砍死的土匪，两名土匪是被赵铁头的脑袋硬生生撞死的。当天，劫后余生的村民来到赵铁头家里，亲睹四名土匪尸体，不禁对赵铁头的铁头功由衷佩服。从此，赵铁头的外号不胫而走……不久，赵铁头的父母为了躲避土匪报复，带领一家人渡江来到江北，在一处僻远的山乡安居下来。

下午开工时间到了，毕昇像往常那样，跑厨房给高师父沏茶，接着，抓起一把刻刀去隔壁磨刀房磨刻刀，这些都是毕昇每天上午和下午的"必修课"。刻字工们都讨厌磨刻刀，这项工作又吃力又枯燥。双腿蹲在磨石前，手攥着刻刀机械地磨着，一会儿，双腿就麻木了。毕昇找来一块旧木板，垫在屁股下坐着，这样就避免了双腿酸胀，但毕竟是一件苦事，师傅们都不愿意干，可怜的学徒只好默默地承担下来。有些学徒出师后，没有徒弟的师傅见高师傅收了学徒，便与高师傅暗通款曲，偷偷地把刻刀送到高师傅这边，让毕昇去代劳。

毕昇初来乍到时，每天都要磨好多把刻刀，但实际上高师父只使用其中的一两把，其他的刻刀却不见踪影。时间一长，毕昇以为其他的刻刀被高师父收起来了。有一天，毕昇累死累活磨完一大把刻刀，放在高师父的工作桌上一侧，坊间一位姓董的师傅走过来，从毕昇刚磨好的一把刻刀中捡出两把，笑着向高师父道了声："谢谢啦！"毕昇瞪着董师傅离去的背影，刹那间明白了怎么回事。原来，他成了刻字坊一名"货真价实"的杂工！毕昇心里很窝火，却又无奈。在古代，师父就是父亲，意味着权威，学徒是"儿子"。在上班时，学徒的时间等一切都交给师父支配，学徒只能无条件地顺从。

一两个时辰后，毕昇磨好刻刀，已经累得腰酸背痛，用双手支撑在地上，慢慢地站起。这一瞬间，毕昇似乎感到有点头晕，略停一下，俟头晕的感觉消失，才直腰站起，用一只葫芦瓢在水池里舀一瓢水洗了手，右手攥起拳头敲打着酸胀的腰背，敲打了一阵后，感觉才好一点。毕昇抓起磨好的一把刻刀，来到刻字坊，轻声对高师父说："师父，这些刻刀都磨好了。"

"嗯，放在桌上。"高师父没有抬头，仍在一块雕版上专心刻字。

毕昇把磨好的几把刻刀轻轻地放在桌子一侧，高师父没有吩咐他歇息，也没驱使他做别的事，他站在一旁，看着高师父刻字。忽然，赵铁头捧着一块雕版走过来，微笑地对毕昇说："这是你午休时练习刻字的报废雕版，趁现在歇着，继续练习刻字呀。"说罢，便把那块报废的雕版放在桌子另一侧。接着，赵铁头从毕昇刚磨好的一把刻刀中捡出两把，端详着刻刀的刀尖和锋口，赞了一声："不错！"又转头向高师父道了谢，"老高，多谢了。"

毕昇这才明白赵铁头送来那块报废雕版的目的，原来赵铁头借此感谢代他磨刀的毕昇。当然喽，赵铁头也要感谢高师父，如果高师父不卖这个人情，让自己的徒弟毕昇替赵铁头磨刻刀，这事儿就办不成。

"毕昇，这几把刻刀的锋口和尖刃都没有磨出来，再拿去磨一磨，不要偷懒！"高师父挑拣出几把刻刀，扔到桌子另一端，刻刀扔在材质坚硬的桌面上发出"哐当"一声。——这显然是利用师父的权威在找毕昇的碴，目的可能是让毕昇没有时间练习刻字。

毕昇这才明白高师父以前那几名徒弟是怎么被气跑的，如果毕昇此刻不能忍，也只有步那些学徒的后尘，选择一跑了之。但毕昇没有这样做，只是默默拿起高师父扔过来的几把刻刀，再次去磨刀房。毕昇刚转身时，听到赵铁头对高师父说："老高，别这样对待徒弟，给点时间让徒弟学点手艺。"

"谁说我没让他学手艺了？他没事时看我刻字，这就是学习嘛！"高师父振振有词地反驳道。

赵铁头不以为然地说："看你刻字是一种学习，但还要拿刀练习刻字呀……"

毕昇扭头一瞥时，赵铁头刚刚转身走开。毕昇心里暗暗感激赵铁头，暗忖："我如果当赵师父的徒弟就好了，就会像汪桂生那样早一点把手艺学到手啦。"想着，又暗自叹息起来，"唉，我没有汪桂生那样的好福气，只能忍受了。"来到磨刀房，毕昇的心情变得糟糕透了，坐在磨石旁垂泪。

当毕昇将这几把刻刀返工磨好，拿回去给高师父后，高师父没有让他打杂，却破天荒地对他说："毕昇，现在你没事了，挑一把合适的刻刀去练习刻字吧。"

毕昇以为自己听错了，看着高师父发怔，高师父说完这句话，又低下头刻字。稍停，高师父抬眼见毕昇仍在呆站着，便欠起上身伸手朝桌子一端拍一拍，对毕昇道："你把雕版放在桌子那边刻字，如果觉得不好，可以另找地方。"

　　毕昇回过神，忽然悟出高师父此刻的态度之所以发生变化，是由于刚才赵铁头劝说的结果。看来，高师父对赵铁头的话还是能够听入耳的。据说，高师父有时对潘把头的话都置若罔闻呢！毕昇猜测赵铁头在高师父的心目中之所以有一定分量，大概高师父惧怕赵铁头的"铁头"，如果不小心得罪了赵铁头，被赵铁头的"铁头"顶一下，那就吃不了兜着走了。当然喽，这只是十岁伢子毕昇的幼稚猜测而已，是否符合实际，只有高师父一人心里清楚。

　　毕昇挑选了一把刻刀，端来一只高凳，坐在工作桌另一端开始练习刻字。高师父没有指导，甚至在毕昇的练习过程中，高师父都没有朝毕昇的雕版瞟过一眼。倒是坐在不远处工作桌旁的汪桂生走过来，看着毕昇一刀一刀地学着刻字，时不时地指导几句。汪桂生在指导毕昇时，高师父竟然置若罔闻，仍然只顾自己刻字。不明究底的人，还以为毕昇的师父是汪桂生，而不是高师傅。

　　从这以后，高师傅允许徒弟毕昇在做完诸多杂事，比如磨刻刀、沏茶倒水、扫地抹灰等后，可以坐下来在报废的雕版上练习刻字，但并没有主动教授刻字技术，也不关心毕昇练习得怎样。如果不是汪桂生热心指导，毕昇在练习刻字方面的进步可能如蜗牛行走一般缓慢。

　　这天上午，员工们都已经上班，毕昇照例在磨刀房磨刻刀，忽然，汪桂生慌慌张张地跑进来，对毕昇说："不好了，你师父他——"拉着毕昇就走。

　　"我师父怎么啦？"毕昇心里掠过一种不祥的感觉。

　　"高师傅昏迷了，你快去看看。"汪桂生说罢，帮着毕昇收拾起刻刀。

　　原来，高师傅刚才正在专心刻字，忽然，身子歪了一下，"扑通”一声，连椅子带人倒在地上。坐在附近的刻字工们发现后，都放下手中的刻刀，跑过去将高师傅扶起来，却发现高师傅已经昏迷不醒。大家七手八脚地把高师傅抬到宿舍床上躺下，有人去镇上药房喊来姓马的郎中，为高师傅诊脉。

汪桂生想起毕昇还在磨刀房磨刀，便赶紧把毕昇喊来，那情景，仿佛高师傅就要死去，在临死前，师徒俩应见一面。毕昇守在师父床前，只见师父脸庞红光满面，一点不像一个人临死前脸色蜡黄或惨白的模样，心里稍定了些。毕昇此时忽然联想到自己的父亲，心里不由得一阵难过，鼻子一酸，泪水如线一般流淌下来。潘把头瞥见毕昇扯着袖管抹眼泪，以为毕昇担心师父的病情，便小声安慰他道："你师父没事的。"

马郎中给师父搭脉、试额温、翻看眼睛……诊视一番后，说："高师傅是内火太旺，须吃些消火的药。"环顾了大家一眼，"你们谁跟我去拿药？"

毕昇站起，自告奋勇地说："马郎中，我跟您去拿药。"

马郎中是镇上唯一的中药铺老板兼坐堂郎中，吃住都在自己的药铺里。平时只要有患者家属来喊，无论白天黑夜，雨雪风霜天气，马郎中都会风雨无阻地出诊，加上医术高明，为四乡八里的乡人所称道。这时，毕昇跟着马郎中去药铺拿药，疑惑地问："马郎中，一个人内火重会昏倒吗？"

马郎中向毕昇解释道："这要看什么人，有些人内火重会引起烦躁不安、食欲不振，有些人会流鼻血、牙痛、头痛，妇女月经不调，有人原本体虚、忧愁抑郁等，如果内火攻心，就会突然昏倒，严重的会引起脑内血管破裂，不治而亡。"

毕昇吓了一跳，又问道："我师父是不是血管……破裂？"

六

马郎中答道："你师父这个病如果明天能够醒来，就会慢慢恢复，如果不能醒来，那就回天无术了。"

毕昇疑惑地道："马郎中，您刚才说我师父没事，我以为只是小病，可现在您又说——"

"孬伢子，我那是安慰你呀。"马郎中说罢，稍停，又补充道，"你师父的病可大可小，再观察一下吧。"

毕昇拿了药，道了谢，便返回刻字坊，又到厨房找了一只瓦罐熬药。

毕昇趁着熬药的间隙，去宿舍观察师父的病情。潘把头安排了尚未出师的汪桂生与毕昇一起侍候师父，汪桂生面现担忧之情，对毕昇说："高师傅一直没有醒过来，即使熬好了药，高师傅也喝不了呀。"

毕昇突然想起马郎中没有说明这种情况应该怎么办，便道："那我现在就去咨询马郎中。"言毕，又来到中药铺，但马郎中已经去乡下出诊，毕昇只好怏怏而返。刚走进宿舍，汪桂生朝毕昇招手，说："快过来，你师父醒了！"

毕昇喜出望外，小跑着过去，果然见高师父睁开眼睛，嘴唇翕动着。毕昇俯下身子，凑近高师父，说："师父，我是毕昇，您有什么吩咐？"

师父的嘴唇翕动着，困难地吐出几个字："毕昇，我……以前经常……骂你，没教你手艺，对不起你……"

"师父，您不要这样说，是我做得不好，您现在不要想太多，安心养病。"毕昇劝慰道。

"毕昇……以后我要……好好教你学手艺。……"高师父断断续续地说完这句话，仿佛刚刚经历了长途跋涉，急促地喘息着。

"师父，您快别说了，我去给您拿药。"毕昇说罢，起身去了厨房，从药罐里倒出半碗药汤，端到宿舍。毕昇与汪桂生欲要先把高师父扶起坐好，轻声呼唤着："高师父，您坐起喝药呀。"但任凭俩人再三呼唤，高师傅再也没有睁开眼睛。俩人这才发现高师傅的脸色已经变成蜡黄，两颊不再浮现病状的红潮。

汪桂生伸手在高师傅鼻孔下探了探，没有感觉到呼吸，便低声对毕昇道："你师父'走'了！"

"'走'了？不会吧？"毕昇也伸手在高师父的鼻孔下试探，确实没有试探出气息，不由得心里一紧，大声呼唤："师父！师父！……"

汪桂生跑出去找潘把头，没头没脑地说："他走了！"

"谁走了？去了哪里？"潘把头抬起眼，瞥了瞥汪桂生。

"高师傅呀，他死了。我试探过高师傅的鼻息，没有一丝气息。"汪桂生解释着，又道，"潘把头，您去看看吧。"

"马郎中不是说高师傅的病不要紧吗？怎么忽然就'走'了？"潘把头这才醒悟过来，扔下刻刀，直奔宿舍。到了那里，潘把头试探着高师傅的鼻息，又掐着高师傅的人中，均没有反应，摇头道，"高师傅真的走了！赶紧派人到他家里报丧吧。"又一想，这事儿还要先向金管事和沈老板报告，由沈老板安排。他是刻字坊的把头，有责任料理手下师傅的丧事。想到这里，潘把头叮嘱毕昇和汪桂生先不要移动高师傅的遗体，也不要大声哭丧。叮嘱毕，便去找金管事和沈老板。

一会儿，金管事和沈老板匆匆赶来，看了高师傅的遗体，俩人一言不发，脸色显得凝重，现场的气氛令人窒息。稍停，沈老板对金管事和潘把头道："你俩到我的书房来一趟，商量一下高师傅的后事。"

三人离开这里后，汪桂生找出一张黄表纸，裁成一张长方形，盖在师父脸上。俩人又找来一只瓦盆，烧了一些纸钱。

沈老板吩咐一名工人骑马去高师傅的家报丧，此人是高师傅的老乡，又安排腾出一间杂物间，暂时将高师傅的遗体移过去。一切安排停当，只等高师傅的家人来了，扶柩而归。

师父去世后，毕昇心里十分悲恸，师父临终前向他道歉，瞬间化解了他对师父的不满。现在，他理解了师父，觉得师父是一个可怜人，转而对师父产生了深深的同情。

刻字坊的师傅们都不肯带徒弟，因为师傅们凭绩效拿工资，带徒弟要耽误他们的刻字效率，谁都不希望自己少拿工资。沈老板不给带徒弟的师傅适当补贴，师傅当然不乐意吃这个亏。好在近年刻字坊收徒较少，只要收进徒弟，沈老板就把徒弟塞给高师傅，能熬下去就出师成"佛"，熬不下去就自动走人，倒也爽快。

当然喽，这事儿也不是千篇一律的，刻字坊有时收进徒弟时，恰好高师傅手下已有徒弟，潘把头只好把新进来的徒弟强塞给另外一位师傅。一般来说，这位新进来的徒弟就是幸运儿，因为别的师傅可不像高师傅那样古怪，或多或少会教授徒弟一些刻字技艺，也会让徒弟练习刻字。汪桂生的师父赵铁头就是这样的师傅，因此，汪桂生跟着师父赵铁头后面学艺两年，基本上掌握了刻字技艺，能够刻书籍上大小文字，只是在熟练程度和刻字速度上不如师父赵铁头罢了。

高师傅死后，毕昇没有师父，暗地里央求汪桂生道："汪师傅，我想跟您学手艺，您肯收我不？"

汪桂生起初一脸惊愕，继而露出为难的神情，说："这件事是由潘把头做主决定的，我可决定不了。再说，我自己还是一个小学徒，怎么能带徒弟呢？说出去，岂不是让人笑掉大牙呀？！"

毕昇听后，便去找潘把头，说："把头师傅，高师父走了，现在我跟谁呀？"

潘把头盯住毕昇的脸，反问道："毕昇，刻字坊有十几位师傅，你想跟哪位师傅后面学手艺呀？"

毕昇下意识地环视刻字坊一圈，说："把头师傅，我只是一个小徒弟，有啥资格挑选呀，只要哪位师傅肯带我，我都愿意。"

潘把头沉吟一下，离开工作桌旁，走近董师傅身边，向董师傅说了些什么，然后返回，对毕昇道："董师傅有较长时间没有带徒弟了，刚才我去征求了董师傅的意见，董师傅答应收你做徒弟。"

在这一刻，毕昇如果向董师傅走过去，他的下一位师父便就此定下来了，一般来说，没有特殊情况，师徒关系是不会变卦的。但毕昇心里其实最想跟的师父是汪桂生，一是年纪相近，说话交流没有障碍；二是汪桂生乐于向他教授手艺，这对于他以后学艺是有很大帮助的。

"把头师傅，我想跟汪桂生师傅学手艺，行不？"毕昇鼓足勇气提出这个要求。

潘把头微微吃了一惊，说："你想让汪桂生当你师父？"跟一位学徒当徒弟，这在刻字坊尚未有先例。潘把头自然感到颇为意外。

"嗯，汪师傅肯教我手艺。"毕昇说出理由。

潘把头醒过神，不禁笑了起来，说："汪桂生自己还是一名学徒，能带徒弟？我当刻字工大半辈子了，没见过徒弟带徒弟。"

毕昇继续中说理由："江师傅的手艺挺好，况且他明年就出师了，能够教我手艺的。"

潘把头想了想，便让毕昇把汪桂生喊过来，毕昇不禁心中一亮，直觉告诉他：这事儿有希望！便喜滋滋地去找汪桂生，把刚才对潘把头说的话向汪桂生说了，并再三叮嘱汪桂生道："汪师傅，你一定要说愿意收我当徒弟呀！"

汪桂生来到潘把头面前，潘把头劈头便问："汪桂生，毕昇想要跟你学手艺，你愿意吗？"

"潘把头，我自己还是学徒呀，能教毕昇手艺吗？"汪桂生谦虚地笑了笑。

潘把头道："你就把你已经学会的手艺教给毕昇吧，学会多少教给他多少。"

汪桂生点点头，道："我听潘把头的。"

潘把头又叮嘱道："高师傅刚刚去世，现在还是丧期，你俩就不要办'拜师酒'什么的，口头上拜师就行了。"

赵铁头听说徒弟汪桂生收了毕昇做徒弟，不禁乐了，说："没想到我现在成了祖师爷！"又道，"如果不是高师傅刚刚仙逝，还在丧期，我要喝'祖师爷酒'，现在就免了吧。"赵铁头向徒子徒孙介绍道，"按照老祖宗传下来的规矩，像这种情况，我要喝两场酒，一场酒是徒孙毕昇拜我的徒弟为师的'拜师酒'，另一场酒是徒子徒孙共同请我的'祖师爷酒'。"

毕昇道："赵师傅，等高师父的丧期过了，我和汪师父一定请您喝两场酒，把您的两场酒补上。"

赵铁头向徒子徒孙摆一摆手，"呵呵"一笑，道："算喽，你俩也不容易，为了请酒席欠下债，我这个做祖师爷的心里也不好受。那两场酒嘛，我这个祖师爷喝着心里也不畅快呀！"

"赵师傅，从现在起，我以后就喊您'祖师爷'了！"毕昇转了话题，微笑地道。

"好哇，我喜欢这个称呼，听着就挺古色古香的。"赵铁头爽朗地笑了。

师徒仨说笑了几句，就开始工作了。毕昇按照以前跟高师父的习惯，把祖师爷赵铁头与师父汪桂生放在桌旁备用的刻刀都收了，准备去磨刀房磨一磨，汪桂生拦着不让毕昇去磨刀，说这些备用的刻刀还能用两天，再说，如果要去磨刻刀，他自个儿会去磨。

七

祖师爷赵铁头没有拒绝让毕昇磨刻刀，毕昇拿着祖师爷的几把刻刀去磨刀房。宋时的雕版大多采用木质坚韧、纹理细密的硬木，如花梨木、黄杨木、红木、榔木、扁桃木等，硬木是雕刻的上等材料，具有雕刻的全部优点。中国文字中有些结构复杂、笔画细密的生僻字，如果采用一般木料来刻字，字体笔画比较容易断裂的，只有硬木较少发生这种现象，只是刻字比较费工夫，容易损伤刀具。常言道："工欲善其事，必先利其器。"刻字工要想顺利地刻字，必须让手中的刻刀锋利起来，几乎天天都要磨刻刀。

　　毕昇磨完刻刀后，返回刻字坊，继续在那块报废的雕版上练习刻字。雕版是花梨木材质，比较坚硬，刻起来很吃力，汪桂生之所以让毕昇在这块材质坚硬的雕版上练习，是要毕昇练习手腕力量，掌握好执刀的感觉。对于初学刻字的学徒来说，这是必不可少的训练过程。毕昇刻的字几乎都有瑕疵，甚至还有笔画断裂倒塌的现象，但汪桂生却没有责备他，认为这是正常现象。

　　高师傅病逝几天后，报丧人把高师傅的两位兄弟和两位儿子带来，这天上午，毕昇与众师傅坐在刻字坊埋头干活儿，忽然从外面传来一阵号哭声，毕昇一时没明白发生了什么，正觉得诧异，汪桂生自语道："高师傅的家人来了，来接高师傅回家啦！"这时，潘把头走了出去，大家也跟着出去看个究竟，只见高师傅的几位家人正在停灵的那间小屋门口烧纸。

　　下午时分，高师傅的灵柩从小屋里移出，被抬灵的几位壮汉搬上一辆马车。毕昇作为高师傅的徒弟，也和高师傅的两位儿子一样跪在车旁，尽孝子或孝徒之礼。接着，在一串鞭炮声中，灵车缓缓出了院子后门，随着车夫扬起的鞭子，一阵鞭炮响，拉车的马撒开四蹄，疾奔而去。直到此时，毕昇才手撑地面，慢慢地站起。事后，毕昇从潘把头那里得知，沈老板给了高师傅家属一笔可观的抚恤金。高师傅躺的棺材也是上等楠木的，在移灵之前，还给高师傅换上一套绸缎寿衣，沈老板特地请镇上裁缝定制的，这种待遇在当时算是高规格了。

　　高师傅之死犹如在平静的湖面上扔下一颗石子，溅起一圈圈涟漪，闪跳起几束小浪花，但很快平静下来。刻字坊里的工作仍在继续，人心也没有受到丝毫影响，毕竟高师傅是因身体原因猝死，不是工伤事故。

毕昇接着刻那块花梨木雕版，刻完后，本来应该将所刻之字全部铲平，打磨出平板，继续进行刻字练习。汪桂生没有让毕昇这么做，却让他改用材质较软的木板刻字。一般来说，材质比较松软的木板比较适合初学者刻字，银杏木、松木、樟木、椴木等木料都比较软，下刀不吃力，刻字比较容易。

汪桂生拿来一块樟木板，递给毕昇说："毕昇，这是一块樟木，材质比花梨木软，你先在材质较松软的木板上练习刻字吧。"

"汪师父，在材质软的木板上刻字能练习出来吗？"毕昇不解地问。他这句话的潜台词是：汪师父见我在花梨木上刻字都是废次品，对我失去信心了吧？

汪桂生似乎看出毕昇的心思，向毕昇解释道："毕昇，你已经在花梨木上刻了一版，初步体验了下刀的力度，但字体笔画的雕刻技巧还没有熟练掌握，如果只在硬木上练习，时间一长，就会养成下刀的坏习惯，以后想要纠正就难了。"

毕昇悟出汪桂生的良苦用心，便道："汪师父要我改用软材质的木板练习刻字，是要我体验和养成下刀的好习惯，是吗？"

"是的。"汪桂生赞道，"毕昇，你很有悟性呀，我说的就是这个意思。"

给刻字工提供各种材质雕版的是加工坊，与刻字坊不在同一个大院里，加工坊在镇子的西头，门前有一大片空地，院子里堆放着各类木材。加工坊门口的道路四通八达，适合马车运输木材。"沈记书坊"既对外接受零星业务，也将印刷书籍放在自己经营的书店里出售。沈老板在县城开设了两家书店，售卖四书五经和各类书籍，据说经济效益不错。

刻字坊师傅需要的雕版堆放在加工坊仓库里，刻字工需要哪种雕版，就去加工坊仓库翻找。大家都是熟人，不需要复杂的手续，刻字工在仓库里找到适宜的雕版，登记一下就可以了。毕昇经常跑加工坊，以前是为高师父去仓库找雕版，现在呢，是为祖师爷和师父汪桂生取雕版。毕昇观察了工匠们制作雕版的全过程，工匠们非常辛苦：先把木料按照一定的尺寸锯成一段一段的圆木，再锯成一定厚度的木板，一块一块地叠码起来，每一块木板之间要隔一点缝隙，以便通风，经过一段时间的脱水处理，再用刨子对木板刨净平面，刨完后，用蜈蚣锉或刮刀对局部不平整的地方进行处理。最后，采用一种名叫"节节草"的进行平面打磨。

毕昇见工匠在使用"节节草"打磨时，先把打磨的部位擦湿，干了后，等待打磨部位的木纤维竖起来，再进行反复打磨，下的功夫不小。古代没有木砂纸和电动打磨抛光机器，只能采用这种原始办法和材料进行打磨。由于打磨的工效太低，有时打磨的时间要超过前期制作木板的时间，特别是硬木雕版，由于材质坚硬，打磨起来更费工夫。

"沈记书坊"除了刻字坊、加工坊之外，还有一个印书坊，这个印书坊与刻字坊相邻。印书坊的师傅承担着写字和印刷的双重任务，在整个印刷的工序上，恰好处在首尾两端。当需要印刷一本书时，印书坊的师傅把要印的字写在一张薄纸上，通常是宣纸，反贴在雕版上。然后，再送到刻字坊，让刻字工师傅刻字。刻字工师傅根据每个字的笔画，用刀一笔一笔雕刻成阳文，使每个字的笔画凸出在板上。刻字坊的师傅把雕版上的文字全部刻出来后，便将雕版送回印书坊印刷。

印书的时候，先用一把刷子蘸了墨，在雕好的板上刷一下，接着，用白纸附在板上，另外拿一把干净的刷子在纸背上轻轻刷一下，把纸拿下来，一页书就印好了。一页一页印好以后，装订成册，一本书也就成功了。这种印刷方法在宋朝比较风行，被称之为"雕版印刷"。

此时，毕昇在樟木板上刻字，觉得轻松许多，一来下刀不用像在花梨木雕版上那么费力，二来这块粗糙的木板是毕昇第二次"作业"，此时的他已没有在刻第一块雕版时那种紧张不安的感觉。轻松之下，毕昇的潜力释放出来，刻出来的字明显比以前好多了。汪桂生看到毕昇的进步，及时夸奖了他，使他备受鼓舞。午休时，毕昇放弃了跟汪桂生一起跑步，吃罢午饭，洗了碗，就钻到坊间练习刻字。这倒罢了，吃过晚饭后，毕昇用刻字坊发放给每人的一点灯油，点燃了油灯在坊间继续刻字。此时的毕昇仿佛着了魔似的迷上刻字。

汪桂生见此情景，提醒毕昇道："毕昇，你不跑步锻炼倒也罢了，晚上点油灯刻字对眼睛不好，长期下去，患了'短视眼'可就麻烦了，这一行你肯定干不成了。当刻字工一靠手二靠眼睛，没这两样，就吃不了这碗饭。"

毕昇听后，不禁幡然醒悟，下意识地揉一揉眼睛，有点后怕地说："哎呀，幸亏汪师父及时提醒，否则我任意妄为必定有灾殃上身。"

汪桂生淡淡一笑，说："'亡羊补牢，犹未为晚。'从明日起，不准晚上点灯熬油刻字！"

"嗯，我听汪师父的。"毕昇笑嘻嘻地道。

不过，晚上毕昇虽然不再点灯刻字，但睡得比别人早，天蒙蒙亮就起床了。悄悄走进刻字坊，借着从窗口透进的一片微弱曦光，毕昇拿着雕版和刻刀，再扛起一把椅子，来到院子里，这时，院子里已经洒遍晨曦，能够看清楚雕版上的文字。毕昇搬一块石头垫在屁股下，把雕版架在椅子上，开始练习刻字。晨曦仿佛赞赏毕昇的勤奋，放大了它的光明，此起彼伏的鸡鸣声传来，仿佛给毕昇送来一首动听的晨曲。稀薄的晨露像雾一样洒下来，毕昇头上的发丝、鼻尖、耳郭等处，都湿漉漉的。空气略显潮湿，但呼吸起来感觉十分甜美。这一切，都使毕昇心情愉悦、精神抖擞。

宿舍那边有人在咳嗽，一会儿，院子里开始出现早起的人，一个、两个……起初，他们向毕昇投来诧异的目光，有的好奇心较重，还走过来看一看毕昇刻的雕版。这些早起的人是来院子里晨练的，有的在打太极，有的慢跑，有的在舞剑……最后出来的是毕昇的祖师爷赵铁头，是来院子里练习武术的。毕昇见祖师爷来了，便站起来行了鞠躬礼，道了声："祖师爷早！"

"嘿嘿，哪有你早呢？现在你改为清晨练习刻字了？"祖师爷瞥了毕昇一眼。在这之前，赵铁头知道这个勤奋的徒孙放弃了午休和晚间休息，孜孜不倦地练习刻字，此时却见徒孙天刚亮即坐在院子里，便猜想徒孙改变了前些日的做法，午间或晚上不再点灯刻字。

八

端午节到了，沈老板破天荒地给全体员工放了半天假，请大家吃了一顿丰盛的酒席，两桌酒席是在镇上小酒店预订的，但酒席现场却在刻字坊内。中午下工时，潘把头吩咐大家把雕版全都堆放在坊间一隅，再把工作桌拼成三张大酒桌，刻字坊的空间不小于镇上小酒店的大厅，大家脸上洋溢着笑容。节日的喜庆气氛，像江南罕见的大雪一样，欢天喜地飘舞在每一个角落。一会儿，镇上酒店的店小二带人抬了菜篮进来，菜篮里摆放着鸡鸭鱼肉等菜肴，一盆盆、一碟碟，散发出浓郁的菜香。大家纷纷上前，帮着店小二摆放菜肴。

"诸位师傅，鄙人代表老板向大家致以节日问候，祝愿大家节日快乐！顺祝大家身体健康、工作顺利、家庭和美！"店小二向大家行拱手礼，"大家吃好喝好！"

"好！好！……"古代人不作兴鼓掌，只以喝彩声响应店小二的吉祥祝愿。

店小二又说："还有汤水和热菜要上，大家先吃这些刚上的菜吧。"说罢，又向大家行礼，这才带着帮工离去。

这时，沈老板和金管事走进来，大家不约而同地站起，两张酒桌旁的员工都争相请沈老板和金管事去"赏光"，沈老板和金管事见潘把头的那张酒桌坐的人较少，便走了过去，潘把头赶紧搬来两把椅子，让俩人坐在他身旁。沈老板没有立即坐下，却环视大家一眼，说："本坊自开业以来，此是首次宴请诸位师傅，休嫌菜陋酒薄，只管敞开肚腹吃菜喝酒！"

"谢谢老板！"从三张酒桌旁参差不齐地发出感激之词。

"告诉大家一个消息，这个消息亦好亦坏，不好不坏。"沈老板忽然说。

大家听后，都不解地向沈老板投去疑惑的目光。沈老板继续道："外地有一位老板也要在本镇办一个'书坊'，如果这个消息属实，本镇将出现两家'书坊'，这就形成一个竞争的态势。对于我们来说，是好事也是坏事。说它是好事，增加了我们的危机感，有一头老虎在我们屁股后面追，要吃掉我们，这就给我们一个很大的压力，我们不得不拼命奔跑。说它是坏事呢，情况明显摆在那里，我们如果跑不赢，就被这头老虎吃掉。"沈老板的神情变得严峻起来，与刚才的气氛显然不同。大概沈老板也意识到这一点，神情马上缓和了，转而微笑地环视大家，"这个消息不一定是真实的，即使是真实的，大家也不要怕，凭着我们的经验和实力，我相信他们是拼不过我们的。好吧，废话少说，大家喝酒吧。"

这场酒席喝了一个下午，临近傍晚，才酒阑人散。毕昇虽没喝酒，也吃了个肚儿圆，汪桂生已是微醺，乘着酒意，俩人步出小镇，在田间小径散步。周围是一片田野，稻苗已长到膝盖高，由青黄转成深绿色，红蜻蜓停在稻叶上，随着微风左右摇晃。稻棵下面汪着脚面深的水，已经沉淀成一片清水，黄茸茸的、软湿的田土清晰可见，时不时地有捕虫的青蛙从水中跃起，猝不及防地发出"扑通"一声，总能情不自禁地吸引路人的目光。

白天的阳光比较烈，傍晚时有阵阵清风吹过，热度才渐渐散去，变得清凉宜人。此时乡间的空气也十分清新，稻叶、青草、树木、野花都在竞相释放清香，虽然淡淡的，时有时无，却总像一缕缕牵扯不断的无形的丝带，在空中飘荡。

"汪师父，沈老板说又有老板在本镇办'书坊'了，为嘛在本镇办'书坊'呢？我听说很多镇子都没有'书坊'，他们为嘛不去别的镇子办呢？干吗要与沈老板挤着挨着？找热闹哇？！"毕昇问。

"我们草盘地镇位处湖北浙江通衢，官路可以直达杭州，在草盘地镇办'书坊'印刷书籍，方便运到杭州售卖。如果在别的镇子办'书坊'，就没有这样方便啦。"汪桂生解释道。

"我听说县城有几家刻字社，业务做得也都挺不错的，那位老板去县城办刻字社，比起来到草盘地镇办刻字社，是不是更好些？"毕昇问。

"你觉得呢？"汪桂生反问道。

"我当然觉得县城比偏僻的小镇强百倍喽！杭州的书商多去县城，不可能跑到小镇来采买书籍。"毕昇说，"仅凭县城里的书店，就有四五家，草盘地镇呢，只有沈老板一家书店。"

汪桂生道："常言道'蛇有蛇路，鼠有鼠道。'做老板的，各自都有自己的客人和销路，那位老板既然把刻字社设在草盘地镇，肯定有他的打算。"说罢，开玩笑地道，"毕昇，你是不是想以后也开办一家刻字社呀？"

毕昇摇摇头，说："汪师父，说实话，徒弟从未有过这个想法，只想着把刻字手艺学精，将来凭着这个手艺混一碗饭吃，就谢天谢地啦。"

"呵呵。"汪桂生笑了，"毕昇，你这个目的一定能够达到。"

"谢谢汪师父的吉言，徒弟仍要加倍努力！"毕昇一脸认真的神情。

汪桂生这句话既是真诚地祝愿，又是说出实情。毕昇经过一段时间的勤奋练习，刻字水平几乎赶上师父汪桂生，师父能干的活儿，毕昇也能干，而且干得不比师父差。其实，师父汪桂生的手艺在刻字坊已经超过一些师傅，这说明毕昇的手艺也已赶上学了三四年的其他师傅，甚至比某些手艺较差的师傅还要强。

潘把头常在早晨"点卯"时表扬毕昇，同时，又婉言批评手艺较差的人，被潘把头经常婉言批评的人姓郑，也是湖北当地人，因在家里排行第二，人称"郑老二"，三十岁出头，家里有两个小伢子，都是男伢子。郑老二的家离这儿不远，有十几里吧。正因如此，郑老二经常请假回家看望堂客、伢子。常言道"心无二用"，郑老二的一半心思被堂客、伢子牵扯着，只有一半心思放在刻字上，手艺学得自然赶不上别人。郑老二是在县城一家刻字社学的刻字手艺，三四年前才到沈老板这里谋职，说是草盘地镇离家近。

但沈老板刻字社的师傅们很快发现，郑老二的手艺还不如仅学一两年的学徒，好在刻字社实行的"计件工资"，按照刻字工刻字的型号、多少来计算工资，郑老二每月拿的工资在刻字社倒数第一。即使这样，沈老板仍不满意，因为刻字社对员工实行"包吃包住"，吃住是免费的。对于业绩差的员工，老板也要付出与业绩优良的员工同样的饭费。在古代，吃饭是一个大问题，农民辛苦劳动一年，也只能勉强管饱肚子，甚至半饥半饿。这里的老板不但让员工吃饱吃好，还要"按件计酬"付给一定数量的工资，比其他种类的工匠强多了。

郑老二性格内向，平时少言寡语，有时一连几天不说一句话，也没见他开心地大笑过，总是一副心事重重的模样。郑老二看人的时候，总是从侧面在对方不注意时偷偷窥视，从耷拉的眼皮下射出一对阴郁、锐利的目光，在对方的脸上迅速掠过，然后，那对目光又缩进眼皮后面。师傅们大概见郑老二为人过于阴郁、无趣，几乎没有谁与他关系贴近的。郑老二常被潘把头批评，自然心里不好受，更何况，这种状况如果长期延续下去，沈老板的刻字社能不能留下郑老二，确实是一个问号。

毕昇与郑老二以前没有交集，几乎不说话。但近来郑老二却常常来到毕昇的工作桌旁，黄黑色的脸上堆着生硬的笑容，柔声说："毕昇，潘把头总说你的手艺学得精，我来向你请教呀。"

毕昇颇感意外，郑老二虽不是毕昇的师傅，却属于师父"级别"的，按照资历，俩人是师徒辈分。现在郑老二却要向毕昇讨教，且主动又认真，毕昇连忙谦虚地摇着手道："郑师傅，学徒毕昇愧不敢当！"

"夫子曰'三人行，必有我师焉。'学徒有一技超过师傅的，师傅就应该不耻下问呀。"郑老二侃侃而言。

毕昇仍婉拒道："郑师傅，您笑话我吧？我只是一个学徒，岂敢指教师傅？"

郑老二"呵呵"一笑，继续道，"毕昇，我不是拜你为师，是想请你传授给我一点窍门。"

"郑师傅，真的没'窍门'，如果非要说'窍门'不可，那就是多花点时间练习而已。"毕昇认真地道。

郑老二轻轻点一点头，仿佛默认了毕昇的观点。他没再说什么，只是默默地站在一旁看毕昇刻字，抑或提出一些疑问。

有一天清晨，毕昇照例起早去刻字坊取了雕版，到院子里刻字。当毕昇习惯地看一遍雕版上已经刻好的文字时，蓦地惊出一身冷汗，原来，在昨天刻的字中，有两个字的笔画断裂塌掉，出现了空白，这意味着这块雕版报废了！这块雕版已经刻了五分之四的字，只差五分之一的字没有刻，也就是说，这块雕版即将完工了。仅仅因这两个刻坏的字，多日的心血和辛苦付诸东流！还浪费了一块花梨木材质的雕版。

毕昇惊慌之余，回忆起昨天傍晚收工时的情景：毕昇刻完最后一个字，照例仔细检查一遍当日所刻的字，并没有发现刻坏的字。于是，毕昇在"工作日志"上写出："刻字×××，检查无漏字、缺字，笔画正确，全部合格。"

九

晨曦像海水涨潮似的汹涌而至，院子里越来越亮了，镇上人家的院落里以及附近的村庄，有更多的雄鸡加入鸡鸣大合唱。毕昇再一次检查雕版，确认昨天刻下的文字中有两个字笔画被毁，心里彻底绝望了。自从毕昇正式刻字以来，从未发生过这种现象，刻字的成功率百分之百。毕昇呆坐在院子里，头发和肩背都被晨露润湿，雕版也被洇潮了，毕昇却没有察觉，脑子里一片空白。早起晨练的师傅见毕昇呆坐发怔，心里觉得奇怪，走过去，半开玩笑地问："毕昇，你想什么心思呀？是不是想家了？"

"没……没想心思。"毕昇醒过神，收拾起雕版，扛起椅子，匆匆返回刻字坊。

这时，汪桂生端着饭碗来到刻字坊，瞥见毕昇，便催促道："厨房伙夫让我来喊你去打饭，只剩你一人没打饭了，快去呀，免得伙夫等着你。"

"我……我不吃了。"毕昇带着哭音说。

"怎么啦？是不是生病了？"汪桂生颇感意外，"清晨你还好好的，像往常一样起早去院里刻字，现在就不好了？"

"没生病，是雕版出了问题，昨天刻的文字中有两个字笔画毁了。"毕昇指着雕版上那两个被毁的字。

汪桂生伸头一看，顿时呆住了，半晌，问："毕昇，昨天收工时你没有检查吗？"

"检查了，没有任何问题。刚才拿到院子里准备刻字时，才发现有两个字毁了。"毕昇脸上显出沮丧的神情。

"这是怎么回事呢？"汪桂生自言自语。稍停，又劝毕昇道，"这事等上工后再说，你先去厨房吃早饭。"说罢，将毕昇强推出刻字坊。

毕昇去了厨房，打了饭菜，端回刻字坊，此刻，毕昇哪有胃口吃饭，只扒了几口，就放下饭碗。这时，潘把头走进刻字坊，汪桂生向他汇报了毕昇这件事。潘把头听后，俯身仔细察看着雕版上出问题的两个字，站起，又向毕昇询问了事情发生的经过。

"难道有人故意破坏？"潘把头自语，又摇摇头，道，"以前从未发生过故意破坏这类事呀！"想到这里，便把毕昇喊到院子里，询问毕昇道，"这段时间里你与谁吵架没有？"

毕昇摇摇头，道："把头师傅，别说最近这段时间，自从我到这里来当学徒，从未与别人红过脸。"

汪桂生也在一旁证实道："上工和下工我都与毕昇在一起，

从未见过毕昇与别人吵架。平时，毕昇与师傅们相处得都很好，更没有与谁结仇。"

"那就很奇怪了！"潘把头疑惑地说，"一般来说，如果刻坏了字，刻字工当时就能察觉。何况，昨天收工时你还对所刻文字检查了一遍，没有发现问题。"

汪桂生推断道："一定有人在搞破坏！"

潘把头道："毕昇没有与谁结仇，谁在暗中害他？"

汪桂生与毕昇面面相觑，无言可答。

潘把头又道："退一步说，即使有人在暗中破坏，为什么专门害毕昇一人，没有害你汪桂生？也没有害我老潘，更没有害其他人。按照常理推断，这人只有与毕昇结仇，才害毕昇一人。如果是针对书坊，或针对刻字坊，应该同时破坏两个或几人的雕版，对吧？"

汪桂生想了想，反驳道："这人如果同时破坏两个或几人的雕版，那就真的是破坏了！既然这人没有这么干，单单破坏了毕昇一人的雕版，说明这人此举只针对毕昇一人。"

潘把头听后，点点头，向汪桂生投去赞许的目光，道："你说得有道理。"又转向毕昇，吩咐，"毕昇，这事儿到此为止，不要张扬出去，回头我找木匠为你的桌子加上一个柜子，收工后你把雕版锁进柜子里，看谁再去破坏？"

汪桂生也要求道："潘把头，您让木匠也把我的工作桌加上一个柜子，今后我也要把雕版锁进柜子里。哎，辛辛苦苦地刻好一块雕版，被人轻轻一划，就能把一块雕版毁掉。更要命的是，不但我白费了精力和时间，'书坊'也浪费了一块上等雕版。"

潘把头斥道："别搞得'风声鹤唳，草木皆兵'哟！"

汪桂生瞥了瞥身旁的毕昇，苦笑了笑，说："毕昇这件事是一个教训，他和'书坊'受了损，我也怕了。"

"嗨，我索性把刻字坊所有师傅的工作桌都加上柜子，让所有师傅收工后都把雕版锁进柜子里。"潘把头做出决定道。

中午时分，趁着刻字师傅午休，加工坊的几位木匠带着木板和工具来到刻字坊，将十几位刻字师傅的工作桌都加上柜子，刻字师傅上工时，忽然发现自己的工作桌下面冒出了崭新的柜子，都感到十分惊讶。

"诸位师傅，下午收工后，你们各自把当天刻完字的雕版锁进柜里，回头我去镇上为你们的柜子配上锁，如果你们不愿意把雕版锁进柜子，雕版被人为损坏，一律由个人负责。"潘把头郑重地宣布道。

大家这才明白是怎么回事，有人问："潘把头，莫非出现人为损坏雕版之事？是谁呢？"

潘把头岔开话题道："我让你们怎么办，就怎么办！不然的话，谁出了问题由谁负责。"说罢，便去镇上的五金店买锁。潘把头走后，大家纷纷猜测：谁的雕版受损，谁是损坏雕版的"黑手"？……但由于潘把头要求毕昇和汪桂生严格保密，没有透露口风，大家猜测来猜测去，都找不到答案，只好无趣地闭上口。

一会儿，潘把头买了锁返回，把锁分发给每一位师傅，一边分发，一边叮嘱道："收工后把雕版上所刻之字都检查一遍，再锁进柜子里，知道不？"

"潘把头，常言道'锁君子不锁小人'，这刻字坊如果有小人，我们把雕版锁进柜子里，也是没用的。"有人虽然从潘把头手里接过锁，却对潘把头的做法不以为然。

潘把头定睛一看，见是徐师傅，便不高兴地说："叫你锁，你就锁，啰唆个嘛？！"徐师傅此人喜欢"搓反索（绳）"（意思指与别人讲相反的话，做相反的事）。

"潘把头，如果我听您的话，收工后把雕版锁进柜里，哪天却忽然发现雕版的文字受损了，这个责任是由我个人承担呢？还是由刻字坊承担？"刁钻的徐师傅抓住"漏洞"，提出这个问题，真是无孔不入呐。

潘把头还没有想到这一层，不禁怔住了，稍停，潘把头恼羞成怒地道："老徐，你不是有意找我的碴吧？如果你严格地照我的话去做，怎么会出现像你所说的那种情况？"

徐师傅被潘把头这句话唬住了，一时目瞪口呆，潘把头鼻孔里冷冷地"哼"了一声，去给别的师傅发放锁。

毕昇受损的雕版没有报废，按照通常的补救做法，毕昇把这块雕版拿到加工坊，请木匠锯下受损的五分之一雕版，再用相同材质的木板用竹钉拼贴起来，继续在拼贴的雕版上刻字。这种拼贴起来的雕版当然没有完整的雕版结实耐用，在印刷的过程中，拼缝弄不好就断裂了。刻字师傅一般只在雕版上面或下面极少部分进行拼接，这样拼接起来的雕版不太容易发生断裂，也比较容易重新刻字。如果刻字师傅在雕版中间部位刻字出了问题，一般来说，这块雕版就不再锯掉重新拼接了。一是中间部位拼接的雕版在印刷过程中容易断裂，二是如果重新拼接半块雕版甚至大半块雕版，不如换一块雕版来得划算。

现在，毕昇刻字的是整块雕版，吸取了上次的教训，毕昇每刻好一个字后，都要检查一遍，看看是否有笔画断裂、倒塌的现象。检查完毕后，才接着刻下一个字。下午收工时，毕昇再次检查当日所刻的字，确认没有问题后，才锁进柜子里。但即使这般小心翼翼，还是出了问题。

这天清晨，毕昇打开工作桌下的柜子，从柜子里拿出雕版，这块雕版才刻了一半，文字不多。毕昇习惯地看了一遍，突然，他的目光停驻在已经写好的几行字中的三个字，这三个字的笔画基本上都倒了，大概是被人用刻刀铲掉的。毕昇愤怒极了：这明显是有人在害他，故意损毁他刻的字，达到毁坏他的名声、破财的目的。

这块雕版虽然受损，但受损的文字却在雕版的六分之一部分内，可以请木匠锯掉受损部分，再用木板进行拼接，损失不算严重。毕昇觉得害他的人有点愚蠢，急于损毁他的雕版上的刻字，如果等到他刻出一半雕版，在那时再损毁刻字，整块雕版就毁掉了，他所花费的工夫也白费了！

毕昇在气恼之余，忽然又想到："谁是害我的小人呢？这个小人是怎么打开锁的？"毕昇想到此，拿着雕版返回刻字坊，取下柜子上的锁，仔细察看起来。这是一把铜制的锁，型号不大，显得小巧。锁的表面和锁柱都没有被撬动的痕迹。毕昇用钥匙开启了几次，都没有涩滞的现象，说明这把锁完好无损。毕昇心生疑惑，又仔细察看了柜子，也没有发现柜子与桌面有缝隙。毕昇反复察看之后，断定小人是用相同的钥匙或工具轻松地开了锁，并打开柜子，拿出雕版后，再用事先准备好的刻刀毁坏雕版上的三个字。

十

上工后，毕昇把汪桂生拉到自己的工作桌旁，指着雕版上被毁坏的字，轻声说："这个小人又来祸害我了！"

汪桂生仔细察看着毁掉的三个字，惊问："果真有人在害你？"拿起柜子上的锁，又问，"毕昇，昨晚收工后你的柜子锁上了吗？"

"当然喽！锁好后，我还拉了拉锁，确信锁上了，才放心地离开坊间。"毕昇用肯定的口吻道。

"你把钥匙给我！"汪桂生命令道。

毕昇从口袋里掏出钥匙递过去，汪桂生用钥匙重新开锁，只听轻微的一声"啪"，锁顺利地被打开。汪桂生又试着开启了两三次，都没有被卡住的现象，这说明盗开锁的人使用的工具与真钥匙差不多，至少效用一样。其实，古代的锁具结构很简单，盗开锁者只需用一根常见的金银簪或铜簪，捅进锁孔，就能开启这种简易的锁，所以才有"锁君子不锁小人"之说。

汪桂生当即把这件事向潘把头做了汇报，潘把头也察看了被动手脚的雕版，不禁骂道："妈的！这谁呀？心眼这么恶毒？"抬头看着哭丧着脸的毕昇，说，"这人专门对毕昇下手，毕昇还是一个伢子，即使不小心得罪了你，也不能一而再，再而三地报复嘛！"

"把头师傅，我……怎么办呢？"毕昇求助地看着潘把头，眼中蓄满绝望的情绪。

潘把头略一思索，说："这事儿好办，从明天起，刻字坊的大门也要锁上，并且要用两把锁，我亲自锁门开门，看谁还敢做手脚捣乱？"又压低嗓音道，"这件事我一定要查一个水落石出，看看那个小人是谁？查出来后，马上把他送到衙门去判罪。你俩不要将此事声张出去，就当成没有发生过。"

汪桂生和毕昇各自回到自己的工作桌旁，仍埋头刻字。毕昇把这块被毁字的雕版放置一旁，取了一块新雕版重新刻字。刚才三人在说这件事时回避了大家，刻字师傅们都在专心刻字，不知道身边发生了这件不齿之事。同时，潘把头又特意叮嘱汪桂生和毕昇不要泄露此事，刻意加以隐瞒，很快波平浪静。

潘把头说到做到，每天收工后他都是最后走，先检查一遍大家的雕版是否都锁进柜里，然后锁上刻字坊大门。两把大锁都是比较难以开启的，不轨之徒如果想要盗开锁，绝非轻而易举之事。潘把头又要毕昇每晚三更或五更前后起床一次，前来刻字坊门口察看，为了防备不测，可以携带一根木棍防身。潘把头向毕昇安排此事时，没有第三者在场，目的是保密。

毕昇听了潘把头指令后，不禁犹豫起来："把头师傅，您看我这副身架，能抓住扭锁撬门的坏人？只怕是'打不着狐狸惹一身骚'呢。"

潘把头说："谁叫你当场将坏人抓住呀，你灵活一点不就得了。"

"不能当场将坏人抓住，时过境迁他不承认，那不是白白蹲守了吗？"毕昇不以为然地道。

潘把头用指头戳一戳毕昇的额头，佯嗔道："看着你平时挺机灵的，现在却像一段木头！"潘把头凑近毕昇耳旁，小声说了一番，毕昇一边听，一边频频点头。

这样一来，毕昇没有时间"晨练"，晚上还要提前上床睡觉，否则夜里起不了床，也就完成不了在刻字坊门口"蹲守"抓坏人的任务。蹲守了几夜后，毕昇就受不了啦，毕竟才十岁出头，即使古人心理早熟，这个年龄也是"少年"。一般来说，儿童或少年都很贪睡，夜里三更或五更让一个少年自觉起床，是很难做到的。宋代没有定时的自鸣钟，更没有手机定时铃声，毕昇是怎么做到半夜三更定时起床的？其实，说出来也很简单，只是现代人没有见过，才不明白这事儿。原来，古代城镇都规定了夜间打更的制度，由当地政府筹资常年雇佣"打更人"，每天晚上七时开始，打更人沿着固定路线敲梆巡逻，夜间一般巡逻三四次，最后两次分为三更时辰和五更时辰。打更人一边敲响手中的竹梆，一边大声吆喝："天干物燥，小心火烛！防贼防盗闭门关窗，大鬼小鬼排排坐，平安无事喽，鸣锣通知，关好门窗！"冬天时，打更人的吆喝声变成"小心火烛，寒潮来临，关灯关门，早睡早起，锻炼身体！"如此循环往复地吆喝，从街头吆喝到街尾。

这些口号看起来平淡无奇，只是提醒居民在晚间应该注意的一些事情，其实这些口号里面是有学问的，由于不同的口号一般对应着不同的时间，居民听到不同的打更口号，就大致能够知道是什么时刻了。比如：戌时一更（19—21点）时，打更人吆喝的口号是"天干物燥，小心火烛"；亥时二更（21—23点）时，打更人吆喝的口号是（关门关窗，防偷防盗）；子时三更（23—凌晨1点）时，打更人吆喝的口号是（平安无事）：丑时四更（1—3点）时，打更人吆喝的口号是（天寒地冻）；寅时五更（3—5点）

时，打更人吆喝的口号是（早睡早起，保重身体）。打更人敲过了寅时五更的梆子，就可以回家安心歇息了。

毕昇睡得再死，打更人的吆喝声还是会隐约飘入梦乡的。在听到打更人第二次或第三次吆喝的口号时，毕昇就会起床，悄悄穿好衣裳，拿上放在床底的一根栗树棍子，蹑手蹑脚地出了宿舍，来到刻字坊门口，先四下里观察一番，如果周围没有可疑迹象，便上前察看门锁，如果门锁依旧，便隐身在墙角的阴影处，静观是否有人前来撬锁。

毕昇起夜了三四次后，影响了夜间睡眠，只能在午休时补回来，白天上工也昏昏欲睡，再加上毕昇不太相信那个小人还会下手，便渐渐泄了气，给自己放了假，一连多日没有起夜去蹲守。这天上工后，毕昇拿出雕版准备刻字，潘把头将他喊到一边，问："毕昇，蹲守了几夜，没发现什么？"

"没有。"毕昇摇摇头，显出沮丧的神情。

潘把头将话题一转，道："毕昇，早上我来开门时，发现两把锁的锁孔都有被动过的痕迹，但很细微，不仔细察看是发现不了的。"

毕昇瞪大眼睛，"啊！"了一声，惊讶地问："莫非小人又来了？"

"嗯。"潘把头点点头，"毕昇，那个家伙昨夜没有打开锁，可能不甘心，这几天夜里可能还会来开锁，你要留点心。"

毕昇的脸瞬间涨红了，以为潘把头知道他近些日没有起夜蹲守，婉言提示他要坚持下去。

当天夜里三更时分，毕昇又像以前那样悄悄起床，隐身在墙角蹲守。约莫过了一个时辰，正当毕昇认为小人不会来，准备撤回宿舍继续睡觉时，忽然，毕昇发现一个人影从他身边闪过，向刻字坊门口蹑过去。毕昇顿时打了一个激灵，困意全无，定睛看去，人影却消失了。毕昇怀疑刚才只是一个幻觉，犹疑着要不要撤回宿舍，这时，黑影再次出现了，原来，刚才黑影贴在凹进去的一边门侧，观察着周围的动静，大概没有发现异常，才闪到门口，用准备好的工具开锁。毕昇身上全部神经都紧张起来，想着自己单枪匹马如果扑上去，肯定抓不住那人，便欲回宿舍喊人相助。不料，毕昇才迈开步，却与迎面而来的人撞个满怀，毕昇张口正要喊出声，对方压低嗓音道："毕昇，是我！"

毕昇听出对方是汪桂生，便惊喜地道："汪师父，你怎么来了？我正要去喊你呢！——"

"别说话，等坏人打开门进了坊间，我们再去抓。"汪桂生说罢，便与毕昇一起隐身在墙角的阴影处，四对目光从暗中盯着刻字坊大门。一会儿，大门被拉开一道缝，人影闪进坊间，两扇门重新合上。汪桂生低声骂道，"'狗日的'已经开了锁进去了，我们快去将那个'狗日的'抓住！"汪桂生抓住毕昇的一条胳膊奔过去。

俩人来到门口，急不可待地推一推门，却发现门已经被那人从里面闩上。汪桂生急令毕昇道："你快去宿舍喊人！我在这里堵住大门。"

毕昇应允而去，汪桂生守在门口，扒住门缝朝里面窥看，里面黑乎乎一片，什么也看不清楚。正窥看着，只听门闩在被轻轻地抽动，汪桂生机警地闪跳到墙外，将身子紧贴在墙壁上。果然，门被打开了，一个蒙面人走出来朝外面看了看，转身去在门上摸索什么。暗中窥视蒙面人的汪桂生一见，知道此人要锁门，这意味着蒙面人要掩饰作案痕迹！说时迟那时快，汪桂生像离弦的箭一般射过去，从后面抱住蒙面人，口中大呼："快来人呀！有盗贼！快来人……"

蒙面人一怔，随即反应过来，侧转身双手掐住汪桂生的脖子，眼里瞬间迸射出凶恶的光，汪桂生身子瘫软下来，无力地倒在地上，蒙面人挣脱了汪桂生的双手，拔腿就跑。毕昇已喊来一些人，此时朝这边奔过来，见人影从刻字坊闪过，猜想那人影即是坏人，便都瞄着那人影紧追不放。

第三章

一

　　人影闪向大院后门，汪桂生猜想那人欲要从后门逃遁，情急之下，从地上拾起一块小石头，瞄准人影扔去，只见那人影身子摇晃了一下，略停了停，又拔腿飞奔。汪桂生等人不敢迟疑，也加快脚步追上去。那人影闪到后门，大概在拔门闩时花费了一些时间，汪桂生等人有效地利用了这一点宝贵时间，追了过去，将人影团团围住。

　　"你是谁？干吗来刻字坊偷东西？"汪桂生大声叱问。

　　那人不回答，却仍用一只手在暗中拔门闩，正在这时，赵铁头闻讯赶到，从侧面抄过去，腾空一跃，一脚蹬在那人影的肩膀上，人影"哎哟"一声，倒在地上。汪桂生等人趁机扑过去，将那人抓住，扯开头套，借着朦胧的月光一看，这不看则已，一看，便都吓了一跳：此人是郑老二！在这之前，除了毕昇和汪桂生，追撵的师傅们还以为是外面来的窃贼。

"我起夜上厕所，你们抓我干吗？"郑老二委屈地大叫大嚷起来。

"你上厕所干吗戴头套？"赵铁头吼道，"戴头套怕给别人看见你的真面目，不是做贼是干什么？！"

"我……我戴头套是为了保暖，不是怕被人认出。——这又怎么了？"郑老二振振有词地反驳道。

汪桂生厉声道："郑老二，你干了什么事，你心里清楚，我们不和你争辩，你去与潘把头说！"

"我在这里！"话音一落，一个人影站出来，正是潘把头。原来，潘把头不住集体宿舍，而是单独住在一间隔出来的小屋里，刚才，不知是谁去拍打他的房门，说来了贼，让他出来看看。他赶紧穿衣跑了出来，果然见院子里人影幢幢。汪桂生见潘把头来了，便小声把刚才发生的事情向潘把头简要地叙述一番。潘把头听后，略点点头，道："这事儿，我知道了。"

"潘……潘把头，我——"郑老二欲要解释。

潘把头打断郑老二的话，命令道："跟我走！"

"去……去哪里？"郑老二结结巴巴地问。

"你别管去哪？跟我走就是！"潘把头又命令道，稍停转而环视着大家，"你们都回去睡觉吧。"

郑老二只好乖乖地跟在潘把头身后，来到刻字坊门口，见两把锁都挂在一扇门扣上，没有锁上，潘把头伸手一推，门扇开了。潘把头扭头盯着郑老二，虽然不能清晰地看到潘把头两眼射出的锐利光亮，但潘把头的嗓音却像锥子一样富有穿透力："郑老二，我问你,这两把锁是你打开的吗?!"

"不……不是我……"郑老二吞吞吐吐地抵赖道。

潘把头抓起郑老二的胳膊,将其推进刻字坊,围观的师傅们都被劝回宿舍,只让汪桂生、赵铁头、毕昇等人进入坊间。潘把头关上门,拉上门闩,吩咐汪桂生点燃油灯照明。接着,潘把头亲自对郑老二进行搜身,郑老二后退一步,欲要拒绝,却瞥见赵铁头虎视眈眈地盯着自己,郑老二惧怕赵铁头的武功,不敢造次,只好乖乖地让潘把头搜身。潘把头从郑老二身上搜出一把铜簪和一根铜条,"这两样东西是干吗的?"潘把头举起铜簪和铜条,在郑老二面前晃了晃。

"簪头发的呀!"郑老二不慌不忙地回答。宋代男人和女人一样也把头发绾起来,在头顶上绾成一个发髻,用簪子穿住,以免头发散开。

"簪子不插在头发上,却放在衣袋里,还有这根铜条,也是用来簪头发的?"潘把头质询。

"是呀,穷人没有铜簪和铜条簪头发,随便找一根树枝也行。潘把头,您是用什么'家什'簪头发的呀?"郑老二笑嘻嘻地问。

潘把头大声驳斥道:"你头发已插有簪子,为嘛还要把铜簪和铜条放在口袋里?分明是拿来撬锁的,你还要抵赖!"

郑老二委屈地叫嚷起来:"潘把头,您说这话可冤死我了!——"

潘把头冷笑一声,指着毕昇和汪桂生,对郑老二道:"实话告诉你!他俩在刻字坊门口蹲守了十几个夜晚,就等着你今夜自投罗网!别抵赖啦,到官衙去说吧!"

郑老二想起自己刚开了锁走进刻字坊,就听到外面有人推门,他这才夺门而出。原来，毕昇和汪桂生一连多夜在门口蹲守着。郑老二暗暗痛骂自己："郑老二呀郑老二！你'聪明一世，糊涂一时'哇，夜里出来时为什么不预先察看现场呢？可以佯装起夜小便对现场进行勘查，那样的话，蹲守的人肯定就会被发现的。"但现在后悔也迟了，干了这种事，肯定要吃官司，坐牢罚银是少不了的。想到这里，郑老二"扑通"一声跪倒在潘把头面前，磕头如捣蒜一般，连声说："把头大人，您大人海量，不与小人计较，看在郑老二在刻字坊干了多年的分上，饶我郑老二这一回，别把我郑老二送官衙，行吗？求把头大人了！"

"你这事儿只有沈老板才能做主，你向沈老板求饶去吧。"潘把头"呵呵"一笑，不阴不阳地说。

郑老二耷拉下脑袋，不吭声了。这时，毕昇已经查看了自己的柜子，发现锁没被打开，稍放下心来。忽然，毕昇想起上次的遭遇，又不放心了，赶紧掏出钥匙开了锁，拉开柜子，从柜里拿出雕版，点亮一盏油灯，逐字逐字地检查，没有发现被毁的字，这才彻底放了心。此时，毕昇不禁暗自庆幸："幸而及时推门使郑老二警觉起来，如果等郑老二毁坏我的雕版刻字，再推门或喊人来，我这块雕版就毁掉了。"

天亮后，潘把头将郑老二交给了沈老板，由沈老板去处理。沈老板把毕昇、汪桂生喊去，将这件事的来龙去脉询问清楚，便派人将郑老二送到县衙门。后来，县衙以"毁坏财物罪"将郑老二下了狱。据郑老二在县衙交代，他之所以这么做，是因为忌恨毕昇，潘把头多次在点卯晨会上夸奖毕昇批评郑老二，使郑老二迁怒于毕昇，便以毁坏毕昇的刻字，达到毁坏毕昇声誉的目的。

刻字坊发生了郑老二这件事后，反而使毕昇的声誉如日中天，沈老板破天荒地给毕昇提前半年出师。这在"沈记书坊"是从未有过的事。相反，倒是有过三人被延长学徒期的例子，这三人之所以被延长学徒期，有的是手艺不达标，有的是三年中累积请假次数过多，有的是不能按时完成工作量。提前出师既是荣誉奖，又是物质奖励，学徒期间，第一年是不发钱的，只发一点生活用品。第二年有一点补贴，第三年增加一点补贴，但不多，一个月的补贴只能下一次饭馆。但出师后却不同了，发放的是全额工资，虽然出师后要交伙食费，但即使交了伙食费，再刨去生活用品费用等开销，剩余的工资尚能养活一家三四口人。毕昇提前半年出师拿工资，等于这半年的钱都是沈老板白送给他的，沈老板完全可以不给。

毕昇第一次拿到工资后，非常开心，请了潘把头、祖师爷和汪桂生三人吃了饭，留下伙食费，然后回了一趟家，把剩下的工资交给母亲。"娘，沈老板给我提前半年出师，这是我出师后第一个月的工资，我从工资中拿出了一点钱，请潘把头、祖师爷和师父吃了一顿饭。"毕昇喜滋滋地把钱交给母亲。

"儿子，你出师领工资了？"母亲从儿子手里接过钱，激动得手在微微颤抖，说，"我还思忖着再熬半年，等你满师后往家里拿钱，家里的日子就宽松了。没想到，沈老板让你提前半年出师拿工资，你们的沈老板真是大好人啊！"母亲脸上的皱纹沟里都蓄满笑容。

毕昇在镇上"沈记书坊"当学徒时，逢年过节坊间放假，毕昇都要回家看望母亲。去年，三姐也出嫁了，家里只剩下母亲和小弟相依为命。弟弟尚小，母亲去地里干活儿时，将他带在身边，让弟弟一人在地头玩耍。逢到雨雪天气，弟弟就一人在家里待着，但弟弟很乖，不会惹事，也不会去外面乱跑给母亲添麻烦。依母亲的想法，过几年弟弟到了读书的年龄，家里如果攒了一点钱，就送弟弟去村塾念书。即使不能供弟弟考秀才、举人、进士，但只要家里能供得起，就一直供下去。其实，说破了，就是让哥哥毕昇拿钱供小弟念书，母亲在家里种两亩薄田，打下的粮食只能勉强糊口，哪有余钱供小弟念书呢？！

"毕昇，你爹活着时，拼命攒钱供你念书，如果不是后来他病倒了，不会让你回家的。"母亲说到这里，撩起旧蓝布褂子前襟，抹了抹眼睛。停了停，又道，"你爹有眼光，硬是让你念了书，不然的话，你就像小五子一样，在地里抠泥巴块，哪能找到刻字这份好工作呢？木匠、泥水匠、裁缝、补锅匠等手艺人也比不上刻字这门手艺呀！不用念书识字都能学那些手艺。刻字这手艺不同，要能识字的。你弟弟过几年到念书识字的年纪，我想让你弟弟也去村塾念书，顶不济将来也和你一样去'书坊'学刻字手艺，总比在家里守着那两亩薄田喝菜粥强百倍吧！"

"娘，您的话我听明白了，我一定把手艺学好学精，将来挣更多的钱供小弟念书。"毕昇说。

母亲点点头，脸上露出欣慰的笑容，说："儿子，你明白娘的心意就好。"

二

县衙开堂审理郑老二的案子，一名长得黑瘦的"快班"（传唤的衙役）骑马来到草盘地镇，直接去找沈老板，递交了传票。沈老板不愿意到公堂上抛头露面，便吩咐当事人毕昇和汪桂生作为"证人"，跟随快班去县衙。沈老板塞给那位快班一点碎银子，还招待他吃了一顿饭。沈老板之所以敢于"传而不至"，是因为之前与县令有过交往。每年春节沈老板都要向县令拜年，其实是给县令"打点"，送些实惠的礼品。有了这段"交情"，沈老板自然可以不用亲自去"过堂"的。

快班吃饱喝足后，吩咐毕昇和汪桂生带上物证，跟随他一起去县衙。到了县城，已是午后，但"过堂"时间通常在上午，俩人只好在县衙附近的小客店住下。汪桂生年长毕昇几岁，略通一点世故，傍晚时分，又请那位快班吃了一顿晚饭。两人虽然都已经出师拿工资，但因家穷，大部分工资都要补贴家用，因此手头都很拮据，不愿意自个儿掏腰包承担住宿和招待衙役"快班"的饭钱。汪桂生便让客店和小饭店老板出具"发条"，所谓"发条"，即是古代的发票，有雕版印刷的，也有老板手写的，签上老板的大名或按上手印、写明具体时间，这张"发条"就具备了发票的法律效应。消费者拿着这张"发条"，即可去自己的老板或供职的衙门报销。

次日上午，毕昇和汪桂生按时去了县衙，在院里等待片刻，一名衙役走出来，取下鼓槌，擂响了大堂门口一侧的大鼓。擂毕，又有衙役走出，查验了毕昇和汪桂生的身份，然后，面无表情地对俩人道："请二位进入大堂！"俩人走进大堂，只见大堂内两侧已经列队站着皂隶，手中拄着木棍，一个个神情威严。堂上案几两侧，各有一张小桌，桌后坐着书记员和县尉（古代县城主管案子的官员）。一会儿，一名皂隶拖长音调喊道："升——堂！"话音才落，身穿官服的县令从堂侧门口走进来，坐在案几后面。县尉把郑老二的案卷捧送到县令面前，然后，肃立在一侧，随时接受县令询问案情。

县令翻看了一下案卷，与县尉小声交流了几句，吩咐道："开始吧。"

那位县尉会意，扯开嗓子宣呼："带——犯人上堂！"古代虽有法律，但在皇权专制下，社会仍处于人治状态。表面上看，县令亲自出马依法审理案件，实际上，在尚未取得嫌疑人的确凿证据链，甚至尚未对嫌疑人进行审理的情况下，就已经先入为主，将嫌疑人认定为"犯人"，郑老二案即是如此。

两名皂隶把郑老二带上了大堂，郑老二被拘押在县衙附近的"号子"里，早上为了及时出堂受审，被皂隶提前从"号子"里提出来，在大堂一侧的小屋里等候，当大堂里的县尉一声令下，皂隶便将郑老二拖上大堂，按在案几前跪下。县尉喝令："今有县令大人亲自审案，案犯从速报上姓名、年龄、籍贯、身份……"

郑老二与那些一辈子窝在乡下种田种地、不见世面的乡下人不同，念过村塾，又离乡外出学手艺，算是见过世面的人，在经历初上大堂时的短暂怯场后，渐渐镇静下来，回答了县尉的询问。接下去，该由县令亲自审讯了，县令宣读了郑老二的罪状："案犯郑某，'沈记书坊'控告你犯了损毁财物罪，分别于本年某月某日偷偷毁坏刻字工毕昇的雕版刻字，又于某月某日夜间撬锁再次毁坏刻字工毕昇雕版刻字。案犯邪恶不改，于某月某日第三次撬开刻字坊大门两把锁，潜入刻字坊欲行不轨，被蹲守在附近的毕昇、汪桂生二人当场擒获，遂扭送本县衙。"接着，县令讯问道，"案犯郑某，你对以上案情审理有何异议？"

"禀告县令大人，鄙人不接受县令大人刚才宣读的案情审理情况，前两次所谓'毁坏毕昇的雕版刻字'，纯属毕昇的臆测，是强加在鄙人头上的罪名，后一次撬开刻字坊门锁，事出有因。鄙人那天夜间撬开刻字坊门锁，此事不假，但鄙人不是进入刻字坊毁坏雕版刻字，而是寻找白日不慎遗落在坊间的二两银子，这是鄙人多年积蓄，放在别处恐有遗失，遂密藏身上，不料那天却遗失了，鄙人担心次日被别人捡拾，才于夜间撬锁进入刻字坊寻找。"郑老二矢口否认毁坏毕昇的雕版刻字，同时，又滔滔不绝地供述了第三次撬开刻字坊门锁的事由和经过。

按照郑老二的辩驳和供述，郑老二是被冤枉的，当然，见识过不少狡黠案犯的县令，对郑老二的辩驳似乎早有心理准备，当即发出一声冷笑，把惊堂木一拍，大喊一声："证人何在？"

跪在郑老二身后的毕昇和汪桂生，连忙抬头应道："县令大人，吾等都是证人。"

"二位证人，速将姓名、年龄、籍贯、身份报给本县！"县令吩咐道。

毕昇和汪桂生先后报上自己的姓名、年龄等信息，县令接着审问道："证人毕昇，你说郑某两次毁坏你的雕版刻字，第三次也意图毁坏你的雕版刻字，却没有得逞，证据何在？"

"有！"毕昇拿出一把锥形刻刀，指着刻刀把柄上的刻字，说："这把刻刀把柄上刻有郑某的大名，郑某第二次用这把锥形刻刀插入我的柜门锁具孔里，撬开了锁，抽出了放在柜子里的雕版，又用这把锥形刻刀毁坏雕版上三个字。郑某在干这件歹事时，由于心慌意乱，将这把锥形刻刀遗落在鄙人的柜子里。后来，鄙人根据郑某这把锥形刻刀，方才知道鄙人的雕版刻字是被郑某毁坏的。在向潘把头报告后，潘把头布置了防范措施，一方面在上下工时锁上刻字坊大门，一方面令鄙人夜间蹲守，终于在某月某日夜间将郑某当场擒获。"

这时，县尉走过来，从毕昇手中拿去那把锥形刻刀，呈递给县令。刚才还在为自己"成功"地"无罪申辩"而暗自得意的郑老二，没有料到那天夜里的罪证遗落在毕昇的柜子里。刻字工都会把自己的名字刻在刻刀的扁形把柄上，以此识别。并且，刻字工的刻刀不少，郑老二仅锥形刻刀就有三四把，当时他并没有意识到自己将锥形刻刀遗落在毕昇的柜子里，事后也发现少了一把锥形刻刀，但记不起在哪里弄丢了，没有介意。此时，郑老二不禁痛骂自己太粗心大意，不过，郑老二刁钻成性，头脑稍一转动，便大声说道："县令大人，这把锥形刻刀是鄙人的不假，但鄙人有四把锥形刻刀，上工时，各类刻刀都放在工作桌上，也许毕昇趁我外出方便或中午去厨房吃饭时，偷拿了我的锥形刻刀，也未可知！"

乍一听，郑老二的推断合乎逻辑，如果换了别人，可能会偷拿郑老二的锥形刻刀，然后栽赃于郑老二，但放在毕昇身上，这绝无可能。一来毕昇为人诚实正直，绝对不会做出这种下三烂之事，二来毕昇年龄尚小，阅历尚浅，绝对没有这个心机。不过，大堂上的皂隶或其他人都不了解郑老二和毕昇的为人，一时都难辨真伪。

这个县令还真不糊涂，没有被郑老二的狡黠牵着走，当即叱问道："郑某！你说毕昇偷拿了你的锥形刻刀，证据何在？如果拿不出证据，就是恶意诬陷！"

郑老二顿时被吓住了，这把锥形刻刀确实是他遗落在毕昇的柜子里，如果说成是毕昇从他的工作桌上偷拿去了，一是没有当场抓住毕昇。常言道"捉奸拿双，捉贼拿赃。"没有当场将毕昇抓住，怎么能说是毕昇偷拿的呢？二是没有旁人看见。如果毕昇从他的工作桌上偷拿了这把锥形刻刀，被别人当场看见，挺身出来做证，也是可以的。但郑老二平时在刻字坊人缘较差，即使现在找一个人挺身出来替他做伪证，也找不到这样的铁哥们哇！

"郑某！本县再次讯问你，刚才你说毕昇偷拿了你的锥形刻刀，证据何在？证人何在？"县令拍了一下惊堂木，喝问。

"县令大人……鄙人只是……只是猜测……暂没有证据。"郑老二结结巴巴地说。

"大胆犯人郑某！你分明是在愚弄本县，没有任何证据，也没有证人，只向本县提供猜测，难不成还要本县也跟着你猜测一通？"县令嘲讽地说。

大堂里顿时响起一片哄笑声，郑老二的额上冒出一颗颗汗粒。这时，郑老二的心理防线完全崩溃了，身子在微微颤抖着，像风中的一片枯叶。郑老二一边不停地朝县令磕头，一边念念有词地道："鄙人有罪，有罪，期望县令大人高抬贵手！放鄙人一马……"

县令转头与县尉商议一番，然后，转头盯着正在磕头的郑老二，宣布道："犯人郑某，你身为沈记书坊师傅，却因为忌恨同事毕昇，三次损毁毕昇的雕版刻字，其中一次未遂，'沈记书坊'财物因之受到损失，犯下'损毁财物罪'，现判处犯人郑某半年有期徒刑，赔偿'沈记书坊'的损失，并罚银五十两，所罚银两没收入库。"

判决完毕，县令宣布："退堂！"便站起，从侧门走了出去。

<h2 style="text-align:center">三</h2>

在大堂审讯之前，县令已经与县尉数次商讨了此案，厘清了案情，查看了证据，即郑老二遗落在毕昇柜子里的那把锥形刻刀。可以说，大堂审讯只是县令和县尉精心策划和导演的一场剧，由于证据确凿、逻辑严密，才丝丝入扣地让郑老二无以反驳。

判决以后，郑老二被收了监，沈老板看到郑老二家境贫困，放弃了赔偿。但官府罚银还是要缴纳的，郑老二蹲了半年牢后，如果家中拿不出五十两银子的罚银，官府强迫郑老二在官办工坊里做工，以工时抵罚银。到那时，郑老二就沦落为官奴了，即官府奴隶，不但失去了人身自由，还惨被剥削。当然喽，这也是郑老二咎由自取。

郑老二收监后，县衙快班来到"沈记书坊"送交判决书，快班有意无意选择中午时分到达"沈记书坊"，沈老板自然要招待这位快班吃饭，由潘把头作陪。俩人在厨房饭厅的一张桌旁喝酒吃饭，汪桂生和毕昇也打了饭菜，出于客气，俩人端着饭碗走过去向快班道谢。

快班已喝得微醺，招呼俩人坐下一起喝酒，俩人婉拒了。"不喝酒也行，坐下聊聊！"快班拍了拍身边的两只空凳子说。

俩人坐下，一边各自扒着自己碗里的饭，一边聊天。

"你们这一行挺挣钱的吧？"快班是一位十八九岁的小伙子，脸庞黑瘦、面皮粗糙，大概由于常年在外面奔波的缘故，看上去比实际年龄苍老一些。

"挣不了仨瓜俩枣的。"汪桂生自嘲地说。

"那还不如像我一样当衙门快班，在外面东游西荡吃'快活饭'。"快班自炫道。

"都是'命'呀，现在只能各安其命。"汪桂生说。他知道当衙门快班是吃"青春饭"，上了岁数后，就跑不动了，到那时，只能乖乖地回家种地。刻字工虽然辛苦，挣钱也不多，好歹是一门手艺，能管一辈子。

快班似乎也意识到自己刚才有吹嘘之嫌，便安抚汪桂生和毕昇道："两位小老弟学刻字也不错，刻字这活儿也是一门手艺嘛。"停了停，又道，"我看了你们的雕版刻字，忽然发现一个问题——"快班说到这里，却打住了，"算了，说出来怕两位小老弟笑话，不说了。"

快班抛出的"悬念"，显然让汪桂生和毕昇欲罢不能，汪桂生憋不住催问道："快班大哥，您有话只管说嘛，我们不介意的。"

快班瞄了俩人一眼，才道出他发现的"问题"："你们把字都刻在一块木板上，如果不小心把一个字刻坏，能把刻坏的字抠下来吗？能换上一个好字吗？"

"不能。"俩人异口同声地回答。

"也把那个刻坏的字印刷出来?"快班又问。

"当然不能把坏字印刷出来,要更换一块雕版重新刻字。"汪桂生道。

快班一拍大腿道:"我说的就是这个'问题'!你们天天拿刀刻字,保不准哪天刻着刻着,手一抖,字就刻坏了。这刻坏的字又不能抠下来,重新换上一个合格的字,只能更换一块木板从头开始锲刻。以前的工夫都白费了,还浪费了一块上等的木板,多不划算啊!依我看,不如把要刻的字一个个拆开来,刻好后再拼一起印成书。"

汪桂生笑道:"雕版刻字是老祖宗传下来的,快班大哥所说的那种刻字方法,可能老祖宗都想过,也尝试过,肯定不适用,才坚持现今的雕版刻字。"

快班抿了一口酒,说:"我刚才说的是外行话,别介意哟。"酒足饭饱后,拿了沈老板签发的回执,上马告辞而去。

汪桂生和毕昇也返回刻字坊,毕昇耳旁仍盘旋着那位快班大哥说的话,便向汪桂生提议道:"汪师父,我们不妨尝试一下快班大哥提出的刻字方法。如果成功了,那要节省多少人力和财力呀!"

汪桂生摇摇头,不以为然地道:"你说起来简单,真要动手尝试,却挺难的。如果容易成功,老祖宗早就尝试成功了!再说,全国都在使用雕版刻字方法印刷,如果能使用那种刻字方法,他们为什么不用呢?"

显然,汪桂生的反驳很有说服力,毕昇此时也疑惑了:"是呀,全国印刷业的同人都使用雕版刻字,没有听说哪个地方印刷业的同人,采用不一样的方法刻字。"这么想着,毕昇也就无言可答。

时光荏苒，刻字坊"郑老二事件"渐渐淡去，但短时片刻仍在刻字坊留下抹不去的阴影：师傅们相互之间开始提防起来，不但自觉注意看护好自己的雕版，平时言行都显得谦逊低调，生怕不小心得罪了人，被人暗中报复。凡事有好有坏，表面上看，这样既对工作有利，又维护了同事之间的关系，但这都是虚伪的假象。潘把头也看出这一点，不过，他并不觉得不好，只要大家不争不吵，不再出现像郑老二那样暗中使坏的人，他作为刻字坊把头就谢天谢地了。

毕昇没有放弃刚刚萌起的想法，吃晚饭时，毕昇找潘把头说这件事，潘把头听后，淡淡一笑，道："毕昇，这事儿大家都想过也说过，你不是第一次。"

"啊？"毕昇略感意外，问，"那为什么不尝试一下呢？"

"都认为不可行，没有尝试的必要。"潘把头说罢，瞥了瞥毕昇，问，"毕昇，难不成你想尝试吗？"

"是呀，把头师傅，不尝试岂能知道不行？"毕昇显出一副跃跃欲试的模样。

潘把头又笑了："年轻人都是像你这样'德行'，总想尝试新鲜的，这样才感到刺激。——我潘把头也是从年轻时过来的嘛。"说到这里，潘把头脸上的笑影消失了，却换上一副严肃的神情，"我们现在的雕版刻字方法是老祖宗传下来的，除了刻坏字时浪费一点人力和财力以外，没有其他弊病。倒是优点还不少呢，比如，印刷出来的文字清晰，页面整洁，没有模糊、空白的现象，等等。平时，只要我们刻字工干活儿时认真一点，仔细一点，不刻坏字，就能保证印刷出来的书籍或其他印刷品质量上乘。"

毕昇心头的热情之火被潘把头一番话浇熄了，原本以为潘把头会支持，不料潘把头说的话与汪桂生所说的一样，都是相信老祖宗传下的雕版刻字是最好的，而别的刻字方法则行不通。不过，毕昇心头那把火虽然没有燃烧起来，但仍然时不时地会想到这件事。

这天，毕昇去加工坊定制雕版，看到木匠干活儿的地方散落着零头碎脑的小木头，联想起木活字所需要的小木块，心中倏然涌起一股强烈的冲动：想要尝试着刻一刻木活字。想到此，毕昇对木工江大年说："江师傅，您能把这些边角料制作成一颗颗印章坯子吗？"

"行呀。你把印章坯子的尺寸给我。"江大年一口应承道，又问，"是刻名字的印章吧？"

"不是刻名字的印章，是印刷书籍用的刻字章。换一句话说，等于把雕版上的每一个字拆下来，在印刷时，再把这些刻了字的'印章'一颗一颗地拼成一块雕版。"毕昇解释道。

"呵呵，毕昇你在开玩笑吧！"江大年没有听明白毕昇的话。起初，江大年以为毕昇想要刻私章，找他弄一颗私章坯子，但毕昇却说是用来印刷书籍的，"私章"刻字后拼在一起能够印刷一本书吗？江大年干了十几年木匠，也没见过这种拼在一起印刷书籍的"私章"。

不料，毕昇再次认真地强调道："江师傅，我不是用这种边角料刻'章子'，是用来刻成一个个书籍所需要的文字，刻了一定数量的'章子'后，再将这些'章子'一颗颗拼成一块雕版，印刷成书籍。——江师傅，您听明白了吗？"

"明白了，明白了。"木匠江大年终于似有所悟，问，"毕昇，你自个儿在边角料堆中找，需要我加工的，我再抽空给你加工。"

"江师傅，我现在没时间找刻章坯子，午休时我来您这里找。"毕昇说罢，拿着江大年加工好的雕版离去。

午饭后，毕昇果然来了，在江大年为他准备的一堆边角料中翻找刻章坯子。这种刻章坯子太大或太小都不合适，太大加工起来很费工夫，太小了又不能拼成雕版。毕昇打算刻五百颗章子，就需要至少翻找五百颗的刻章坯子，但边角料堆里根本没有这么多现成的刻章坯子，毕昇勉强翻找了二十多颗适合加工成章子的毛坯，离完成五百颗刻章毛坯的计划还差远着呢。

毕昇请木匠江大年把这二十多颗毛坯加工成尺寸一样的刻章，江大年一边加工，一边问："毕昇，你这些刻章是潘把头布置的活儿吗？"

"潘把头不知道这事，我自个儿弄的。"毕昇实话实说。

江大年停下工具，说："那不行，我是按照潘把头布置的活儿做的。不然的话，我做的活儿就属于'私活儿'了，不但没工资，还要倒扣工资呢。"

毕昇听后，连忙解释道："江师傅，我让您弄这些刻章坯子，是替刻字坊印刷书籍的，并非干私活儿。当然喽，您也不会白忙乎，我一定让潘把头给您开具'工条'。"所谓"工条"，即现今工厂车间常见的"生产任务派单"。古代有一定规模的私人作坊，也实行了下派工条的制度，这样有利于确定工人的每天工作量。在一些实行计酬工资的作坊，根据工条计酬，既简易明了，也较为公平。

四

毕昇之自然知道这不是江大年的推托之词，如果只要几颗刻章，江大年可以抽空帮个忙，但毕昇一开口要五百颗刻章，这就不是抽空帮忙能解决的，要专门用大块时间制作，才能完成。毕昇此时犯了愁，潘把头不支持活字印刷，能给他开工条吗？想到这里，毕昇也心冷了。

这天上午，刻字工师傅们像往常一样在忙碌着，刻字坊静悄悄的，只听见刻刀在划削木质雕版时发出轻微的"窸窣"声。忽然，毕昇听到低低的一声"哎哟"，循声看去，只见祖师爷赵铁头自责地拍打着自己的额头，看那模样，可能赵铁头出现问题了。这时，汪桂生也听闻师父赵铁头的异常，放下手中的刻刀，走到师父赵铁头面前，问："师父，您怎么啦？"

"唉，刚才不小心把这个字刻坏了。"赵铁头指着雕版唉声叹气。刻坏一个字意味着这块雕版要报废，也意味着赵铁头要被扣除工资，一块雕版的价钱相当于赵铁头几天的工资。

汪桂生拿起雕版一看，只见被刻坏的字在雕版正中央，比较显眼，无法挽救。汪桂生安慰赵铁头道："师父，您换一块雕版，我抽空帮您刻字。"

对于刻字工来说，刻坏字是常见之事，即使已经身为祖师爷的赵铁头，也不能幸免。毕昇听说后，也主动为祖师爷承担了一半的刻字任务。午休和下午收工后，帮祖师爷刻字，以免祖师爷耽误工期。毕昇在帮祖师爷刻字时，趁机对祖师爷说自己想要研制活字，如果研制成功，就不会再为刻坏一字而毁掉整块雕版担忧了。

"活字当然很好哟！如果我刚才使用的是活字，把这个坏字扔掉就是了。"祖师爷说这话时，眼里闪烁出一缕亮光，但旋即，这一缕亮光就消失了，"我也听说以前有些人研制过活字，但都没有成功。"

"祖师爷，没有成功不等于不能成功，只要持续不懈地研制下去，就能获得成功。"毕昇说完这话，看着祖师爷，"不知道沈老板对研制活字是什么态度？"

祖师爷听出毕昇的话中有话，不禁瞥了毕昇一眼，"毕昇，莫非你想研制活字？"

"嗯。"毕昇点点头。

祖师爷"扑哧"一声笑了，语含讥讽地问："毕昇，你下巴长胡子没有？"

毕昇下意识地摸了摸自己光滑的下巴，答道："没长胡子，怎么啦？"

祖师爷又笑了，说："你虽然出师了，但还是一个小伢子，别想着研制活字！全国刻字坊有多少？那些大师父都不做这事儿，你一个小伢子去做？别异想天开啦！"

"祖师爷，秦汉以前没有雕版印刷，书籍都是书写笔录的，如果没人研制雕版印刷，至今我们还是用手写笔录成书。"毕昇不以为然地说，"那样的话，一本书的价格该有多贵呀！况且，抄录的速度既慢又辛苦，一本书问世，顶多抄录几本或十几本，时间一长，这几本或十几本书极易失传。雕版印刷就不同了，只在刻字时费些事，但只要刻成雕版，想印刷多少本书，就能印刷多少本书。二者相比，大不一样呀！"

"毕昇，你说一千道一万，我都懂。"祖师爷的语气缓和了，指一指身边的汪桂生，对毕昇道，"你想在刻字坊研制活字，桂生说了不算，我说了也不算，只有沈老板说了才算！加工坊的木工师傅先要制作大量的活字刻章，木工师傅的工资谁出？只有沈老板出。制作活字刻章的材料费用谁承担？也只有沈老板承担。所以哇，我劝你去找沈老板说一说，看沈老板支持你不？只要沈老板支持你就好办。"

"祖师爷，前些日，我就去找加工坊的江师傅制作刻章，江师傅听说我想研制活字，便朝我索要'工条'。"毕昇说。

"毕昇，'工条'只能在潘把头那里开，但依我看，潘把头也做不了这个主，你不如直接去找沈老板。"祖师爷给毕昇支招道。

"我……我有点害怕。"毕昇吞吞吐吐地道。

"呵呵！沈老板又不是老虎，能吃了你？"祖师爷笑了，转而吩咐汪桂生道，"桂生，毕昇胆怯，你陪他去见沈老板，给他壮壮胆。"

汪桂生想要推辞，但见师傅赵铁头指派他陪同毕昇，便硬着头皮答允了。俩人当即来到沈老板的书坊兼办公室，沈老板正在埋头看一本待刻字的书稿，见俩人找他，便问："有事吗？"

毕昇心里想好的话语，顿时一个字也记不起来，吭哧了半晌，说："沈……沈老板，我……我想……"

"坐下！坐下慢慢说呗。"沈老板指一指对面靠墙摆放的椅子，示意俩人坐下。

俩人却仍站着，汪桂生见毕昇如此胆怯，不禁偷偷地瞪了他一眼，代替他说道："沈老板，是这样的，毕昇见雕版刻字容易造成浪费，就想着要研制活字。"

"哦，研制活字？"沈老板似乎来了兴趣，目光移到毕昇脸上，问，"毕昇，我倒是想听一听，你打算如何研制活字？"

毕昇见沈老板不但没有表示反感和排斥，反而发生了兴趣，顿时来了底气，刚才的胆怯也消失了，滔滔不绝地说道："沈老板，我初步设想是请木工师傅制作五百颗尺寸一样的字模，刻出一千个字。然后，当需要印刷书籍时，便根据每一页所需要的文字，挑选出与之对应的字模，排放在一块铁板或铜板上，用融化的热蜡固定这些字模，等热蜡冷却下来后，用刷子在字模上涂刷墨汁，铺上白纸，再用干净刷子轻轻一刷，一页书就印刷出来了。印刷所需页数后，再将铁板或铜板加热，蜡融化了，便可以轻松取下字模。"

沈老板仔细地倾听着毕昇对"初步构想"的讲述，听毕，说："毕昇，你说的办法很好，可以试一试。不过，想法毕竟是想法，不等于能够做成功。"

毕昇很激动，没想到沈老板这么快就支持他研制活字，便又将江大年师傅向他索取工条一事说了。沈老板略一思索，吩咐道："毕昇，你现在就去把潘把头喊来。"

汪桂生心里惦记着自己的刻字任务，想着这里已没自己的事儿了，便向沈老板告辞道："沈老板，我回刻字坊了。"

沈老板仿佛想起什么，问道："汪桂生，高师傅病逝后，你做了毕昇的师父了吧？"

汪桂生咧嘴一笑，谦虚地道："沈老板，我做毕昇的师父是滥竽充数呀，不够格。"

沈老板也笑了，说："小伙子，你挺谦虚的嘛。"又将话题一转，道："汪桂生，你是毕昇的师父，毕昇搞活字研制，你要帮着点。"

"请沈老板放心，我肯定要帮的。"汪桂生回答得挺干脆。

沈老板满意地点点头，汪桂生和毕昇一起离开了沈老板的书坊，返回刻字坊，毕昇去找潘把头，对潘把头说："把头师傅，沈老板喊您呢。"

"哦，喊我有什么事？"潘把头疑惑地问。

毕昇知道潘把头不支持他研制活字，不愿意马上把实情告诉潘把头，便支吾着说："把头师傅，您去一下就知道了。"

"哒！什么事神秘兮兮的？"潘把头说着，放下手中的活儿，习惯地拍打了一下身上的浮尘，去了沈老板的书房，毕昇也跟了过去。

"沈老板，您找我呀？"潘把头大步跨进沈老板的书房里，问。

"是呀，你先坐下。"沈老板待潘把头坐下后，不急着说毕昇研制活字一事，却询问起刻字坊近日的工作和任务完成情况。

潘把头面色凝重，说："沈老板，这一段时间以来，有几位师傅出了问题，浪费了几块雕版，刚才毕昇的祖师爷赵铁头也刻坏了一块雕版。虽然他们承担了这个损失，但心里肯定挺难受的。再说，如果损失太多，于公于私都不是好事。"

沈老板指一指毕昇道："潘把头，毕昇正准备研制活字，如果研制成功了，你就不用担虑浪费人工和雕版啦！"

潘把头神情平静地道："沈老板，这事儿毕昇对我说过，我没支持，也就没向您反映。"

沈老板听后，问："潘把头，你是担心这事儿不能成功吧？"

"对呀。"潘把头振振有词地道，"沈老板，您心里也一定有个谱儿，全国雕版印刷行业不少，大师傅更是多得没法计算，却没听说他们把这个活字搞成功了。"

沈老板没有表态，却盯着毕昇，问："毕昇，你认可潘把头的看法吗？"

"沈老板，把头师傅的话有道理，我不反对。"毕昇不慌不忙地道，稍停，又将话锋一转，"不过，他们没有研制活字，或者研制了活字却没有成功，但不等于我们也不能成功。现在的雕版印刷，也只有唐宋以后才通用的，秦汉以前都没有发明雕版印刷。那时，如果没有人带头研制，可能到现在我们还在抄书、手写书籍呢！"

沈老板向毕昇投去赞赏的目光，点头道："毕昇，你说得对！先不论成功与否，做了再说。即使不能成功，也不要紧，大不了耗费一点人工和银子。"说罢，转头吩咐潘把头道，"潘把头，毕昇研制活字，要求加工坊制作五百颗刻章字模，形制和尺寸相同，你给毕昇安排下去。"

五

潘把头虽然内心不赞成活字研制，但沈老板支持毕昇做这件事，潘把头也就无话可说。离开沈老板的书坊后，潘把头对毕昇说："毕昇，你去加工坊通知江大年，让他把手头的活儿暂时搁一搁，先制作五百颗字模，形制、尺寸要和雕版刻字上的字形一致，回头我把工条补开给他。"

潘把头这番话不啻"圣旨",木工江大年不可能违抗,毕昇当即三步并作两步地来到加工坊,对正在忙碌的江大年道:"江师傅,沈老板同意我研制活字,把头师傅让您暂时搁下手中的活儿,先制作五百颗字模。"

"工条呢?"江大年向毕昇伸出手。

"把头师傅说马上就补给您。"毕昇道。

"不行,你把工条拿来再说!"江大年显得挺固执。

毕昇欲要争辩,想了想,便转身回到刻字坊,找潘把头开了工条,送到江大年手中,江大年这才开始制作字模。毕昇也没闲着,马上着手在字模上刻字,在刻字之前,毕昇请江大年制作了一个固定字模的凹槽模板,将字模嵌入凹槽固定好,再执刀刻字。

刻字坊的师傅们很快知道了毕昇研制活字印刷,态度各异,有支持的,有做"壁上观"的,当然,也有嗤之以鼻,看笑话的。毕昇不在意刻字坊师傅们的态度,只是埋头在字模上刻字。这段时间里,毕昇除了睡觉和吃饭,其余的时间都花在刻字上。以前毕昇担心晚上点油灯刻字会损害视力,但现在他顾不得许多了,每天晚上都要点灯刻字到三更时分,上床和衣睡四五个时辰,天刚亮就起床,在院子里借着清冷的晨光继续刻字。

毕昇在较短的时间内完成了五百颗字模的刻字活儿,接下去,毕昇用一块铁板做托板。这块铁板是镇上铁匠铺的张铁匠打制的,长与宽的尺寸与一张书页相同,四周有围板,高度比字模稍矮,正好可以嵌下一张书页所需的字模。毕昇弄来了白蜡,铺放在铁板上,再将铁板架在炭火上烘烤,待白蜡融化后,将字模一颗颗放置铁板上,挪开炭火,待白蜡冷却,字模底部与白蜡凝固一起。

这时,印刷工师傅熟练地用排刷蘸上墨汁涂遍字模,再铺上一张白纸，用一把干净的排刷在白纸上扫一遍，然后小心翼翼地揭下纸，毕昇和众人看去，只见纸上有些部分的字迹较为清晰，有些部分的字迹却比较模糊，有些部分甚至是空白。毕昇顿时傻眼了，不用想，这是字模高低不平造成的。在白蜡融化后，字模放置在铁板上，毕昇还特意用一块木板压在字模上，表面上看是很平整的，但白蜡冷却后，却发生了变化。铁板中间有些字模比周围的字模低，因上面压着一块木板，根本看不到所有的字模是否一样平整。

毕昇只好采取补救措施，即把那些空白处和字迹模糊处的铁板下面重新烘烤一下，将几颗低矮的字模往上提一提。白蜡冷却后，再印刷一次，却发现其他部分又出现空白和字迹模糊等现象，如此反复几次，始终克服不了字模不平整现象。

潘把头早就预料到这样的结局，此时他反倒显得神情平静，安慰毕昇道："毕昇，你不要难过，先把这件事搁一搁，以后有机会再尝试。"

毕昇听出潘把头是要他停止活字研制的试验，当然喽，这件事最终的决定权在沈老板那里。潘把头劝慰了毕昇后，就去了沈老板的书房，将毕昇研制活字印刷失败的消息向沈老板做了汇报。

此时，沈老板听后，沉吟一会儿，道："全国印刷行业这么多同人，肯定也有不少高人研制过活字，至今没有哪一家书坊采用活字印刷，可见活字印刷没有成功，毕昇这个伢子研制失败了，也不奇怪。"

"沈老板，您看毕昇还要不要继续研制活字？"潘把头问。

"既然不易成功，那就算了吧。"沈老板表了态，"潘把头，你对毕昇那个伢子说，别再搞活字研制了。"

　　"嗯，嗯。"潘把头巴不得沈老板这么说，"我这就通知毕昇停止活字研制。"

　　"毕昇那伢子勤奋、爱钻研，把这个劲头用在雕版刻字上，工效会大大提高。"沈老板对毕昇的印象不错，不然的话，他不会破例将毕昇提前半年转正满师。

　　潘把头对毕昇的看法与沈老板大致差不多，但经过毕昇此次研制活字一事后，潘把头有了新的看法，认为毕昇不太踏实，而且还挺倔强的，有了"想入非非"的想法，任谁都劝不住。毕昇此次遭遇失败后，幸而沈老板及时止损，停止了毕昇的研制。不然的话，若依照毕昇的性格，毕昇是会一直研制下去的。

　　潘把头高兴地返回刻字坊，当然喽，此刻他要把这种高兴埋在心底，脸上却要显出严肃的模样，郑重其事向毕昇宣布道："毕昇，刚才沈老板说了，要你停止活字研制。"

　　"我……我还想坚持研制下去，直至成功。"毕昇面现难色，"我想换一种黏剂，代替白蜡黏合字模，使字模平整。"

　　"不要再折腾了，沈老板让你停止，你就停止吧！"潘把头借沈老板指令，说出自己的心声。

　　毕昇听后，只好默默地收拾起字模和铁板，将其放在自己的工作桌下。

　　潘把头捧来几本书稿，放在毕昇的桌上，吩咐道："毕昇，这是沈老板布置的几本印书任务，你挑选一本书稿刻字吧。"

　　毕昇没有挑选，只是说："潘把头，您分派一本书稿给我，随便哪本书稿都行。"

　　"喏，就这本书稿。"潘把头没有挑选，只把上面的一本书稿扔给毕昇，拿回其余的书稿。

毕昇翻了翻书稿，接下去，便去加工坊挑选合适的雕版。走进加工坊，江大年瞥见了他，半开玩笑地招呼道："呵呵！大发明家来了！"

"江师傅，快别瞎说。"毕昇顿时脸孔涨红，羞赧地阻止道。

"活字研制得怎样了？"江大年敛了笑容，一本正经地问。

"这个……沈老板要我暂时搁一搁。"毕昇支吾地说，"我来挑选一块合适的雕版，继续雕版刻字。"

江大年表示理解："近日印书任务多了吧，沈老板要赶任务的。"

"嗯，嗯……"毕昇含糊地应着，挑选了一块合适的雕版，便匆匆离去。

晚上，毕昇睡在床上，仍念念不忘活字研制，询问汪桂生道："汪师父，您知道除了白蜡，还有哪些黏合剂呀？"

汪桂生知道毕昇还在惦记着活字研制这件事，便半开玩笑地说："毕昇，你想把活字研制搞成功，等几十年后你老了再说吧。"

"为什么要等我老了再说呢？这与年龄有关吗？"毕昇不解地问。

汪桂生原本只是随口与毕昇开一个玩笑，谁知，毕昇却当了真，汪桂生见此情景，只好将错就错，说："研制是很费时的事，等你告老还乡后，在家乡闲着，再琢磨这件事，说不定就成功了。"

毕昇听后，顿时如醍醐灌顶，大悟道："汪师父说得对！研制的路很漫长，谁知道什么时候能成功呢？！哪个老板都不乐意拿钱供一个人无止境地搞研制。——咳！我真孬！"

汪桂生趁机劝道："毕昇，别再折腾那个活字研制了，一心一意做雕版刻字吧。"

毕昇没有吭声，半晌，他自语般地说："专业研制行不通，我就业余搞嘛。"

汪桂生见毕昇仍没将此事彻底放下，便轻叹一口气，道："毕昇，依我看，你就死了那条心吧！总是对这事念念不忘，对你有什么好处呢？"又将话题一转，道，"毕昇，你如果愿意听为师真心劝告，就不要再搞活字研制，免得'扁担没扎——两头打滑'，搞活字研制占去精力和时间，影响了你对雕版刻字的技术提高。"

毕昇翻了一个身，没有接汪桂生的话茬。毕昇此刻心里如同煮沸的开水，在不停地翻腾着：活字研制失败，无疑对毕昇是一个打击。况且，毕昇年纪尚小，生活阅历浅，心理承受能力弱，同人们异样的眼光投射到毕昇身上，都像一把把尖刀，扎在毕昇的心头，疼痛只有毕昇自己知道。但这不是在家里，受到挫折和委屈，可以在母亲面前倾诉，得到母亲的安慰和支持。这是在刻字坊，虽然潘把头和汪师父都在安慰他，但却又劝阻他，其实，这种安慰不要也罢。毕昇此刻最需要的是鼓励他继续前行。

如果在家里，毕昇可以利用田间劳动之余，坚持活字研制，没有人阻止他，也没有人向他投来白眼、说风凉话。但在这里却不同，毕昇不能阻止别人投来白眼和说风凉话。但是，尽管在这里有种种的不好，毕昇却只能忍受，不能拂袖而去。

时令已是秋天，稻子熟了，镇上米店进了不少新米，其中有一些香软的糯米。负责采买的金管事喜欢吃糯米煮的稀饭，便从镇上米店采买了一些新上市的糯米，让伙夫早晚煮稀饭。糯米稀饭很黏，毕昇由此想到以此来做字模与铁板之间的黏剂，便多打了半碗糯米稀饭做试验。初次试验时，由于稀饭太稀薄了，毕昇拿了几颗字模沾着糯米稀饭粘在铁板上，几天过去了，稀饭仍干不了，手一碰字模即倒。——这个办法又失败了，毕昇的活字研制只能暂停下来。

<h1 style="text-align:center">六</h1>

有一天，汪桂生小声告诉毕昇："镇子东头来了一些陌生人，在那里看场子呢，我怀疑是沈老板所说的想要在本镇开办'书坊'的人。"

"是吗？"毕昇应着，想了想，说，"我听有些师傅说，即使本镇来了别的'书坊'，也不会有什么影响，他们做他们的生意，我们做我们的生意，各人有各人的客户嘛。"

汪桂生不以为然地说："话是这么说，行业之间的竞争在所难免。再说，客户又不是铁板一块，今天他可以是你的客户，明天他见别的书坊印书质量好、价格也合理，就跑到别的书坊去印书。"

祖师爷瞥了瞥徒弟汪桂生，嘲讽地说："汪桂生，你没当过书坊老板，怎么知道书坊老板生意上的事？"

汪桂生笑了笑，说："师父，我是想象着说呢，不知道对不对？"

"是对，还是错，只有沈老板最清楚，你去问一问沈老板吧。"祖师爷说。

汪桂生从祖师爷的话语中，听出祖师爷对他"吃工人的饭，操心老板的事"不满，便淡淡一笑，不吭声了。

下午收工后，汪桂生准备像往常一样在院子里跑步，毕昇拉住他，说："汪师父，我们出去走路吧，这也是一种运动呀。"

"去村路上走路吗？村路附近的田地里有农夫在干活儿，看到我们悠闲地走路，会说闲话的。"汪桂生之所以不愿意在书坊外面"运动"，就是担心别人看不惯。镇子很小，即使镇子附近的村庄农夫背地里对镇上的人说闲话，也会很快传到镇子里来，又很快在小镇里传开，成为小镇人茶余饭后的笑料，从而有损书坊的形象和声誉。

毕昇吐出实话："汪师父，我们一起去镇子东头看看那家书坊。"

"人家只是在找场子，还没定下来呢，看什么呀？"汪桂生瞪他一眼，仍去院子里跑步锻炼。

毕昇只好一个人去了镇子东头，只见镇子东头的一块空地正在兴建房屋。毕昇询问一位工头模样的人："师傅，您这里兴建什么呀？"

"书坊。"工头忙着指挥工人干活儿，都没有看毕昇一眼。

毕昇脱口答道："果然是书坊呀！"

这时，一位少年走过来，招呼毕昇道："毕师傅，您也来了。"

毕昇转头一看来人，便咧开嘴，笑着应道："黄兄，你出来散步呀？"原来，对方是几天前刚来沈记书坊当学徒的，姓黄，名叫黄涛，还没有正式拜师，正在"熟悉书坊环境的阶段"。毕昇记得黄涛向他自我介绍时，说他的年龄比毕昇大一岁，而毕昇此时已经出师一年多了。黄涛与毕昇同住一间宿舍，俩人的床铺相隔不远，前天晚上，毕昇临睡前，黄涛还走过来向毕昇搭讪，聊了一阵。看得出，黄涛是一位爱说爱笑、性格外向的人。在聊天中，甚至还向毕昇透露他是沈老板的亲戚，称沈老板为"舅舅"。黄涛自称家境优渥，只是自己不想走苦学仕进之路，才到舅舅沈老板的书坊来学手艺，将来好混一碗饭吃。

"我听舅舅说有老板要在本镇开一家书坊，便出来看一看。"黄涛解释道，又指一指工地，"刚才我也打听了，确实是在这里开一家书坊，听说老板的生意做得还挺大的，不但在县城以及一些镇子里开办了书坊，在杭州也有一处书坊。"

"是吗？这家书坊的老板姓什么？"毕昇原本想说，"看来沈老板敌不过这个大老板啦！"忽然想到黄涛是沈老板的亲戚，便把这句话咽下去了。

"听舅舅说那个老板姓张，祖上就是做大生意的，开当铺、钱庄。"黄涛介绍说，"是本县的首富。"

"张老板有那么多生意，不会像沈老板那样亲自坐镇这里吧？"毕昇问。

"我猜想是不会坐镇这里，可能委托一个代理人。"黄涛道。稍停，忽然把话题一转，称赞道"毕师傅，我舅舅说您手艺不错，学徒时提前半年出了师。"

"那是沈老板的器重，其实，我也没做出什么成绩。"毕昇谦虚地道。

黄涛提出要求："我舅舅器重毕师傅，肯定是毕师傅比一般的师傅优秀。如果毕师傅不嫌弃，请收下我做您的徒弟，可好？"

毕昇听后，颇感意外，一时不知道如何回答才好。沉吟片刻，便诚恳地道："黄涛，我虽然已经出师，但手艺和经验还很薄弱，比一般学徒强不了多少。刻字坊有经验的手艺高强的师傅很多，你随便挑选一个师傅，也比我强百倍。"

黄涛见毕昇推托，急了，说："毕师傅，别的师傅也许经验比您多，但毕师傅与我年龄相差无几，在一起更谈得来。如果跟那些年长的师傅学手艺，话说不到一起去，那多难受呀！"

毕昇见黄涛执意要跟他当学徒，便无奈地道："这事儿由你舅舅和潘把头安排，我说了不算，你先向你舅舅和潘把头反映一下。"

次日下午，潘把头把毕昇喊过去，指着黄涛对毕昇道："毕昇，从今天开始，你就是黄涛的师父了。"

毕昇猛然记起昨天傍晚在镇东头黄涛对他说过此事，差不多已将此事淡忘了，没想到黄涛今日就办了，由此可见黄涛求师心切！似乎此事如果办迟了，毕昇就被人抢走了。

这时，黄涛郑重其事地喊了一声："毕师父，以后请对徒弟多多指教！"

"指教谈不上，我们共同学习。"毕昇谦虚地道。

黄涛"呵呵"一笑，道："毕师父过谦了，让徒弟无地自容。"黄涛见毕昇如此谦虚、随和，心里很高兴，认为以后师徒相处一定很适意，不会有压力，甚至有压迫感。在古代，讲究师道尊严，徒弟不仅要精心侍候好师父，还要随时承受师父的斥责，有的师父还会动辄打骂徒弟。黄涛是富家子弟，如果遇到这样的师父，如何能忍受下去？！

毕昇把黄涛带到自己的工作桌旁，吩咐黄涛道："黄涛，这两天你端一张椅子坐在我身边，什么事都不要做，只看我怎么刻字，看我如何运刀。心里如果有疑问，可以随时询问，不必有顾虑。"

黄涛便按照师父毕昇吩咐去做，像一尊菩萨似的坐在毕昇身边，一眼不眨地瞪着毕昇的刻刀。时间一长，黄涛就感到乏味了，一会儿说去茅厕方便，一会儿说去厨房给师父毕昇倒开水。没有借口可找了，索性不向师父毕昇打招呼，就起身外出溜一圈再返回。

毕昇从黄涛联想到自己给高师父当学徒那阵，高师父对他的严苛。毕昇不愿意把自己所经历的学徒之苦，在黄涛身上重新演绎一遍。也许在别的师傅或黄涛本人看来，毕昇对徒弟黄涛的宽松是看在沈老板的面子上。其实，最大的原因在于毕昇经历了学徒时所受的苦楚。

黄涛观摩了两天后，毕昇拿出一块报废的雕版，让黄涛练习刻字。这一切，都是按照学徒练习程序走的，没有什么新花样。性格活泼的黄涛，总是没话找话，憋不住与师父毕昇聊上几句。当然，绝大多数都是一些废话。不过，黄涛有时也会聊几句正儿八经的话题，比如毕昇前段时间正在进行的活字研制。这事儿不知道怎么让黄涛知道，也许是沈老板在与黄涛聊天时，无意中提到毕昇研制活字一事。

此时，黄涛一边练习刻字，一边随意地问道："毕师父，听说您研制活字印刷？"

"是的，还没成功呢。"毕昇承认道，"严格地说，是失败了！只好暂时搁置下来。"

"我听说是因为字模不平整。"黄涛说。

"对呀，字模不平整是因为黏合字模的黏剂不行。"毕昇点点头。稍停，又补充道，"我采用的黏剂是白蜡，先在铁板上烘烤融化，黏上一颗颗字模，再冷却。但不易掌握字模的高低，以至于白蜡冷却后，字模平整不一，印刷出来的书页字迹或清晰或模糊，甚至还有少量部分是空白。这样的书页，自然不合格。"

"毕师父，问题既出在黏剂上，为什么不找更合适的黏剂呢？"黄涛疑惑地问。

"前一段时间，我采用较稠的糯米稀饭做黏剂，但很难干透，即使干透了，黏合程度也达不到要求。于是，我就放弃了。"毕昇介绍糯米稀饭做黏剂的试验过程。

黄涛咧开嘴角，无声地笑了笑，说："糯米稀饭即使再稠，也没有糯米干饭黏合程度强，但糯米干饭也只能黏剂纸张，黏剂木质的字模肯定不行。"

"是呀，糯米稀饭的黏剂合程度不够强。"毕昇眼里闪射出亮光，"我打算再找适用的黏剂，这种黏剂既能把木质的字模与铁板黏合在一起，又能快速干燥，一版字模表面平整，印刷书页不会出现字迹模糊或缺字现象。"

黄涛陷入思索，忽然，他放下刻刀，笑吟吟地看着毕昇，道："毕师父，我想起了役夫在砌城墙时勾缝用的黏合剂，听说是用糯米稀饭拌合石灰，干燥后，如同铁铸一般。"

毕昇连忙摇手道："黏性太强的黏剂肯定不合适！我如果用这种黏剂，等它干燥后，拿锤子敲都敲不下来，那不又成了雕版刻字了？哪里是活字呀？！"

七

黄涛劝道："毕师父，行或是不行，您不妨先试一试。糯米稀饭和石灰这两样材料身边都有，随手拈来。"

毕昇一想，觉得黄涛的话不无道理，便点头赞道："好吧，有空我来试一试。"

早餐时，厨房有糯米稀饭和一般大米稀饭两种，毕昇打了糯米稀饭，捞出小半碗稠的，准备用于粘字模和铁板。下午刚收工，黄涛放下刻刀，匆匆走出刻字坊，似乎有点急不可待的样子。毕昇以为黄涛慧了一天，急着要出去放松一下，没有介意。一会儿，黄涛从外面回来，喜滋滋地对毕昇说："毕师父，您看我带来了什么？"

毕昇疑惑地瞪眼看去，只见黄涛正打开一只纸包，原来纸包中是一小包石灰。"哪里弄来的？"毕昇问。

"镇上'田记杂货店'里卖石灰，我向田老板讨要了一小包。"黄涛解释道，"如果这一包石灰不管用，再去找田老板讨要合适的。"

"黄涛，我来这里几年了，还不知道'田记杂货店'卖石灰呢，你刚来就摸得一清二楚。"毕昇称赞道。

"嘿嘿。"黄涛笑了笑，说，"毕师父一心一意学手艺，罔顾其他，对身外世界不甚清楚，情有可原呀！"黄涛念过三年村塾，终因不堪读书之苦，在家中吵着闹着要弃学，父亲见儿子实在不是念书的材料，只好顺其自然。不过，黄涛毕竟念过"子曰诗云"，开口闭口也有意无意地显出文绉绉的样子，借此区别于目不识丁的鲁莽汉子。

毕昇取出早餐留下的小半碗糯米稀饭，一天的时间使糯米稀饭变得很稠了，但仍然有别于干饭。毕昇在这小半碗糯米稀饭中加进适量的石灰，搅拌后，倾倒在铁板上，再把一颗颗字模安放在铁板上。接着，又用一块木板按压字模，以达到所有字模都很平整的要求。

"黄涛，你看看这些字模都在同一个平面上吗？"毕昇取下按压字模的木板，让黄涛目测。

黄涛弯下身子，让视线与铁板上的字模处在同一个水平线上，目测了一会儿，感觉字模都在同一个平面上，便直起腰，对毕昇说："毕师父，我看行了，您再看看吧。"

毕昇再次进行了目测，没有发现凸起或凹下的字模，才放下心。接下去，毕昇和黄涛等待黏剂干透后，再进入印刷程序。

此时的黄涛似乎比毕昇更热心于活字研制，次日的一整天，黄涛时不时地去察看黏剂是否干透了。毕昇见黄涛心不在焉的样子，便讪笑道："黄涛，你这么着急干吗？如果这次研制不成功，你是不是要疯掉？"

"毕师父，您不着急？"黄涛反问。

"有一句老话说'成事在人，谋事在天。'即使不成功，那也是天意，着急有用吗？"毕昇经历了几次挫折，似乎对成功与否有些看淡了。

黄涛不以为然地道："不能成功，那只能说无可奈何而已！别说这个活字研制是毕师父搞的，即使我作为徒弟，也期待活字研制能够获得成功。如果获得成功，毕师父的大名在全国印刷行业传播开来，我这个徒弟脸上也挺光彩的呀。"

又过了一天，黄涛认为黏剂已干，催促毕昇涂墨印刷，毕昇虽然认为黏剂没有完全干透，但此时字模已经稳固，并不需要黏剂完全干透再印刷。师徒俩小心翼翼地印刷了第一张书页，当毕昇揭开纸张时，却见印刷好的纸张上仍出现部分字迹模糊、缺字空白等现象。毫无疑问，这仍是字模不平整造成的。黄涛脸上显出失望的神情，怔怔地看着师父毕昇，说："毕师父，当时我们不是目测过字模很平整吗？怎么印刷出来又成了这种东西？"

"看这种情况，问题还是出在黏剂上。这说明，糯米稀饭掺合石灰做黏剂不行，当然喽，这种黏剂砌城墙没问题，但不适合做字模与铁板之间的黏剂。"毕昇分析说，"这种黏剂在铁板上如果涂敷少了，起不到黏合字模的作用，如果涂敷稍多，干了后，有的字模下沉，有的字模没有下沉。下沉的字模比没有下沉的字模显然要矮一点，哪怕矮一点点，在印刷时，也能在纸上显示出字迹模糊甚至空白现象。"

毕昇和黄涛在取下字模时，还遇到了麻烦，因为糯米稀饭与石灰凝结干燥后，特别坚硬，从现代科学来说，二者发生了化学反应。所幸在黏剂还没有完全干透时，由于黄涛太心急，催促毕昇印刷，才没有等到黏剂完全干透，就进入了印刷程序。不然的话，这些字模都与铁板"长"在一起了，根本取不下来。

尽管师徒俩很小心地从铁板上拔取字模，但仍有十几颗字模受到不同程度的损坏，底部被黏剂"吃掉"一小块或一部分，无法修复再用。毕昇担心铁板不能使用，赶紧用铲刀将黏剂铲掉，既费了力气，也费了不少工夫。

黄涛见此次研制不但惨遭失败，还"损兵折将"（部分字模毁坏），不禁羞愧地对毕昇道："毕师父，这次失败应怨我，是我向您提议用糯米稀饭加石灰做黏剂。"

毕昇淡淡一笑，道："谁对你说'研制只允许成功，不允许失败'？不是有一句老话'失败是成功之母'吗？没有失败，哪有成功呢？！"

"嗯，嗯。"黄涛点点头。

"当然喽，可能也有一次研制就成功的，但那种情况只是运气好。我们没有遇到好运气，难道就不搞研制了吗？"毕昇颇有自信地说。

黄涛见师父毕昇虽历经几次挫折仍没有沮丧，不禁被感动了，说："毕师父，我一定跟着您坚持下去，直到活字研制获得成功！"

"好！黄涛，有你这句话，我就满足了。"毕昇在黄涛的臂膀上拍了一下。

不过，决心和意志不代表成功，尤其对于大家都做不了的事，更难获得成功。起初，师徒俩在收工后，把精力投在寻找合适的黏剂上，陆续找了几种黏剂，仍然没有成功。黄涛的兴致一点点耗去，最后完全失去继续研制的兴趣。

有一天，黄涛接到家人的来信，看了后，便将手中的信函朝毕昇扬了扬，笑问道："毕师父，您猜这封家信说的是什么？"

"你这封信没给我看，我哪知道？"毕昇撇了撇嘴角说。

"毕师父，家父写信要我回家订婚。"黄涛笑嘻嘻地说。

"恭喜！结婚实乃人生一件大喜事。"毕昇向黄涛拱手道贺。

"是订婚，不是结婚。"黄涛纠正道。

"那不是一样嘛，只不过分成两步走而已。"毕昇家乡的年轻人也是先订婚后结婚，除非男女双方年纪大了，等不及了，一步到位。

"毕师父，您也要订婚了吧？"黄涛问。毕昇虽比他小一岁，但今年也有十四岁了，在古代的乡间，男伢子十一二岁订婚的大有人在。

毕昇腼腆地一笑，说："我家穷呀，哪有女伢子愿意和我订婚呢？"

黄涛想了想，郑重其事地道："毕师父，如果您愿意的话，我在老家替您物色一位好女伢子，如何？"

毕昇顿时脸孔涨得通红，连声道："别瞎说！"

"毕师父，我可不是瞎说，是说真的。"黄涛神情认真。

"我穷啊，连订婚的钱都凑不齐，别坑害人家女伢子啦！"毕昇说到这里，自己倒是忍不住"扑哧"地笑了。

"毕师父，您人好，有些女伢子看上您的人，不要您花钱的。"黄涛说着，便拍拍自己的胸脯，又道，"我家在村里是数一数二的大户人家，说话有分量，我让家人给您找女伢子，肯定会找到一位好的。"

毕昇听黄涛这么一说，倒是心动了，但嘴上却道："黄涛，别为我在村里出丑了，你的好意我心领了就是。"

黄涛笑了笑，没有再说什么。次日，黄涛便请假回家订婚。过了几天，正逢中秋节，沈老板给大家放了三天假。离家近的工人趁着难得的假期回家，与家人团聚过中秋节。离家较远的工人们，只好在书坊里喝酒抱团取乐。

毕昇还是春节回家的，已经有大半年没有回家了，放假当日的早上，毕昇在小镇上买了月饼、猪肉等食品，还买了纸钱、鞭炮，准备去亡父的坟上祭祀。大概因为回家心切，不到两个时辰就走完了八里路程，到家后，在村塾念书的小弟还没有放学，小弟是年初上村塾念书的。春节回家时，毕昇带着小弟借着看望村塾老师并给老师拜年之机，替小弟报了名。大半年时间过去了，也不知小弟的书念得怎么样？

堂屋的门是敞开的，看情景，母亲刚从地里回来。毕昇跨进堂屋，一边把东西放在桌上，一边大声喊道："娘！我回来啦！"

"是昇儿吧？"随着话音一落，母亲走出厨房。看见大儿子毕昇回家，黄黑色的多皱的脸上堆满笑容，"是回家过节吧？端午节怎么没回家？书坊不放假吗？"

"是的，端午节是小节日，沈老板没给我们放假。中秋节呢，是比较大的节日了，沈老板才给我们放了三天假，我们书坊离家近一点的师傅，都回家过节了。"毕昇向母亲解释道。

"好！好！……"母亲一连说了几个"好"，脸上的笑容更灿烂了。看得出，母亲此刻心里十分高兴。

八

母亲仿佛想起什么，说："昇儿，你小弟快要放学了，念了一上午的书，肚子早已经饿了，你也饿了吧！看我光顾着说话，耽误了做饭。"说罢，便去厨房做饭。

一会儿，小弟放学回家，见哥哥回家，高兴地扑上来，问："哥，带好吃的了吗？"

毕昇故意拉下脸孔，道："你这么贪馋，能把书念好吗？"

"贪馋与念书有关系吗？"小弟嘟起嘴，不以为然。

毕昇拿出一块月饼，递给小弟，说："明天是中秋节，你吃一块月饼吉祥。"

小弟转嗔为喜，拿过月饼，一小口一小口地咬着吃。

"小弟，念书辛苦吗？"毕昇问。

"不辛苦。"小弟答，岔开话题，"哥呀，这月饼真好吃吔！在镇上买的吗？"

毕昇哭笑不得，说："我正经问你话呢！"

兄弟俩说着话，母亲做好了饭菜，一家三口和和美美地吃起了饭。母亲轻叹一口气，道："唉，你们三个姐姐都嫁得远，今年中秋节看情景都不回家团圆啦。"母亲说到这里，眼睛红起来。看得出，母亲想念远嫁的三个女儿了。

毕昇由此想到平时只有年幼的小弟陪伴母亲，而现在小弟又去村塾念书了，只有早晚在家陪伴母亲。往昔这个家尽管很贫穷，有时吃了上顿愁下顿，但一大家子在一起热热闹闹。而现在呢，父亲早已仙去，子女们为生计为前程为各自的小家四散了，留给老母的只有冷清。毕昇想到这里，不禁偷眼看了看母亲，只见母亲头上又添了几处白发，额上的皱纹也增多了，眼睛的光也变得有点浑浊，不像以前那样清亮。

看到母亲这样衰弱和苍老，毕昇心里很难过，但自己在沈记书坊拿的那点工资，除了供给小弟念书，根本无法让母亲享受富贵生活。唯一的希望寄托在小弟身上，如果小弟能把书念好，将来考上功名，做了官，就能让母亲享福。

毕昇想到这里，忍不住又以兄长的口吻告诫小弟要珍惜读书机会，苦读勤学。小弟埋头吃饭，偶尔点一点头，似听非听的。母亲岔开话题，搭讪地问大儿子毕昇："书坊里活儿忙吗？"

"各人有任务的，每天都有活儿。"毕昇回答。想了想，又道，"最近我自个儿在搞一个试验，想把一整块雕版上的字，变成一颗颗活字，需要印刷书籍时，再把活字拼成一块雕版。如果搞成功了，以前几天的任务，现在一个时辰就完成了，那就轻松多啦！"

"有这么好的事情，书坊那些大师傅怎么不去做？"母亲疑惑地问。

"难呀！"毕昇毫不掩饰地道。稍停，又道，"其实也不太难，现在就是黏剂这一道关没有攻克下来。"毕昇从一碗煮熟的蚕豆中，倒出几颗在桌上，以蚕豆当字模，以桌子当铁板，"我先后试用了白蜡、糯米稀饭以及糯米稀饭加石灰等黏剂，都失败了——"接着，毕昇又向母亲介绍了因黏剂原因，导致整块铁板上的字母不平整，印刷出来的书页出现字迹模糊、缺字等现象。

母亲认真地听着，当儿子毕昇说完后，母亲便道："天底下黏的东西有很多，只是你不知道罢了。"

"娘说得对，现在我虽然把这个活字研制暂时搁下来，但我有机会还是要搞下去的，只要找到合适的黏剂，这个活字研制就基本上成功了。"毕昇说出自己的想法。

一家人吃完饭，小弟去村塾上学，毕昇帮母亲收拾碗筷，母亲脑海里还在盘旋着儿子毕昇所说的黏剂一事。忽然，母亲停下收拾碗筷，对儿子说："毕昇，我想起乡下人家经常用的糨糊，这个糨糊很黏的，不知道粘那个字模管用不管用？还有，蜂蜜也是很黏的，你可以把这两样拿来试一试。"母亲所说的糨糊，是用大麦磨成的粉用开水调和的，乡下妇女用它粘"鞋样儿"。

毕昇小时候看到母亲用糨糊粘"鞋样儿"，知道糨糊有一定的黏性，不过，糨糊可能与糯米稀饭一样，单独使用的话，只能粘纸质的东西，比如"鞋样儿"、窗户纸等。但如果粘字模、铁板等硬物，就达不到满意的程度了。毕昇当即把糨糊排除了，至于蜂蜜呢？村里曾有人养过蜜蜂，割过蜜，父亲活着时，家境较好，曾经向村里养蜜蜂的人家买过蜂蜜。在毕昇的印象中，蜂蜜确实有一定的黏性，可能将字模和铁板粘住，但活字印刷仅仅能够粘住字模是不行的，还要将字模固定在铁板上，那就要蜂蜜干透才行。

毕昇便问道："娘，蜂蜜能不能干透呀？如果蜂蜜一直是稀溜溜的，字模怎么能够在铁板上固定不动呢？"

母亲没把握地说："我家没养过蜜蜂，不知道蜂蜜能不能干透。以前你父亲活着时，家里还能拿出一点小钱买蜂蜜，在家里没有搁多久，买回来就掺水喝了。"

毕昇又问："娘，村里那户人家还在养蜜蜂吗？"

"村西的林老大一直在养着蜜蜂呢，你如果要蜂蜜粘字模，我去给你买一瓶来。"母亲道。

毕昇稍想了想，说："娘，我自个儿去林老大家看一看。"

下午，毕昇以"看节"的名义，携带一筒月饼去了村西的林老大家。林老大是江浙那边的人，与毕昇的父亲年纪差不多，年轻时全家移民到湖北英山，在草盘地镇伍桂墩村落脚定居。起初，林老大一边开荒种地，一边养蜂割蜜卖钱，补贴家用。渐渐地有了一些积蓄，买了几亩田，生活才好起来。但林老大仍坚持养蜂，割下的蜂蜜，一部分给全家人食用，一部分拿出去售卖。林老大的身体大概受到蜂蜜的滋养，从未生过病。一些与林老大同龄的人陆续仙去，但年过五旬的林老大仍像年轻人一样，每日起早贪黑地干活儿，仿佛从未感到劳累似的。

林老大家是一幢五间正屋、两间披屋的茅屋，没有院子，但门口有一大片空场，可以摊晒收获下的庄稼。林老大有二儿二女，儿子都已经结婚成家，分别住了两间正屋，两位女儿也已经出嫁了。林老大和老伴住剩下的一间正屋，外加一间披屋，披屋用作厨房。林老大家的生活在村里属于中上等水平，如果没人常年生病的话，意味着每一个家庭成员都在劳动，也意味着不用花费看病的钱，每一枚铜板都用在吃喝穿用等必需的生活开销上。

毕昇来到林老大家门口，只见林老大的老伴正坐在门口剥豆荚，两个几岁的孙子在身边嬉玩。毕昇走过去向林老大的老伴打招呼："大伯母，在家呀。"

在乡下，常年经受日晒雨淋的农人，看着比实际年龄苍老，比老伴林老大小十几岁的老伴，其实才四十岁出头。如果搁在现代城市里，这样年纪的女人正是魅力四射之时，但在古代农村，就已是衰老不堪的老太太了。此时，林老大的老伴闻声抬头，见是本村的毕昇，便笑着点头道："毕昇伢子呀，哪天回家的？"说着，站起，拍了拍衣襟上的豆荚屑，道，"进屋坐呀！"

"大伯母别客气，您忙您的，我在这儿站着说话挺好。"毕昇阻止道。

"哪有让客人站着说话呢？那不埋汰人吗？"林老大的老伴说罢，进屋端出一把旧竹椅，让毕昇坐下。

"大伯母，大伯父在家吗？"毕昇转换了话题问。

"你大伯父去看蜂子了。"老太太答。

"大伯父还养蜂吧？"毕昇这才奔向正题。

"还在养蜂呀。"老太太又答，停了一下，自语道，"家里就靠养蜂的钱补贴，不然的话，靠几亩田吃喝，一家人早就饿得前胸贴后背了。"

毕昇疑惑地问："刚才听大伯母说养蜂能挣钱，村里怎么没人跟大伯父学养蜂呀？"

"养蜂除了要有经验，要懂窍门，还要能吃大苦。"老太太说到这里，抬手朝村外指了一指，道，"现在入了秋，漫山遍野还开着野菊花等一些野花，蜂子能够采到蜜，但再过一些时间，特别是入冬后，那些野花都谢了，蜂子没吃的了，就得饿死。养蜂人就要把蜂子运到南方去，那里四季如春，越往南方去，花儿开得越多，蜂子越喜欢。"

"是这样啊！大伯父每年也要去南方养蜂？用马车运蜂箱去南方吧？"毕昇记起小时候林老大家里有一辆马车，原来是运蜂箱去南方的。

老太太点头道："是呀，你大伯父哪年入冬不去南方养蜂？以前我家老大和老二年纪还小时，你大伯父一人赶着一辆马车，装着十几箱蜂子和吃饭、睡觉的家什，像搬家似的下南方。这几年呢，老大和老二都长大了，可以跟着你大伯父一起下南方。你大伯父又添置了一辆马车，每年入冬后，父子仨一起下南方。过去你大伯父独自一人下南方，我哪里放心呀，天天提心吊胆的，生怕他在外面出了事。其实，我也不想你大伯父养蜂子，每年一到入冬，你大伯父独自出门，我就担惊受怕，祈祷菩萨保佑，即使蜂子没养活也不要紧，只要人好好的就行。我也多次拦着不让你大伯父养蜂子，但你大伯父偏要养。我暗地一想，不养蜂子，家里没日子过呀，太穷了咧！没办法呀——"

九

毕昇打断老太太的唠叨，说："大伯母，我去看看大伯父的养蜂场。"

老太太顿了顿，略定一定神，说："毕昇，你没有去过养蜂场吧？"

"没有。"毕昇问，"是不是田间地头？"

老太太答道："春天油菜花开花的时候，你大伯父会把蜂箱移到油菜花的田间地头，让蜂子采花蜜。油菜花谢了，你大伯父便将蜂箱搬移到山脚下，让蜂子采集山上野花的花蜜。"

"哦，我知道了，大伯父在山脚下吧，我现在就去那里找他。"毕昇说罢，把礼品交给老太太，起身去山脚下找林老大。

"你不认得路，我带你去找。"老太太站起。

毕昇见老太太的两个孙子才蹒跚学步，赶紧阻挡道："大伯母，您照看孙子要紧，我自个儿去。"

老太太指着远处山脚下的方向，说："毕昇，你从这条路上一直向前走，到了山脚下，就能看到蜂箱。"

山脚距离村子只有三四里路，毕昇小时候经常去山上玩耍，对山上的情况并不陌生。此时，毕昇迈开大步，朝山脚方向走去。那座山名叫"大龙山"，是一座石山，山上没有高大的树木，植物多以灌木、矮松树为主。大龙山范围不大，但山势高耸，因缺乏水源，无法种粮食，又没有森林资源，基本上是一座无主的野山。

伍桂墩村的村民们虽依山而居，却与大龙山尚隔几里路的距离，一是山脚下没有水源，生存不便；二是山上偶有大石头滚下来，对人和房屋构成潜在的威胁。

毕昇来到山脚下，只见几排蜂箱被石块架在那里，一些小蜜蜂在蜂箱上方飞舞着。那些小蜜蜂在阳光的映照下，通体发出金黄色。在蜂箱不远处，搭建着一座茅草棚，一位头发花白的老头正蹲在棚子门口忙着什么。毕昇走近前，见那位老头正是林老大，便招呼道："大伯父，您忙啊！"

林老大闻声抬起头，眯起眼儿看着毕昇，不吭声，大概林老大一时没认出毕昇。"大伯父，我是毕昇，家父是毕——"毕昇说出亡父的名讳。

林老大倏然记起："哦，哦，小毕昇呀，几年不见，你长这么高啦！你不是在镇上刻字坊当学徒吗？回家过中秋节呀！"林老大站起来，把自己刚才坐的凳子让给毕昇，"哎，还劳驾你到山上来看望我这个糟老头子，太让你费心了！"林老大下意识地搓动着双手，硬邦邦的手掌被搓得"唰唰"地响。

"大伯父，晚辈看望长辈是应该的，何况您对我们家一直很照顾的。"毕昇说。

"没有什么照顾，没有什么照顾。……"林老大面现羞赧之色，毕昇刚才说的一番话让他颇为感动，虽然诚如林老大所言，对毕昇一家没有物质上的帮助，但没有欺凌毕昇一家孤儿寡母，在乡下算是厚道人家了。常言道："林子大了，什么鸟儿都有。"伍桂墩村是一个大村，近百户人家，几百名村民，有善良之人，也不乏奸邪之徒，欺凌毕昇一家孤儿寡母的大有人在。

此时，林老大仿佛想起什么，转身进了草棚，一会儿，捧出一只瓦钵，对毕昇说："这是一钵蜂蜜，刚割下的，你拿回家食用吧。要放在阴凉处，不要放在阳光下暴晒，否则会干得硬邦邦的，以后食用起来就费事了。"

毕昇听林老大说"干得硬邦邦"这句话，马上打了一个激灵，接过那只瓦钵，察看瓦钵里的蜂蜜，只见橙色的亮晶晶的蜂蜜呈现固体状，比糯米稀饭和糨糊要稠得多。毕昇连忙问道："大伯父，您刚才说蜂蜜在太阳下会被晒干，是吗？"

"是呀。"林老大答。

"干得像石头一样吗？"毕昇又问。

"我的蜂蜜从未干到那样子。"林老大笑了笑，说，"即使短时片刻不能出手，也会妥善保存好。"

"大伯父，我记得家父在世时，曾在您这里买了一些蜂蜜，用开水调和着饮用，挺甜的，也很黏。"毕昇说。

"是呀，好蜂蜜比白糖还甜呢。"林老大脸上显出一副得意的神情，"我的蜂子'春采油菜花，夏采百花，秋采菊花，冬下江南采花蜜'。吃得好，吃得饱，出的蜜当然又甜又香。有些养蜂子的师傅，冬天不愿意下江南，只拿糖水喂养蜂子，光费钱不说，蜂子还吃不饱，出的蜜当然不甜也不香。"

"不好的蜂蜜黏性不强吧？"毕昇的问话总是离不开蜂蜜的"黏性"二字。

"这个我还没有留意呢，因为我的蜂蜜都是上乘的，黏性比较强。至于不好的蜂蜜黏性如何，我没有去看。"林老大实话实说。

这时，毕昇一边从口袋中掏钱，一边问林老大道："大伯父，您这一钵蜂蜜要多少钱呀？"

林老大连连摇着手，道："不收钱，不收钱。"

"大伯父，您靠这个生活，不收钱怎么行？"毕昇把钱塞进林老大的怀里。

林老大拿出钱，数了数，说："毕昇，这一小钵蜂蜜值不了仨瓜俩枣，你硬要给钱，也给多了呀。做事要公平，做人要公正，你多给了钱，我也不会收的。"一边说，一边把多余的钱塞回毕昇手中。

毕昇拗不过林老大，只好收下林老大退回的钱。林老大向毕昇询问了一番刻字坊的情况，听毕昇说他已经出师了，还带了一名徒弟，十分高兴，鼓励道："毕昇，你年龄这么小就当师父了，有志气呀！好好干，将来一定会有更大的出息。"

"出息谈不上，学个手艺混一碗饭吃罢了。"毕昇谦虚地说。

"哎，实话说，我两个儿子年纪大了，不然的话，我也让两个儿子跟你学手艺。"林老大感慨地说。

"大伯父，刚才我从大伯母那里听说林大哥和林二哥也跟您一起养蜂。"毕昇道。

"是呀，养蜂子虽然辛苦，但能挣钱贴补家用。如果仅靠家里那几亩薄田，一家人吃饭都成问题。再说了，我们生来命苦，干哪样不辛苦呢？"林老大说这话时，显得神情平静，没有自叹自艾。

毕昇辞别林老大，回到家里，笑呵呵地对母亲说："娘，林大伯送我一钵蜂蜜。"

母亲探头一看，说："这是从蜂巢里掰下来的原蜜，没有经过开水调和，比较稠。"

毕昇去厨房取来碗和勺子，用勺子从瓦钵里挖出一勺子蜂蜜，放进碗里。毕昇没有急着倒出暖壶中的水调和蜂蜜，而是用手指蘸了蘸蜂蜜，看看蜂蜜的黏稠度，不禁惊喜地说："这蜂蜜的黏性还真强呢。"略想了想，对母亲道："娘，我明天上午给父亲祭坟，下午就返回镇上。"

母亲颇感意外，道："毕昇，你不是说沈老板这次给你们放了三天假吗？怎么只在家里待两天？"

毕昇指一指瓦钵里的蜂蜜，说："这蜂蜜黏性比较强，我明天下午回镇上刻字坊，用这蜂蜜黏字模，看看能否成功。"

母亲昨天听了儿子的介绍，已初步了解儿子的活字研制情况，也大致了解造成活字研制失败的原因。此时，听儿子说要采用蜂蜜继续搞活字研制，便说："蜂蜜的黏性是比较强，但如果不能干透，字模就固定不了。"

"林大伯说蜂蜜在太阳下面晒几天，就能干透的。"毕昇道，"我用炭火烘烤，比太阳晒更快。"

母亲想了想，说："那你明天下午去刻字坊吧。"

毕昇的小弟所在的村塾放了两天假，次日上午，母子三人去山上祭坟，中午吃完饭，毕昇便告别母亲和小弟，匆匆向镇上走去。一路上，毕昇顾不得欣赏路旁的风景，满脑子晃悠着字模，想着此次研制能否成功，如果再次失败，还会有更合适的黏剂吗？此时，毕昇忽然后悔没有向林老大讨教其他的黏剂，林老大为了养蜂每年都要走南闯北，见识比那些足不出户的村人多得多，一定知道各种各样的黏剂。即使伍桂墩村以及周边没有适合的黏剂，也不能说别的地方没有。毕昇越想越懊恼，甚至停下脚步，想要返回伍桂墩村去找林老大。但转念一想，先把这次试验做了再说，如果失败了，再寻机会回村向林老大讨教。

到了镇上，镇街上空飘荡着鱼、肉等美食的香气，一些小伢子拿着零星爆竹，"叭、叭"地点燃着玩耍，过节的气氛一点儿也不比春节淡薄。

刻字坊店铺里只有两名家在外地的店员在守店，金管事回家过节了。那两名店员乍见毕昇，颇感诧异，问："毕昇，你不是回家过节了吗？怎么又回来啦？"

毕昇开了一句玩笑："想你们呀！"

"想我们？笑话！"一位店员偏要刨根问底，"毕昇，到底为什么提前回来了？是不是与家人吵架了呀？大过节的，与家人吵架可不好哟！"

另一位店员笑道："毕昇，你是不是与镇上哪位女伢子相好，提前回镇上约会呀？"

"你替我牵线吗？"毕昇回了一句。

"嘿嘿，毕昇，只要你看上这镇上的哪一位女伢子，我保证替你牵线。"那位店员继续插科打诨道。

几人正开着玩笑，潘把头从外面走进店铺，见到毕昇，不禁怔了一下，问："你怎么今天就回来了？"

那位店员半开玩笑地道："刚才我也这么问他，他说想我们呢。"

潘把头听后，忽然仰头大笑起来。

十

潘把头知道那位店员是在开玩笑，便一笑了之，笑毕，问毕昇道："别人回家都嫌三天假期少了，你怎么提前回来了？是不是发生了什么事？"

毕昇被问得哭笑不得，又不愿意当着两位店员的面说出实情，只好暗地向潘把头使了眼色，潘把头会意，与毕昇一起走进后院。毕昇这才将实情告诉潘把头："把头师傅，我这次回家过节，发现了一种新的黏剂。"

潘把头恍然大悟，说："原来你是回刻字坊搞活字研制呀！"

"是呀。"毕昇颇为自信地道，"这回应该十拿九稳了。"

"没那么容易吧？！"潘把头仍表示怀疑，"毕昇，不是我向你泼冷水，如果活字印刷能行，全国这个行业里有那么多的'大师傅'，早就把这事儿搞成功啦！"

毕昇心头的火焰没有被潘把头这一瓢冷水浇灭，暗自认为："也许那些'大师傅'的想法也都像您这样呢！"不过，毕昇没有把这话说出来。

潘把头用关切的口吻道："你今天休息，明天再鼓捣那个活字研制吧。"

毕昇执拗地说："不累，我现在就想试一试新的黏剂。"

潘把头见劝说不住毕昇，便把刻字坊门锁的钥匙交给他，又叮嘱道："不在刻字坊时，一定要把大门锁上，防止意外事件发生。"上次发生郑老二破坏毕昇的雕版刻字一事后,潘把头警惕性倍增,将刻字坊的雕版安全工作做得滴水不漏。不但严防有不逞之徒暗中破坏,甚至还想到了防火,在刻字坊里外都摆放了几口大缸,平时大缸里都被灌满了水,一旦发生火情,这几口大缸里的水就能派上用场。与此同时,潘把头还制定了规章制度,严禁人员在刻字坊内动火。这样一来,毕昇烧炭火烘烤铁板上的黏剂,就不能在刻字坊内进行了,只能拿到院子里搞。有时,前面店铺的店员,以及加工坊、印书坊等处的工人经过毕昇身边,会好奇地停下,看着毕昇在烘烤铁板、把一颗颗字模按压在铁板上刚融化的黏剂上。

常常会出现这样的情景:毕昇在全神贯注地烘烤铁板、按压字模,旁观者则在一旁看得津津有味……

此时,毕昇不需要烘烤蜂蜜,只将半干半稀的蜂蜜涂抹在铁板上即可,为了不使字模高低不平,毕昇把蜂蜜涂抹得较为稀薄。接着,便将一颗颗字模按压在蜂蜜上,最后,用一块木板盖在字模上,使之平整。做完这些,便进入最后一道程序,即把铁板搬移到院子里去晒太阳,等到黏字模的蜂蜜晒干后,便大功告成了。

秋天的阳光投射到人的脸颊上,仍然觉得热辣辣的,只是此时的热辣辣不似夏天那般"扎人"罢了。毕昇担心有人经过时为了满足好奇心,会掀开盖板看个究竟,索性搬了一把椅子坐在一旁,一边闭目养神,一边晒太阳。大概因为疲倦,或因为被太阳烘烤的缘故,有点昏昏欲睡的毕昇,很快进入了梦乡。好在留下来过节的师傅不多,而且大多外出游玩去了,没人来打扰毕昇的睡梦。

不知何时,毕昇蒙蒙眬眬地听见有人询问:"毕昇,你又在捣鼓什么呀？"

毕昇睁开眼睛，见是江大年，便揉了揉眼睛，说："江师傅，您没有回家过节呀？"

"我家离这里数百里之远，没有马匹，徒步回家要走两天，来回行程就要四天，三天假期怎么够呢？"江大年解释说，又用羡慕的眼光瞥了瞥毕昇，"我以前曾听说你的家离这里只有七八里，多好呀！如果换了我，非经常回家不可。尤其在夏天，下午收工时太阳还挂在天空上，亮晃晃的，正好甩起胳膊迈开大步走路。赶得快的话，回家吃晚饭还来得及。清早天不亮起床向镇子赶路，赶回书坊吃早餐也还来得及的。"

毕昇淡淡一笑，道："江师傅，您已经结婚成家，心里自然挂念着堂客和伢子。我与江师傅不同呀，还是一个光棍汉，'一人吃饱，全家不饿。'天天起早贪黑地往家里跑，那么辛苦值得吗？"

江大年听后，消解了对毕昇很少回家的不解，开玩笑说："对呀，还是当光棍好，下辈子我非一辈子当光棍不可。不像现在讨个堂客养一堆伢子，为了养堂客和伢子，在外面累死累活大半辈子。到老了干不动活儿了，回家种地也种不动了，只能向儿子讨口饭吃。我如果不结婚成家不养伢子呢，那就轻松了，平时能挣多少钱，就挣多少钱，把钱攒起来，老了后回家买几亩田，每年靠收田租也能吃饱饭，不用看儿子和儿媳的脸色吃饭。"

毕昇听着江大年历数当光棍的种种好处，不禁乐了，说："江师傅，我还小，还没考虑讨堂客呢！"

"哎，毕昇，你误会我的意思啦，我不是劝你将来当光棍。刚才我说的那番话，只是我发个牢骚罢了，吐一吐心里的苦水而已，你可别当真哟！况且，孔老圣人有句圣言'不孝有三，无后为大'嘛。你不讨堂客，如何生养伢子，后代从哪里来？没有子嗣后代，就是对列祖列宗最大的不孝敬，绝了香火嘛。"江大年说罢，指一指正在晒太阳的字模，将话题转回去，问，"毕昇，你又在鼓捣这些字模？"

"是呀，我换了一种新的黏剂，看看能否成功。"毕昇如实说道。

"你从家里提前赶回书坊，就是为了弄这个字模？"江大年这才恍然大悟。

"不瞒江师傅，还真的是为了研制活字提前回书坊。"毕昇一脸认真地介绍道，"我们村里有一位养蜂子的大伯，他对我说蜂蜜的黏性很强，我就打算试一试用蜂蜜做字模的黏剂。"

江大年没有像潘把头那样泼冷水，也没有像其他人那样说风凉话，反而向毕昇竖起大拇指，赞道："不错啊！小伙子有志气，有决心！就凭这，你不成功谁成功呀？！"

"托江师傅的吉言，如果成功了，一定请江师傅喝酒！"毕昇此时正需要有人给他打气，江大年这番给他鼓劲儿的话，自然让他听了很高兴。说着话，毕昇一抬头，瞥见太阳正坠在屋顶上，傍晚的凉风从两幢屋子之间的窄巷吹拂过来，颇有些凉意。

"我来看一看这蜂蜜晒得干透没有？"毕昇一边自语着，一边蹲下身，伸出手指触动着字模，不料，字模竟然随之向一边倾斜了，这说明蜂蜜不仅没有被太阳晒干，反而被晒化了。毕昇大吃一惊，低头仔细察看，只见被晒化的蜂蜜从字模四周溢流出来，在字模之间的空隙里流淌。

江大年的目光从字模移到毕昇脸上，看到毕昇神情骤变，心里便猜测毕昇此次研制又失败了。江大年的唇边泛起一抹微笑，拍一拍毕昇的肩膀，说："小伙子，你忙！我去宿舍拿碗筷吃晚饭。"便离去了。

毕昇嘟囔着："林大伯不是说蜂蜜越晒越干吗？怎么越晒越融化了呢？这不对呀！——"但毕昇一时也弄不明白其中的缘由。一边暗自疑惑，一边取下一颗颗字模，用布条擦拭字模一端粘的蜂蜜，放在一只小木箱里。这时，江大年拿着饭碗，从宿舍那边走过来，朝毕昇扬一下饭碗，大声招呼道："毕昇，去吃晚饭！这几天过节，厨房里做好吃的。去迟了，恐怕就打不到饭菜了。"

"嗯，江师傅，您去打饭吧，我马上就来。"毕昇应道。

江大年走了几步，转头见毕昇仍蹲在那里鼓捣，便又喊道："毕昇，你先打饭，再鼓捣你那个字模。"在江大年再三催促下，毕昇把字模、铁板等物送到刻字坊，然后去宿舍拿了饭碗，去厨房打饭。菜肴果然不错，素菜有辣豆腐、青椒炒豆腐皮、炒青菜、黄豆芽烧豆腐等；荤菜有板栗烧鸡肉、红烧猪肉丸子、红烧鲫鱼等；汤有猪骨头汤煮粉丝、鸡汤、猪血汤等。学徒免费供应，师傅只收一半价格。毕昇已是师傅了，花了一点钱买了一碗板栗烧鸡肉和一碗青椒炒豆腐皮，没有要汤。这一荤一素都是毕昇最爱吃的。平时是吃不上的，只有在逢年过节时才能吃上。如果不是沈老板倒贴上一半菜钱，毕昇也舍不得买。

留在书坊过节的人大多是加工坊和印书坊的师傅，除了江大年，其他的师傅平时与毕昇没什么交往，此时也没有相互招呼。他们打了饭菜，就在厨房厅堂里吃，爱喝酒的凑到一起，各自吃各自的菜，各自喝各自的酒。聊天、吹牛、猜拳，吵吵嚷嚷、酒气熏天的。毕昇端着碗，目光在厅堂里逡巡着，想从人群中篦出江大年，但却失望了。毕昇猜测江大年可能在宿舍吃饭，便去宿舍一看，果然，江大年正坐在床沿上自斟自饮，面前摆放着一把木椅，椅子上搁着饭菜和酒壶、酒杯。

"江师傅，您怎么不在厨房厅堂吃饭，一个人跑到宿舍来吃？"毕昇一边朝江大年走过去，一边问。

"一个人喝酒自在呀。"江大年答道，"不就是吃个饭喝个酒嘛，在哪里不是吃饭喝酒？"

"江师傅说得真对！"毕昇赞同道，"我也不喜欢吵吵嚷嚷的。"说着话，把自己的饭菜摆放在江大年的椅子上。这时，毕昇发现江大年只打了一碗炒青菜和一碗青椒炒豆腐皮，除了这两碗价格最便宜的素菜以外，江大年没有买一碗荤菜，也没有汤，毕昇这才明白江大年为什么打了饭独自在宿舍吃。

第四章

一

"江师傅，我这两份菜比较下酒，您吃吧。"毕昇一边说，一边把自己买的两份菜与江大年买的菜互换了位置。毕昇没有说，"我买的菜比你的菜好吃。"如果这样说，就会损伤江大年的自尊心。毕昇知道江大年上养老下养小，家庭经济负担重，自己平时尽量节俭，"抠"出钱养家。毕昇的家境也不宽裕，自己要负担小弟的念书和生活费用，这笔费用较大。不过，目前毕昇的工资还是能够负担得起这笔费用的。母亲身体还好，每日在田间劳作，虽然辛苦，但母亲劳作惯了，不愿意在家里闲着。农忙时，雇用短工帮忙，每年打下的粮食除了解决母子俩的吃饭问题，还能卖出一部分。

江大年平时舍不得花钱吃荤，此时毕昇请他吃油亮亮的喷香的大块鸡肉，早已馋涎欲滴，婉拒了几句，便夹起一块鸡肉塞进嘴中，一边"咔吧，咔吧"地咀嚼着，一边指着自己买的那两份菜，说："毕昇，你是不是看我买这两份便宜的菜，觉得我太寒酸了？"

"哪里，哪里。"毕昇连忙否认，又道，"不过，江师傅也不必苛待自己，过节嘛，破例吃点好的犒劳自己，也不为过。"

江大年轻叹一口气，道："毕昇，将来你如果讨了堂客，有了伢子，上养老下养小，就知道穷人过日子不易啦！"

"讨堂客、养伢子既然这样辛苦，我就永远一个人过日子好了。"毕昇感慨地说。

江大年啜了一口酒，看着尚未脱去稚气的毕昇，道："毕昇，你还小，过几年你就知道什么叫'奉母结婚'啦！到时候，你即使一百个不愿意结婚成家，令母也会逼你呐！什么'光棍汉可怜，进门一盏灯，出门一把锁'，什么'病倒在床上，连一个端水的人都没有'。如果此时你仍不为所动，令母可能就要拿出最后的撒手锏，就是孔圣人所说的'不孝有三，无后为大'，说你大不孝，这个罪责可不小啊！谁也不想背负这个'大不孝'的罪名呀，只好缴械投降了。"

毕昇笑了，说："江师傅，如果我没有猜错的话，您就是这样在令母的'威逼利诱'下，'缴械投降'了！"

"错！"江大年从牙缝中蹦出一个字，"我和堂客是表兄妹，从小就被双方父母指腹为婚，又在同一个村里住。村野之人，哪里像大家闺秀'大门不迈，二门不出'呀，表妹从小就和我在一起上山割草、砍柴、下地干活儿，可以算是'青梅竹马'啦！"

毕昇恍悟地笑起来，说："原来江师父是为了爱情而结婚成家的呀，现在即使吃苦，心里却也感到甜美。"

"毕昇，你真会说话！"江大年喝下一口酒，向毕昇竖起大拇指，"你这话我听着好开心。"又问，"毕昇，你有没有表妹呀？"

毕昇以为江大年在开玩笑，但见江大年一本正经的神情，便知道他说这话是认真的，便也以认真的口吻答道："江师傅，我不但没有表妹，而且从小到大也没与哪位女伢子接触过。"

"毕昇，春节我回家给你物色一个好女伢子，回头你把生辰八字写给我。"江大年说。

"江师傅，我家太穷了，家中还有老母和小弟要供养，负担也蛮重的。"毕昇婉拒道。

"令弟年齿多大？可还在读书？"江大年问。

"小弟今年八岁，正在志学之年。"毕昇回答。

"令弟前途无量啊。"江大年说着场面上的话，实际上是探询毕昇是否一直供小弟念书，或小弟念书的天赋如何。

毕昇当然明白江大年的话意，便如实说道："家母希望我一直供小弟念书，直至小弟考到功名，光宗耀祖。"

"哦，看来令弟聪慧超人喽。"江大年脸色略微一变。他心里很清楚，毕昇如果一直供小弟念书下去，就顾不上娶妻生子了。即使将来毕昇娶妻生子，负担也是很重的。毕昇只能放弃一个：要么供小弟念书，要么娶妻生子。当然喽，江大年是不便说出这个真实想法的。

"小弟今年刚上村学，还看不出是否念书的材料。如果小弟不是念书的材料，我即使省吃俭用拿钱供他念书，也只是徒劳而已。"毕昇说。

俩人一边喝酒吃菜，一边闲聊，直到酒足饭饱。江大年虽然酒喝得有点多，但常言道："酒醉心里明。"江大年与毕昇天南海北地侃着，就是不提毕昇的活字研制。

中秋节过后，汪桂生和黄涛都从家里返回书坊，黄涛还带来两位女伢子，其中一位是他刚订婚的未婚妻，另一位是未婚妻的闺蜜，与黄涛的未婚妻同姓，也都姓李。按照年龄区别她俩的称呼，黄涛称自己的未婚妻是"大李"，称未婚妻的闺蜜是"小李"，小李名叫李妙音。按照乡下规矩，订婚不等于正式结婚，未婚夫妻只有在正式结婚后，才能圆房。因此，未婚妻是不能单独跟着未婚夫外出的，如果要跟着未婚夫外出，必须由一名女性全程陪同。这个全程陪同的女性，实际上就是起到一种监视作用。

黄涛的未婚妻大李是圆脸、圆下巴，她的闺蜜小李（李妙音）是长脸、尖下巴，大李显得活泼、外向，李妙音显得内敛、内向一些。沈老板见外甥把未婚妻带来了，看在自己亲姐姐的面子上，沈老板特地在镇上小酒店办了一桌酒席，给准外甥媳妇接风洗尘。席间，毕昇作为黄涛的师父，必然在所请的客人之列，此外，还有汪桂生、赵铁头。后俩人随着毕昇当了黄涛师父，身份和辈分也随之"水涨船高"，汪桂生在黄涛面前升格为"祖师爷"，而赵铁头则升格为"太师祖"这么高的辈分。

席间，还有金管事和潘把头，这桌酒席把家庭的舅甥之情和书坊下属之情连接起来，公私结合。不过，按照古代重男轻女的规矩，大李和小李（李妙音）是不能与男人们同坐桌旁的，只能作为"女侍"身份出现在酒席旁，给大家端茶、倒水、斟酒等，做一些侍候的事儿。

沈老板没有询问黄涛家乡的情况，大概觉得当着书坊的下属和师傅的面聊家乡的事，有点不太合适，只是向几位回家过节的人询问各自家人情况，以示老板对下属和师傅们的关心。接着，沈老板的目光在两位下属和三位师傅们的脸上搜寻了一圈，问道："诸位，你们刚从家里回来，还没有注意到镇子西头那家书坊吧？"

几位回家过节的下属和师父们确实没有注意到镇子西头的变化，只有毕昇每天傍晚都要外出逛街，顺便去镇子西头瞧一眼。此时，毕昇见大家都不吭声，便忍不住答道："沈老板，那家书坊已经建起三幢房屋，但院墙还没有圈起来，可能还要继续建造几幢房屋呢。"

"哦，张老板要建造那么多的房屋，他的书坊规模不小呀！"沈老板若有所思地道。两位下属和三位师傅面面相觑，一时不好回答，沈老板又道，"张老板刚来这个镇子上，就把书坊搞得这么大，哪里去找大业务呢？恁大的胃口吃不饱，小心被饿死哟！"说罢，沈老板"呵呵"地笑起来。

大家也跟着笑起来，金管事不屑地说："那个姓张的老板是在'作死'，肯定倚仗自己钱多，显示一下'财大气粗'，吓唬我们。但越是这样，越'死'得快，我们等着看笑话吧。"

金管事这话仿佛开了一个头，其他的人也都以不屑的口吻嘲笑或抨击未曾谋面的张老板，认为张老板花费巨资在一个小镇子建造大书坊，实在是一个不明智之举。这样一来，现场气氛顿时活跃、轻松起来，不再像刚才那样死气沉沉的。

"诸位，我的'家底'不在于金钱多寡，在于我拥有众多本行业一流的刻字师傅，这才是我的'财富'！我虽然没有接触过那位张老板，也不清楚张老板手下的刻字师父水平如何，但我凭借对本行业的了解，坚信张老板手下的师傅没有我的师傅水平高。在印书这一行业，没有一流人才，即使钱再多，也没有用的！客户把两家所印出的书放在一起对照，就能看出谁印出的书好，谁印出的书不好，'不怕不识货，就怕货比货'嘛！"沈老板越说越兴奋，加上酒精的作用，沈老板脸上喷放出红光。

沈老板当着两位下属和三位师傅的面，夸耀他的师傅技术一流，其实也是对他们的肯定和夸奖，他们听后，自然也很高兴。

这时，沈记书坊店铺的一位年轻店员匆匆找来，对沈老板说："沈老板，有一位姓张的老板来找您，这是张老板的'名刺'（古代人的名片）。"店员双手将张老板的"名刺"捧送到沈老板面前。古代的"名刺"有现代明信片大小，有的甚至有一张书页那么大，"名刺"上用特大号字印刷着醒目的姓名、身份、官职、住址等信息。如果"名刺"的主人曾经中过秀才、举人、进士等功名，也会把"功名"印上去。在古代，只有大富大贵者或社会名士才印有"名刺"，方便交往名流，是"名刺"主人的一张脸面。

二

沈老板从年轻店员手里接过"名刺"，目光在"名刺"上扫了一眼，便转交给金管事代为保管。接着，询问那位年轻店员道："张老板现在哪里？"

"正在书坊店铺坐着呢！"年轻店员回答。

沈老板站起，准备回书坊店铺与张老板见面，忽然，沈老板改变了主意，吩咐年轻店员道："你回去把张老板领过来。"说罢，便又坐下。

一会儿，年轻店员将张老板和一位随从带来了。沈老板乍见张老板，不禁暗暗吃了一惊，原来，张老板看上去只有二十岁出头，加上肤色白皙、衣着光鲜，显得尤为年轻、精神。沈老板惊愕之下，不禁脱口赞道："想不到张老板这么年轻！真是年轻有为、后生可畏呀！"又问，"冒昧地问一下张老板青春几何？"

"晚辈已经年过弱冠，二十又四。"张老板回答，"晚辈闻听沈前辈大名，早就想来拜望沈前辈，只是生意繁忙，无法脱身，一直拖延至今，敬请沈前辈谅宥！"

"客气！客气！"沈老板说罢，把在座的人逐一向张老板做了介绍，又问，"贵书坊开张以后，不知张老板是否携带家属在此居住？"

张老板答道："晚辈的二老和家属均在县城居住，可能不会迁来此镇。"

"敢问令尊高寿？在何处高就？"沈老板又问。前些年，沈老板曾闻听本县有一位姓张的老板经营书坊，生意做得较大。此时，沈老板怀疑那位张老板与眼前这位年轻老板是否父子关系。

"家父今年已年过五旬，十几年前创办了书坊，几年前将家业交由晚辈经营。"年轻张老板回答。

"刚才老朽心里就想着张老板是否继承家业，此时听张老板这么一说，果然如此。"沈老板释然地笑了笑，又道，"老朽有三女一子，可惜犬子年龄尚幼，不能接手家业。老朽已过天命之年，精力不济，所幸身体尚好，勉强撑持着将这份家业维持下去，等到犬子长大成年，老朽也会把家业传给犬子的。"

"呵呵，常言道'生姜还是老的辣'，晚辈虽然从家父手中接管家业，但缺乏经验，仍仰仗家父在幕后操纵。晚辈只是做一些跑腿的出力活儿罢了，尚不敢说完全接手家业。"张老板说罢，顺势将话题一转，"沈老板在书坊行业深耕多年，经验丰富，且又一直立足于本镇，树大根深，晚辈以后仰仗沈老板提携和帮忙的方面有很多，尚望沈老板多加关照！"

"哪里，哪里。"沈老板站起，亲自给年轻张老板斟了一杯酒，道，"张老板，我们是同行，以后相互帮忙，相互提携的方面很多！这杯酒，祝我们就此拉开合作的帷幕吧！来，干了！"

"好，干杯！"张老板一仰脖，喝干杯中酒。

沈老板却抿了一小口，自嘲道："老朽年老多病，不胜酒力，只好'意思意思'了，敬请张老板谅宥！"

张老板初次与沈老板见面，不好意思劝酒，只好随之。

"老朽听说张老板在本镇将要开业的书坊规模挺大的，镇西头已经建造三幢房屋了吧，还打算建造几幢房屋呢？"沈老板试探地问。

"按照家父初拟的计划，还要建造两幢房屋，总共五幢房屋，每一幢房屋十二间房，总共建房六十间。房间多了不是坏事，以后想要扩建的话，不用再建房了，只需增加人员就行了。"张老板解释道。

沈老板听后，点点头，道："照此看来，张老板设在本镇的书坊规模确实不小。"沉吟片刻，又道，"不过，老朽有一个疑问——"

"请沈老板明示！"张老板谦恭地说。

"张老板的书坊有此规模，想必客户不少，那么，客户是在本镇还是在别的地方？"沈老板的问话终于涉及核心问题了。

张老板似乎看出沈老板的用意，稍一思索，便直截了当地说：

"家父在本镇设立书坊，只有一个目的，那就是看中本镇较为便利的交通，尤其通往杭州很方便。至于沈老板所询问的客户问题，晚辈的书坊客户都是老客户，而且都很稳定。"

沈老板听后，心里稍稍安定下来。在这之前，沈老板一直担心张老板的书坊会抢夺他的客户，此时看来，这种担虑大可不必。老张老板（张老板的父亲）创业比沈老板早得多，沈老板涉足印书行业时，老张老板（张老板的父亲）已经在本县印书行业深耕了，且做得风生水起，除了在县城开有一家书坊，在别的地方也设有书坊和分号。此时，年轻张老板所说的仅凭老客户，他们的书坊就能在本镇生存下去，此言还真的不是虚夸。

酒毕，年轻张老板向沈老板邀请道："晚辈今日初次拜访沈老板，空手而来，实在不合礼仪，敬请沈老板去寒舍一叙，晚辈备以粗茶，聊以回敬。"

沈老板问："不知张老板下榻何处？"

"晚辈的书坊房屋尚未全部竣工，现在晚辈权且栖身在已经初步完工的陋屋里。"张老板回答。

沈老板只是从别人那里听说镇子西头在建造书坊一事，没有亲自去察看。此时，见张老板相邀，自然求之不得，马上答应道："好的，老朽这就赴贵书坊取经。"

年轻张老板"呵呵"一笑，说："取经谈不上，沈老板吃的盐都比晚辈吃的饭还多，应是晚辈向沈老板取经才对。不过嘛，这事不着急，待晚辈在本镇的书坊正式开张以后，晚辈向沈老板取经的机会多着呢！"

走出酒店时，沈老板准备让下属和师傅们都回去，却遭到年轻张老板的拦阻："都去敝处看一看吧！本镇只有我们两家书坊，今后应像亲戚一样，两家书坊的人多加走动才是哟。"

沈老板略想了想，便吩咐准外甥媳大李和其闺蜜小李（李妙音）道："你们女眷就先回去吧。"

打发走两位女眷，沈老板等一行人跟着年轻张老板向镇子西头走去。到了镇子西头的张老板书坊工地，张老板带着沈老板等一行人参观正在投建的工地，接着，又参观了每一幢已经建造完工的房屋。三幢房屋都已经粉刷完毕，地面也铺得平平整整，每一扇门和三面墙壁上的窗户也都被擦拭得干干净净，张老板以及几名随从暂住在第三幢房屋。

"晚辈打算把这三幢房屋当成工房，将正在建造的那两幢房屋作为宿舍。"张老板向沈老板等一行人介绍道。接着，把他们带到一间临时用作招待客人的房间，让大家坐下。两名随从给客人们沏茶倒水，一名随从被张老板安排去酒店订餐。

当晚，张老板回请了沈老板一顿酒席。

次日傍晚，毕昇饭后在镇街散步，走到镇子西头时，恰遇到张老板。没等毕昇搭讪，张老板主动招呼道："毕贤弟，吃了晚饭吗？"

"吃过啦！"毕昇稍感意外，问，"张老板，您怎么知道鄙人的名字？"

"嘿嘿。"张老板朝毕昇挤一挤眼睛，说，"愚兄不但知道你的姓名，还知道你是一位'活字大王'呢！"

毕昇第一次听到有人称呼他为"活字大王"，且又从一位家财万贯的书坊老板的口中！不禁有点受宠若惊，道："张老板，我曾经确实研制过活字印刷，但都惨遭失败，岂敢称'活字大王'，实是承受不起！"

"失败不怕！只要毕贤弟能够坚持下去，就一定能成功！"张老板说罢，又问，"毕贤弟还在研制活字印刷吗？"

毕昇摇摇头，心中羞愧，不愿与张老板继续聊下去，便岔开话题，问："张老板从哪里知道鄙人曾经研制活字印刷？"

张老板又诡谲地一笑，道，"毕贤弟知道一句老话'若要人不知，除非己莫为'吗？当然喽，这句老话通常是用来劝阻做坏事的人，而毕贤弟研制活字印刷却是一件大好事！如果研制成功，不但印刷行业的老板和工人师傅都要感谢毕贤弟，恐怕毕贤弟还会青史留名，名垂千古呢！"

毕昇听后，不禁吓了一跳，连忙摆手，道："张老板别吹捧我啦！这件事即使成功了，也没有那么重要，雕虫小技而已。何况，还没有成功呢，也不知道能否成功。"

"毕贤弟，我说的是此事成功以后呀。"张老板辩解着，又鼓励道，"所以嘛，你要坚持把它搞成功。"

毕昇受到了鼓励，心里顿时燃起了一团火焰，认真地说："谢谢张老板的鼓励，就冲着张老板这片心意，鄙人今后还要继续搞活字研制。"

张老板把话题一转，问："毕贤弟，沈老板支持你搞活字研制吗？"

毕昇欲语又止，张老板见毕昇有难言之隐，便淡淡一笑，道："其实，我从别人口中已经了解毕贤弟搞活字研制的全部过程。沈老板希望很快见效益，这是可以理解的，但沈老板却不知道研制活字与投资做生意是一样的，也要冒风险。做生意有的赚钱，有的赔钱，研制活字如果搞成功了，大大提高印书的效率，就能赚大钱。反之，如果搞不成功，就要赔上材料费和人工费，沈老板害怕赔不起这个。"

"张老板，话不能这样说，沈老板的家业没有你的大，当然要精打细算。"毕昇帮自己的老板说话。

"毕贤弟，你说的话我能理解。"张老板在毕昇的肩上拍了一下，表示赞同。稍停，忽然道，"毕贤弟，我有一个提议，不知道你赞同不？"

"张老板，您说。"毕昇疑惑地看着张老板那张表情丰富的脸孔。

三

"毕贤弟，你到我的书坊来，我让你专门研制活字，直至研制成功，如何？"张老板提议道。

毕昇吃了一惊，当即不假思索地回答："沈老板待我不薄，岂能背负？"

张老板继续说服毕昇道："毕贤弟，恕愚兄直言，你是工匠师傅，给谁做活儿都一样，对吧？"

"对。"毕昇表示赞同，但脸上却又浮现起为难的神情："张老板的书坊与沈老板的书坊在同一个镇子，早不见晚见的，鄙人如果真的去张老板那里干活儿，以后见到沈老板和旧日同事，多么难为情呀！"

张老板知道一时无法说服毕昇，便微微一笑，说："毕贤弟，你先考虑一下，如果想通了，就来找我，再商谈以后的具体情况。"

毕昇回到书坊后，脑海中盘旋这件事，但他找不到合适的人商量。在刻字坊里，毕昇平时与师父汪桂生和徒弟黄涛关系比较亲密，但此事却不能与他俩商量。他俩如果知道了此事，一定会大加反对，而且很快传到沈老板耳里，沈老板就会对他改变看法，到那时，只能一走了之。既然如此，还不如对谁都不说，递上辞呈，拔腿便走，落个体面。毕昇的父亲去世了，否则，他还可以回家与父亲商量此事，父亲是一位有眼光的人，在这件事上，父亲会给毕昇拿主意的。

这天上班时，黄涛忽然压低嗓音，神秘兮兮地问毕昇道："师父，您看李妙音那女伢如何？"

"挺好的。"毕昇顺口答道。

"师父，您没意见？"黄涛一脸欣喜。

"什么'没意见'？"毕昇懵了。

"哎，徒弟想做一回'月老'，替师父和李妙音牵线。"黄涛笑容满面，仿佛做了新郎似的。

毕昇一口回绝道："黄涛，你别瞎说！我年龄还小，再过几年考虑此事，也不为迟。"

黄涛仍然笑嘻嘻地道："师父，徒弟只比您大一岁，不也与大李订婚了，找了未婚妻嘛？！再说，师父先与李妙音订婚，过几年条件合适了再结婚也行呀！"

毕昇欲语又止。

黄涛见此情景，以为毕昇动心了，便凑过去，附在毕昇的耳畔说："师父，李妙音看上了您，她可是愿意与您共结秦晋之好。"

毕昇又吃了一惊，问："黄涛，你什么时候对她说这件事的？"

黄涛吞吞吐吐地道："这次我回家订婚，有一次我向大李开玩笑，说把她的闺蜜李妙音与我的师父牵红线。大李听后，倒是认真了，找个机会对李妙音说了，李妙音说要亲眼看一看您。就这样，大李安排李妙音陪同而来。昨日，李妙音在酒席上看到您后，感到很满意。"

毕昇半开玩笑地说："原来你们早就挖好'陷阱'，然后'诱'我跳下去啊。"

黄涛连忙辩解道："师父，您可不要冤枉徒弟！这一切都是顺其自然，只能说是师父与李妙音有缘分而已。"

毕昇反问道："我如果不同意呢，那就是没有'缘分'啦？"

"师父，您为什么不同意？像李妙音这样的好女伢，您打着灯笼都难找到。"黄涛敛了笑容，神情变得认真而严肃，"李妙音的外貌我不说了，反正您也看到了。李妙音性格温和、贤惠，做事也勤快，能吃苦，您如果与李妙音结婚成家，肯定一生幸福。"

毕昇知道黄涛不是虚夸李妙音，心里不禁动了，略沉吟片刻，说："黄涛，我相信你说的话，李妙音是一位好女伢，只是我家很穷。几年前家父仙去，家中的顶梁柱倒了，母亲年老体衰，小弟又要念书，我这点工资只能供养小弟，连老母都无力顾及，哪里还能谈到结婚成家呢？"

黄涛说："师父，您家的情况我也向李妙音说了，李妙音不介意。她说只要人好，家庭穷一点不要紧。再说，谁会一辈子受穷，只要人勤快、能吃苦，就会变穷为富。"

毕昇想了想，说："婚姻是大事，我一个人说了不算，至少要与我母亲商量。"

黄涛见毕昇不再拒绝，且有心动的迹象，便趁热打铁道："大李和李妙音在这里只待几天，师父趁着她俩尚未回家，速去与高堂商量，不可错过这个机会。"

"黄涛，你的意思是要我明日就回家，将此事告知老母？"

毕昇问。

"对呀。"黄涛略一思索,道,"不如让大李和李妙音陪同你一起回家,让高堂老母亲眼一睹李妙音的芳容,可好?"

"她俩愿意吗?"毕昇问。

"怎么会不愿意呢?李妙音看中你,不用我说,她都会去见一下你的高堂老母。"黄涛道,"至于我舅舅那里,也不要你出面请假,我替你去说一下。"

"那不行,即使从礼仪上,我也应该向沈老板请假,哪能一个招呼都不打,拔起腿就走呢?!"毕昇不以为然道。

黄涛想一想,觉得毕昇说得在理,便点点头,道:"我先对大李和李妙音说这件事,她俩同意了,我再与师父您一起向我舅舅请假。——这样安排好吗?"

"好哇。"毕昇同意了。

黄涛放下手中的活儿,去了大李和李妙音的临时寝所,两位女伢正在屋里聊天,见黄涛来了,便停了说话。黄涛笑呵呵地道:"大功告成!大功告成!"

两位女伢听了黄涛这句没头没脑的话,脸上都浮现起困惑的神情。黄涛便不慌不忙地把刚才与毕昇的谈话内容告诉了俩人,说完,稍停一下,又道:"你俩明天就和毕昇一起去他家,看一看他的高堂老母,顺便让老人家看一看李妙音。"

谁知,大李却训斥黄涛道:"黄某,你懂不懂规矩?哪有媳妇没有过门,就上夫婿家看婆母的?!"

李妙音也应道:"我是不会去的,太丢人啦。"

黄涛听后,骤然醒悟过来,说:"哟!我差点忘了这个老规矩!"一转念,又指着她俩,道,"你俩不是来了这里嘛,按照老规矩，也是不被允许的。"

大李反驳道："黄某，我与你订了婚，虽然没过门，名义上却是夫妻了。何况，有闺蜜李妙音陪同，我岂能畏惧被人说闲话？"

黄涛见她俩拒绝，只好作罢。但毕昇的母亲没有见过李妙音的面，会同意儿子的这门亲事吗？此时，未婚妻大李见黄涛犯愁，便出主意道："毕昇明日不是回家对老母说这件事吗？不如让他陪同老母来这里一趟，在这里见李妙音，也就等于在李妙音家里或媒人家里见面，是合乎老规矩的。"

大李这话倒是提醒了黄涛，一拍腿膝道："对，就这么办！"正要去对毕昇说这个办法时，忽然想起毕昇曾说过小镇距离他家七八里之遥，这段路对于年轻的毕昇来说不算什么，但对于年老体衰的老妪，却是一件难事。黄涛站下，为难地对未婚妻大李说："师父回家接母亲来这里，这一来一去有十五六里，毕母能走动这段路吗？"

"我见到书坊后院拴着马车，让你师父请马夫驾车去接老母来呀。"大李提议道。

"这个……我去向舅舅说一下，看看舅舅同意不。"黄涛含糊地答道。在他看来，书坊的那辆马车是专门用来运输雕版木材、纸墨、书籍等，即使暂时没有物资运输，也必须在书坊院子里待命。否则，一旦有事，去哪里找运输工具呢？

黄涛返回刻字坊，把李妙音的态度委婉地告诉了毕昇，强调这是祖宗传下来的老规矩，不能违背。否则，会被人嘲笑，甚至小觑、詈骂。接着，不等毕昇说话，便又道："大李出主意让师父回家把令母带到这里来，亲眼看一看李妙音，师父您意下如何？"

"我母亲的身体不太好，从家里到镇子来回十五六里的路程，母亲可能走不了。"毕昇面有难色。

"书坊有马车呀，徒弟请舅舅吩咐车夫驾车去师父家接令母来这里。"黄涛道。

毕昇连忙拦阻："不可以！书坊只有那一辆马车，如果去我家接老母，恰巧书坊这边有事，岂不误了大事？你千万不要在沈老板面前借用马车！"

黄涛顿时左右为难起来："这件事可就难办了。"

毕昇笑了笑，颇为轻松地说："我看不难办。"

"是吗？师父有什么好主意呢？"黄涛眼睛一亮。

"我明日回家，把这件事向母亲说了，如果母亲不用见李妙音一面就同意了，那就是皆大欢喜。如果母亲想要亲见李妙音一面，我就向村邻借用一头驴子，让母亲骑着来镇上，趁机在镇上走一趟，岂不是两全其美？"毕昇说出自己的想法。

"甚好！甚好！"黄涛听后，不禁拊掌赞同道。

中午吃饭时，黄涛与毕昇端着饭碗来到沈老板的书房，沈老板也正在吃午饭，见外甥和毕昇来了，便用竹筷指着一盘荤菜，道："厨师老王烹饪的红烧肉挺好吃的，你俩也尝一尝。"

俩人都不好意思夹肉，黄涛径奔主题道："舅舅，愚甥替师父与李妙音牵了红线，俩人都没有意见，但师父令母尚不知此事。师父想请一天假，明日回家向令母告知此事，顺便带令母来这里亲见李妙音一面。"

"呵呵，这是一件大好事嘛！毕昇，事不宜迟，下午就回家，在家里歇一宿，明日带令母来这里。"沈老板欣然道。接着，沈老板又向外甥黄涛询问李妙音家庭和本人的情况，黄涛逐一做了介绍。沈老板听后，高兴地说，"毕昇和李妙音的年龄虽然都不太大，但可以像黄涛那样先订婚，过几年再举行婚礼，也是可以的。"

四

毕昇在镇上买了一些孝敬母亲的水果、点心，踏上回家的路。时令已至暮秋，风从收割后的田野吹来，颇具寒意。但毕昇走得急切，一会儿，身上便有些燥热感。田野的风裹挟着泥土的气息和秋之苍凉，这是毕昇从小就熟悉的气味。自从去了沈记书坊当学徒，整天与雕版刻字打交道，毕昇不曾沐浴过田野之风，差不多已经淡忘了它的气味。此时，毕昇重新沐浴着秋天的田野之风，记忆一下子又回到了往昔时光。不禁感到亲切，甚至还有点眷恋之感，尽管那时的生活充满着困苦和辛酸。

到家后，如毕昇所料，母亲果然还在地里忙碌着，在村塾念书的小弟也没有放学，家里的门是虚掩的。在古代乡村，除了极少数较为富裕的地主，几乎家家都是家徒四壁，出门下地都不用锁门。毕昇推开家门，在堂屋的凳子上稍坐休息了一会儿，便去地里找母亲。

"娘，我回来了。"毕昇高声喊着。

母亲停下锄头，见儿子突然回家，黢黑的脸上露出愕然的神情，问："昇儿，今天又不是逢年过节，你怎么回家了？"

毕昇从母亲手里拿过锄头，一边锄草，一边说："娘，徒弟黄涛给我当月下佬，牵线了一位女伢，她现在镇上的书坊里，我想接您去镇上看女伢一眼。"

母亲听后，便问："昇儿，你看了那女伢吗？"

"看了。"毕昇答。

"那女伢模样长得怎样？别的方面怎么样？"母亲又问。

"模样长得很端正，比我小一岁，家里二老健在，有两位兄长和一位妹妹，兄长都已结婚成家。徒弟黄涛还没过门的妻子与她在同一个村子，据黄涛介绍，她的性格温和、贤惠、勤劳刻苦。"毕昇一口气向母亲介绍了李妙音的情况。

"那女伢有这么多优点，你又亲眼见到了本人，只要你看着满意，为母也没有意见呀。"母亲表态道。

"娘，我这次是特地请假带您去镇上书坊，亲眼看看那个女伢嘛，我想听听娘对那女伢的看法。"毕昇见母亲不肯去镇上，心里有些失望。

"昇儿，娘不像有些死脑筋的前辈人，只要你们年轻人相互看上，娘没有意见，毕竟将来的日子你俩要在一起过嘛。"母亲说出心里的话。

毕昇见母亲执意不去镇上，便不再勉强。晚饭时，毕昇忍不住把张老板想要"挖走他"一事告诉了母亲，让母亲给他拿主意。在这之前，毕昇原本不愿意对母亲说，因为他觉得母亲没文化又没出过门，对问题或事物不会有精确的见解。此时，母亲听了毕昇的介绍后，果然没有明确表态，只是含糊地说："娘一直待在乡下，对你们书坊的事一点都不了解，如果给你拿主意，不是在瞎说一气嘛，所以哇，这个主意还是你自个儿拿吧。"

次日上午，毕昇准备返回镇上书坊，临走前，母亲却又对他说：

"昇儿，你说的那件事，昨晚我又在脑子里'过'了一下，觉得你还是待在沈老板这里为好！沈老板对你不错，虽然没让你继续搞那个试验，可能是没钱养闲人吧。张老板请你去搞试验，以后你搞不成，他心里不也是不乐意，只不过嘴上不说罢了。时间一长，张老板也就烦了，心疼他的钱了，不让你再搞试验。张老板与沈老板都在同一个镇子，谁打个呵欠都能听到。到那时，沈老板听说后，就要看你笑话了。"

"娘，您说得在理，我也是这么想的，所以没答应张老板。"毕昇原本还对张老板的"挖人"迟疑不决，此时听了母亲这番话，便决心不再动摇了。

半上午时，毕昇出现在刻字坊，徒弟黄涛见毕昇一人来了，便诧异地问："师父，令母怎么没来？"

"母亲说完全依从我的意见，只要我看着好就行。"毕昇无奈地说，"我也想让母亲亲眼看一看李妙音，但母亲不肯来，我有什么办法呢？"

"令母很开通呀。"黄涛赞道，"这也是李妙音的福气，有这位思想开通的婆母，将来在一起过日子心情舒畅。"

中午吃饭时，四人在毕昇和黄涛的宿舍里，毕昇把母亲的意见转告给李妙音，并对李妙音说："春节放假时，我去你家正式提亲，如果你爹娘同意，就把婚订了。李妙音，你看如何？"

李妙音"嗯"了一声，低下头，慢吞吞地吃饭。毕昇有意无意地朝李妙音瞥一眼，只见李妙音的耳根子都泛红了，虽然看不到李妙音的脸颊，但毕昇想象得出李妙音此刻的脸颊没准红得像一块红布。

黄涛原本打算挽留她们多在这里住几日，但两位女伢大概觉得已经完成了"使命",没有多加逗留,便回去了。黄涛只送了大半路途,看看前面只有一天的路程,两位女伢无须在路途中投宿,减少了安全隐患,便放心地返回小镇。

一切又重归于过往的生活和工作轨道上,沈记书坊的刻字工们像镇子附近的村民一样,"日出而作,日入而息"。平静得不泛起一丝波澜。

毕昇也暂时放下了活字研制,每日除了完成雕版刻字任务,还负责教授黄涛技艺。这样一来,便也忙得没有闲暇去想着搞活字研制。

这天傍晚,毕昇又散步到镇子西头,只见张老板书坊剩下的两幢房屋已经竣工,工匠们正在砌院墙,几十名工人进进出出。毕昇听着那些工人的口音,也是本地人。向他们一打听,才知道他们都是本县别的乡镇的人,以前都在张老板设在别的乡镇的书坊干活儿。这回因为张老板又在草盘地镇新开了书坊,他们被调遣到这里。张老板没有招收新学徒,全体员工都是熟练的老工人,来了就能干活儿,不耽误事儿。毕昇仅从这一点来看,觉得张老板不简单。当然喽,张老板背后站着他的老父,也许这个主意是老父出的。

毕昇走进院子,只见一堆堆木材码放在院子一侧,从一幢房屋里传出锯木头的声响。毕昇对这种声响比较熟悉,沈记书坊的加工坊木匠们在锯木头时,就会传出这种有节奏的沙哑声。毕昇不用去看,就知道张老板的工匠们在加班干活儿,天快黑了,还没有收工。木匠一般不会点灯加班,担心点灯会不小心引起火灾。宋代还没有发明汽灯,更没有电灯,晚上民间一般用桐油或菜油点灯照明,条件好一点的点燃蜡烛,但无论前者还是后者,都容易引燃木块、刨花一类易燃物。常言道"水火无情"，老板都害怕发生火灾。这个镇子沿街房子不少是茅草屋，一旦书坊起火，那就是"火烧连营"，整条镇街都烧起来。这个镇子家家都会变得一无所有，可能还有死于火灾中的人，包括老人、伢子等。

毕昇循声来到加工坊，只见加工坊内没有点油灯，但却和外面一样亮堂。毕昇仔细一看，原来秘密在西边的一堵墙，那一堵墙的上半截墙壁是木格，夕阳正好面向这堵墙，光亮毫无保留地从木格中射进屋子，像被几十盏灯的灯光映照着，加工坊内岂能不亮？

毕昇不禁暗自叫绝，称赞这种设计实在巧妙，给需要加班干活儿的工人提供了免费、安全的照明。接下去，毕昇又去看了另外两幢工房，也都在西边墙壁上镂空了半截墙壁。当下午太阳西移时，工房内采光度大大提升，有利于工人的视力保健。

"毕贤弟，多日不见呀！忙什么呢？"忽然，有人向毕昇打招呼。

毕昇转头一看，见是张老板，笑着说："张老板，这几日鄙人不忙，瞎混而已。"

"是在与哪个女伢'私会'吧？"张老板笑嘻嘻地开玩笑道。

毕昇知道张老板说的是李妙音，而古代"私会"一词也可以理解为现今的"谈恋爱"。但在男女授受不亲的宋代，像大李和李妙音这样私下里与未婚夫或相亲对象见面，是很罕见的。此时，毕昇听后，脸孔泛红，不好意思地辩解说："'私会'是没有的事，只是几人在一起说说话而已。"

张老板忽然把话题一转，问道："毕昇，上次我让你考虑的那件事，你考虑好了吗？"

毕昇一时没反应过来，怔怔地看着张老板，问："张老板，什么事呀？"

"哎！你'老先生'真是'贵人多忘事'呀！这么重要的事，你却忘记了，我还天天在惦记着，盼着你回音呢！"张老板不无埋怨地道。

毕昇经张老板这么一说，倏然记起，抱歉地说："不好意思！张老板上次向愚弟说起此事时，愚弟没有答应。现在呢，仍然是那个态度嘛。"

"唉！"张老板叹了一口气，脸上掩饰不住失望的神情，盯着毕昇，问，"莫非沈老板最近又让你重新搞活字研制了？"

毕昇摇摇头，道："没有。"

"你业余还在搞这个吗？"张老板又问。

毕昇又摇摇头，道："没有哇。"

"哎，毕贤弟难道就这样放弃啦？"张老板轻轻地叹息着，"可惜在我的下属和师傅们中间，竟没有一人像毕贤弟对活字研制感兴趣，如果能找到一个像毕贤弟这样的人，我可以给他提供好的条件，让他把活字研制搞成功！"

毕昇听后，身子不禁一颤，暗忖："活字研制比较简单，只要是刻字工都可以去做，有钱的张老板完全可以养一个人做这件事！"

五

忽然，毕昇耳旁响起母亲曾说的话，便定下神，对张老板说："张老板，实话说吧，目前我在沈老板那里也没有再搞活字研制，只因鄙人现在家事、私事较为繁杂，无暇考虑此事。"

张老板见毕昇一再婉拒，只好作罢。毕昇说的也是实话：眼看要与李妙音订婚，必须筹措一笔钱。每月除了吃喝用的基本开销，毕昇将剩下的工钱积攒下来，拿去给小弟付学费。除此之外，还可以攒下一点钱，毕昇都交给母亲了。毕昇没有去问母亲家里有多少储蓄？能否拿出他与李妙音订婚的银子和财物？——这些都是毕昇所要考虑的。父亲去世后，母亲身单力薄，毕昇成了家中的顶梁柱，尽管毕昇此时才十几岁，但"穷人的孩子早当家"，毕昇比同龄孩子要成熟得早。

面对张老板开出的优越条件的诱惑，如果说毕昇不为之心动，那是假的。但心动之后，毕昇又考虑到自己的现实处境，考虑到活字研制如果迟迟不能成功，就会进退维谷。不但会被人嘲笑，而且更重要的是被人指责为"不忠不义"。一个人如果背负着"不忠不义"的骂名，到哪里都会抬不起头。

张老板在草盘地镇设立的书坊开张后，业务做得很红火，在原有的老客户基础上，又不断开拓了新客户。在这些新客户中，不乏沈老板的老客户。沈老板见此情景，心中无法淡定了，召集几名下属和骨干师傅开会商讨对策，毕昇作为骨干师傅，也是与会者之一。

大家分析了张老板的优势，一是张老板父子两代创业，在印书行业深耕早，人脉广；二是资金雄厚；三是拥有较多忠诚度高的优秀工匠。张老板在这三个方面都具有优势，而在沈老板那里，却成为短板。沈老板如果想要超越张老板，或者说，如果不愿意被张老板蚕食，就要在这三个方面赶超张老板。

"诸位，你们分析得都很到位！依我看，张老板确实在这三方面比我们具有优势，但如何超越张老板的优势呢？诸位有没有好办法呀？"沈老板的目光环视一圈。

大家你看着我，我看着你，没人吭声。确实，沈老板想要从这三个方面超越张老板，变短板为优势，可不是说办到就能办到的。常言道："冰冻三尺，非一日之寒。"张老板的优势是长期在印书行业深耕形成的，比如人脉方面，需要长时间形成好口碑，得到客户的认同，客户才会聚集在麾下。再比如拥有忠诚度高的优秀员工，这方面也是需要时间的。刚从外面招聘来的员工对书坊的忠诚度，也是需要时间来培养、考验的。

沈老板见大家都不说话，只好"点将"，盯着潘把头，道："老潘，你是本书坊的元老啦！既了解本书坊的实情，也了解印书行业的情况，现在张老板在我们的眼皮底下办书坊，我们的书坊是不是要被张老板挤兑掉呀？"

"不会的！沈老板您放心吧。"不知道潘把头是在宽慰沈老板，还是"旁观者清"，比沈老板有自信，"天下同一行业的从业者很多，从未被某一个人霸占着的。做生意嘛，你做你的，我做我的，互不相干。"

沈老板听潘把头这么一说，心稍定了一些，脸上浮起了微笑。

沈老板又看了看其他人，目光停在毕昇脸上，问："毕昇，我听说张老板想把你'挖'过去，有这回事吗？"

毕昇心里一惊，暗忖："沈老板怎么知道这件事的？我对谁也没透露过呀。"仔细一想，记起那天傍晚与汪桂生、黄涛等人散步到张老板的书坊工地上，张老板曾与他有过交谈。在交谈中，张老板欲要"挖"他过去搞活字研制，而汪桂生和黄涛也在他俩附近，肯定听到了他俩的谈话。既然如此，只有老实承认，没有必要再隐瞒下去啦。毕昇这么想着，便说："沈老板，是有这样的事，可我没有答应。"

"你干吗不答应呢？张老板有钱，书坊比我的大。"沈老板故意这么说。

毕昇实话实说："沈老板对我不薄，我如果去张老板那里，就要挨别人骂了，这种事我是不会做的。"

沈老板点点头，颇具自信地道："不错，我们书坊就是需要像你这样忠诚的员工。虽然张老板的书坊在某些方面比我们具有一点优势，但只要我们同舟共济，就能克服不利的方面，超越他们！"不知道什么缘故，沈老板没有提起张老板"挖"毕昇过去搞活字研制。此时，毕昇欲要点明此事，见沈老板没有提起，猜想沈老板有所顾忌，便也没有说出来。

散会后，大家陆续离去，毕昇也欲回刻字坊，沈老板却道："毕昇，你留步，我有事对你说。"

毕昇站下，忐忑不安地望着沈老板，不知道他为何要将自己单独留下。

"坐下，坐下。"沈老板满面笑容。

毕昇看出沈老板心里装着"好事"，便稍稍放下心，问："沈老板，有嘛事呀？"

"是好事呀！"沈老板果然这样回答。

毕昇虽然猜出几分，但当沈老板说出"谜底"后，毕昇仍然微微吃了一惊："沈老板，真的呀？"

"真的。"沈老板神情变得认真、严肃起来，"刚才在会上我准备说让你继续搞活字研制，但考虑到其他原因，还是改为单独与你说这件事。你的活字研制嘛，我的想法是让你继续搞下去，为什么呢？因为张老板有那么多的优势，我们又暂时拼不过他，不如另辟蹊径，把活字研制搞成功。这样一来，我们就有优势了，就能超越张老板。"

沈老板的眼里迸射出两道光亮，盯住毕昇的脸孔，但毕昇的神情却显得异常平静，这大大出乎沈老板的意料。"沈老板，我仔细想了想，还是暂时不搞活字研制为好。"毕昇缓缓地说。

"咦，你不是一心要搞活字研制嘛？现在让你搞，你又不搞了，什么意思呀？"沈老板不解地问。

毕昇解释道："沈老板，我是为本书坊的利益考虑呀。"

"为本书坊的利益？……"沈老板一脸困惑的神情。

"沈老板，在这之前，我确实一心想着把活字研制搞成功，提高印书的效率，现在我改变念头了。原因是，如果活字研制搞成功，张老板会千方百计进行仿制。而且，这种仿制非常容易，只要搞到活字雕版，再分析一下字模黏剂的成分配方，即大功告成。我们费尽九牛二虎之力研制的活字印刷，却被张老板或其他同人轻易采用，岂不是可悲又可笑之事？"毕昇一口气说出自己的理由。

沈老板听后，不禁恍然大悟，脸上浮起一抹愧色，自嘲地说：

"嘿！我差点上了自己的'当'啦！"当即将毕昇称赞了一通，"毕昇，想不到你年纪不大，头脑却不简单！"又征询道，"刚才开会时你没有说话，现在我要问你，我们书坊今后应采取哪些有效措施，才能不被张老板'蚕食'？"

"潘把头他们都说过了呀，我没有阅历，更没有管理经验，真的不懂。"毕昇的话语中透出真诚。

沈老板略点点头，稍停，把话题一转，道："毕昇，我打算培养你做刻字坊的把头，让老潘带你一段时间，学会管理刻字坊的基本'招数'。比如，每天如何分工，怎样做到分工合理，针对不同的工人，采取不同的管理办法，等等。"

毕昇听说要提拔他当刻字坊的把头，顿时吃惊得张大嘴巴，半晌没有合拢。沈老板见毕昇那副模样，不禁笑了，说："怎么了？不相信？你大概以为我是在开玩笑吧？"

"毕昇，我为什么要与你开这个玩笑呢？"沈老板反问道。

毕昇看着沈老板一副认真的神情，便说："沈老板，您太抬举我了，我在刻字坊算是资历浅的，年纪也是最小，岂敢担当此重任？"

沈老板摆一摆手说："怕什么呀？刻字坊把头平时的管理工作很简单的，就是给大家分工、协调什么的。把头又不是'甩手掌柜'，自己也有刻字任务。我之所以挑选你当刻字坊把头，是因为看你工作认真，为人正直、真诚，还有一点，即你的刻字手艺算是出色的。这一点很重要，当刻字坊的把头，如果手艺很烂，怎么去说别人呀？别人心里肯定不服嘛。至于你说的年龄小，这个不重要，人总是在一年年长大嘛，几年后你不就到弱冠之年了吗？再说，自古英雄出少年，甘罗十二岁拜相，你今年已经十四岁了，才当个刻字坊的把头，管理十几个刻字工师傅，与甘罗相比，差一大截子呢！"沈老板说罢，"呵呵"地笑起来。

毕昇也笑起来，说："沈老板如此器重我，如再推辞，就是不识抬举了。"停了停，又疑惑地问，"沈老板让我当刻字坊把头，那潘把头去哪里呢？"

"老潘也被提升了，我让他当管事。"沈老板道。

"金管事呢？"毕昇又问。

"老金当我的助手。"沈老板说，"我太忙了，有些事让老金替我挡着。"

六

当沈老板宣布毕昇为刻字坊新任把头后，众师傅都感到意外。不过，既然沈老板看中毕昇，肯定是有他的道理。毕昇操心的事情多了，活字研制一事就完全顾不上了。对于被提拔当刻字坊把头这件事，有时连毕昇自己也不理解：在刻字坊，毕昇年纪最小，连徒弟黄涛也比毕昇大一岁。论资历，毕昇肯定比不上别人。论手艺，不少老师傅在毕昇之上，起码在熟练程度上毕昇比不过那些师傅们。

毕昇被提拔当把头一事不知怎么传进张老板的耳里，这天下午收工时，张老板派了一位与毕昇年纪相仿的少年来找毕昇，自我介绍道："鄙人是张老板的堂弟，名叫张巴子。"随即说明来意，"张老板请毕把头去吃晚餐。"

毕昇将那位少年上下打量一番，问："你怎么知道我现在当了把头？"

"咦，我堂兄张老板说的呀。"张巴子一脸诧异，"毕把头，难道您不是——"张巴子没有说出把头二字。

"你回去告诉张老板，请吃晚餐就免了。不过，我吃过饭就去拜望张老板。"毕昇道。

张巴子只好回去复命。毕昇忙完活儿，叮嘱大家收拾好当日的刻字雕版，锁好刻字坊的大门，便去厨房吃饭。吃完饭，漱洗一番，换了一身干净衣裳，依约去见张老板。

在张老板书坊大院里，一些人三三两两地聚在一起聊天，有人在散步，一束束橘红色的夕阳投射在院子里，在夕阳的光束中，可以看见无数颗闪光的颗粒在颤动。毕昇刚跨进院子，正与别人聊天的张巴子一眼瞥见毕昇，说："毕把头，您来啦！张老板在工作间里，我带您去！"张巴子迎过去，热情地把毕昇领到张老板的工作间内。

毕昇第一次来到张老板新迁的工作间，前几次是在张老板的临时工作间内，那里现在已成为刻字坊。新迁的工作间隔壁是张老板的宿舍，其他几间房屋大概也是宿舍或下属的工作间。

此时，张老板正在桌旁埋头看书，张巴子咳嗽一声，说："哥，毕把头来了。"

张老板闻声抬起头，脸上浮起笑容，站起来，热情地招呼道："毕贤弟，快请坐，吃晚饭了没有？"

"吃过啦。"毕昇一边回答，一边在一把太师椅上坐下。

"咳！我让堂弟去请毕贤弟来吃晚饭，毕贤弟不赏脸呀。"张老板不无抱怨地说。

"岂敢！岂敢！只是愚弟不想叨扰张老板。"毕昇直言道。停了停，把刚才询问张巴子的那句话又在张老板面前提起，"张老板，愚弟滥竽充数刚当上刻字坊把头，您就知道了？"

"我们两家书坊是近邻，沈老板那边有人打个喷嚏，我们这边都会听到。"张老板说罢，"嘿嘿"一笑，又俏皮地向毕昇挤一挤眼睛，"愚兄闻听毕贤弟荣升把头，特地请你吃饭贺喜呀。"

"哎呀，这也值得贺喜？当个小小的把头，算什么呀？说得好听一点，在刻字坊负责。说得不好听呢，不过是为十几位师傅效劳而已。"毕昇撇撇嘴角，自嘲地说。

"毕贤弟不能这样说呀！——"张老板欲语又止。

毕昇看出张老板有难言之隐，便追问道："张老板，您有话就说，不必有所顾忌。"

张老板沉吟片刻，道："愚兄就直言吧，依愚兄看来，这次沈老板提拔毕贤弟，可能别有他图。"

"'别有他图'？"毕昇吃了一惊。

张老板压低嗓音，道："沈老板大概知道愚兄想要'挖'毕贤弟过去，马上破例提拔你当把头。沈老板此举确实高明，起到了一石双鸟的作用。一是显示沈老板对毕贤弟的器重，二是让你忙得再也没有闲心思想着搞活字研制了。"

毕昇听后，却半信半疑，反问道："不会吧？"

"毕贤弟，你仔细想一想嘛。"张老板呷了一口茶水，颇有深意地瞥了毕昇一眼。

毕昇摇摇头，不以为然地道："我觉得沈老板即使不让我搞活字研制，也没有必要以提拔我当把头作为'诱饵'。"

"但沈老板担心我这里的'诱饵'，会把毕贤弟'引诱'而去呀。"张老板说罢，又笑了笑。

毕昇听了张老板这番解释，心头的天平渐渐向张老板那边倾斜，苦笑了笑，说："既如此，愚弟就不再搞活字研制嘛，况且，愚弟的家事和私事接踵而至，也无暇他顾。"

"毕贤弟的家事、私事接踵而至？愚兄愿听其详，如果能帮忙，将会竭诚相助。"张老板态度诚恳地说。

"这个……"毕昇咧了咧嘴角，似笑非笑地道，"愚弟的家事、私事都是寻常人家常见之事，张老板不必费心，张老板的善意愚弟心领了。"

"毕贤弟不必客气，愚兄经济条件尚可，帮助毕贤弟可能只需举手之劳，却能使毕贤弟免除一番艰辛。"张老板似乎非要尽这个善心不可。

毕昇的家事指的是小弟的念书费用，私事指的是与李妙音的订婚，都涉及金钱。毕昇当然不能向张老板和盘托出，否则，就有牟利之嫌了。毕昇虽算不上读书人，毕竟读了一年多村塾，孔圣人的"君子爱财取之有道"的观点，在毕昇的头脑中扎下了根。再说，毕昇与张老板非亲非故，张老板像对待亲兄弟一样对待他，很可能是"别有他图"，正像张老板刚才在毕昇面前说沈老板一样。

张老板见毕昇没有松口，也不便紧逼，转了话题，问："毕贤弟，你看愚兄的书坊哪里有不足之处？管理方面，经营方面，人事方面，等等，毕贤弟眼见或耳听之处，只要发现瑕疵，尽管指出！"

毕昇想了想，说："愚弟上次看了贵书坊的各个工作间，看到西边墙壁的上半边都设计成木格空壁，有利于最大限度地采光，每日可以延长一两个时辰的工作时间。从这一个设计细节来看，贵书坊比我们沈老板的书坊高出一筹，其他各处，愚弟暂未发现瑕疵，不好瞎说。"

"过誉了！愚兄在县城和其他镇子的书坊工作间，都设计了这样的半截木格空墙，这回在草盘地镇建造书坊工作间时，只不过照搬仿造以前的建筑蓝图而已，并没有新的创造。"张老板介绍道。

"不知道沈老板来到贵书坊工作间看过没有？"毕昇问。

"毕贤弟没有当面询问过沈老板吗？"张老板反问道。

"没有。愚弟曾想当面询问沈老板，但因担心沈老板不高兴，没有开口。"毕昇如实答道。

"反正愚兄没有见到你们的沈老板来过敝处，不过，愚兄仍然欢迎毕贤弟陪同沈老板来敝处参观。"张老板微笑地向毕昇发出邀请。

不料，毕昇连忙向张老板摇手，连声婉拒道："不可以，不可以。愚弟不敢向沈老板说这件事，恐怕引起沈老板的误会。"

两人正聊着，有客户进来找张老板谈业务，毕昇不便逗留，便告辞离去。

光阴荏苒，转眼到了农历腊月，书坊开始放长假了。年底的长假有一个多月，从腊月一直放假到正月十五以后，员工要在家里过了元宵节，才能返回书坊，开始新的一年漫长的工匠生涯。毕昇按照计划，要准备礼品去李妙音的家乡提亲订婚。

毕昇没有去过李妙音的家，须有黄涛带路。腊月放假时，毕昇把黄涛带到自己的家，毕母对儿子这位徒弟兼月老很热情，杀鸡宰羊招待黄涛。按照习俗，毕昇在出发前往女方家"纳采"（古代订婚程序）之前，须先在家行祭祖仪式。毕昇和小弟携带大饼、糕点、果品等祭品，由黄涛陪同，来到山上亡父坟地。点燃香烛，烧了纸钱，在坟前跪告亡父在天之灵，喃喃地说："不孝儿将前往李家下聘，敬请父亲及列祖列宗保佑这段姻缘美满幸福。"跪告完毕，又点燃一挂鞭炮，当一串"噼噼啪啪"的鞭炮声炸响，一片淡蓝色的充满火药气的烟雾升腾而起。毕昇凝视着那片渐渐稀释淡化、飘散的烟雾，仿佛看到父亲那张浮动着笑容的脸，毕昇感动了，不禁泪流满面。

次日一早，毕昇告别母亲，与黄涛一起上路了。黄涛的坐骑是书坊拉车的那匹白马，腊月放假了，书坊的一些工作都停下来，暂时不需要马车，沈老板允准外甥骑上白马回家过年。毕昇在村邻那里借用了一头驴子，物品大多由黄涛的那匹马负载。两日后，黄涛领着毕昇来到自己的家，毕昇自然也受到黄涛家人的热情招待。

李妙音家所在的村子距离黄涛家有十几里路，黄涛作为毕昇的月老，独自送庚帖去李妙音家。所谓庚帖，即毕昇的年庚八字。送到李妙音家后，李妙音家人煮了一碗加糖的荷包蛋，一般是双数，四颗或六颗荷包蛋，视月老的胃口或饭量而定。黄涛吃下荷包蛋，收下对方家人准备的李妙音的庚帖，然后揖别而去。

按照祖宗传下的习俗，男方家人要把女方的庚帖摆放在灶头箸笼里，三日三夜后，如果男方家里没发生什么事故，便认为此女能够持家，婚后生活也较为美满。接下去，双方各请算命先生推算合婚，看男女二人八字有无冲克、合婚的吉凶等，这个被称为推断"八字"、合婚。

七

现在呢，因为不在毕昇家，女方李妙音的庚帖便无须摆放在灶头箸笼里三日三夜了，这个程序免了，只等女方李妙音家人捎来信息。当日下午，女方李妙音家派人送来毕昇的庚帖，月老黄涛把李妙音的庚帖还给了女方家人。

断过"八字"、合婚之后，男方满意，女方也同意议婚，接下去，男方就要备礼去女家求婚，这道程序被称为"送定"，或被称为"定聘"。定聘的礼品少不了大雁，大雁一定要活的，送死了的大雁被视为不吉利，是要遭到女方家人呵斥并拒收的。为什么定聘要送大雁？古代习俗认为大雁终生成双成对，取其相互忠贞的寓意。后代渐渐不再沿袭这种习俗。

女方李妙音家人收下定聘的大雁后，毕昇和李妙音就算是正式订婚了。不过，由于毕昇和李妙音尚未到官方规定的男十五岁、女十三岁的婚配年龄，须等到两年后才能正式完婚。其实，在古代，男女订婚等于结婚，中途女方只要不出现恶疾影响生育或违背妇德，男方没有理由变卦。

毕昇订了婚后，临近春节时，告别了李妙音家人和黄涛及其家人，赶回家过大年。天下的母亲都希望在自己有生之年看到子女婚配成家，继而生儿育女。毕母也一样，看到大儿子订婚，解决了婚姻大事，毕母再也没有可担忧的事情了，只等着准儿媳过门，然后抱孙子。

但毕母的无忧心情没有持续多久，春节过后，村塾开学了，小儿子却不肯上学。母亲和毕昇都颇感诧异，询问原因，回答是"读不进去"。母亲流泪了，对小儿子说："你父亲死了后，你大哥一心想要念书，但家里实在抠不出钱供你大哥继续念书，你大哥只好辍学去刻字坊当学徒。现在你大哥答应一直供你念书，直到你考取功名，而你却不肯念下去，你说你对得起谁呢？"

小儿子被母亲的眼泪搅得心烦意乱，只好说："我继续念书吧。"

母亲撩起衣襟捺了捺鼻梁两边的眼窝，说："念书就要好好念，用功念……"

"娘，我也用功了，勤奋了，可先生讲解多遍，我硬是听不明白。拿起书，我头脑就发晕，就想睡觉。娘如果硬要逼我去念书，我只好去念，可我心里有数，念这书实在是糟蹋大哥挣的血汗钱，我……我真的不想再念下去！"小儿子说到这里，"哇"的一声大哭起来。

母亲不知是被小儿子的痛哭吓住了，还是理解了小儿子的愁苦心情，一时没有说话，怔怔地看着儿子。毕昇扯了扯母亲的衣角，向母亲使了个眼色，母子俩便来到院子里。毕昇小声说："娘，我看小弟不是念书的材料，不要难为他了。好在小弟这一年在村塾也识了些字，不如等他长大后，也像我一样去学刻字，有一门手艺傍身，虽不能大富大贵，却也吃喝不愁。"

母亲听后，虽然对小儿子主动弃学感到绝望，但心里也清楚这念书不同于别的，须是念书的"材料"才行，否则，硬逼着伢子坐在村塾里念书，只能是"竹篮打水一场空"。想到此，母亲无奈地点点头，对大儿子毕昇道："随便他吧，不想念书就回家放牛。"

毕昇说服了母亲，便转身走进堂屋，对仍在发呆的小弟道："小弟，我和娘都希望你继续念书，如果你实在不想念书了，就在家里帮着母亲干一点力所能及的杂活儿。"

小弟眼里闪亮了一下，说："我在家里干活儿吧。"

毕昇返回刻字坊，由于小弟不再念书，原本积攒起来给小弟交学费的钱，母亲可以用作家中日常生活的开支。世上的事物有利必有弊，反之也一样，小弟不肯继续念书，给家中节省了一笔不菲的开支，同时，也减轻了毕昇肩上的担子。毕昇不再为了节省每一枚铜钿而节衣缩食，但他节省惯了，不会突然变得奢侈起来。现在，毕昇不用考虑和担忧家事，可以全身心地扑在刻字坊的工作上。

沈老板提拔毕昇当刻字坊把头后，毕昇以为当好这个把头不难，只要在分工、按件计算工资等方面做好就行了。而分工呢，也比较简单：毕昇把当月需要刻字印刷的书，都摊开摆放在桌上，让刻字工们自个儿去挑选。至于计算工资，也不是难事：刻字工刻完一本书的雕版，按照一本书的字数计算工资。如果刻字工报废了一块雕版，不但那块雕版上已经刻好的字不计工资，该刻字工还要赔偿这块雕版的损失。

春节过后第一个月结算工资时，一位名叫魏春旺的刻字师傅吵嚷道："毕昇，我那块雕版不能算作报废，下个月我还要继续在那块雕版上刻字！"

毕昇知道魏春旺是强词夺理，但他没有立即反驳，却不动声色地说："魏师傅，请您把那块雕版拿来看一看呗！"

魏春旺当真找出那块报废的雕版，拿到毕昇面前。毕昇指着雕版，态度不温不火："魏师傅，您看这块雕版上已经刻了半版文字，按照规定，不能将雕版截断拼接，只能重新换一块雕版。"

"为什么不能截断拼接？我保证拼接后不会出现断板或其他事故。"魏春旺信誓旦旦地说，"如果出现断板或其他事故，罚我两倍工钱我也认了。"

"这是沈老板规定的，我只能执行。"毕昇委婉地劝说道，"魏师傅，您下了这么大工夫刻了半版字，现在报废了，肯定很不好受，我也不好受呀。"

魏春旺嘲讽地乜斜着毕昇道："别假惺惺的啦！你要真不好受，就让我把这块雕版截断拼接吧。"

"魏师傅，我真的很为难呀，沈老板的'规定'摆在那里，怎么好违背呢？再说，以后别的师傅遇到此类情况，我要不要也违规去做？"毕昇仍然耐心地向魏春旺讲道理。

"毕昇，你左一口'沈老板'，右一口'沈老板'，别老拿沈老板做挡箭牌！计算我们的工资是你的事，不是沈老板的事！"魏春旺瞪着毕昇，咄咄逼人地说。

"魏师傅，我该说的都说了，您还想怎么样？"毕昇也不退让。

"毕昇，我也告诉你，不准你扣罚我的工资！"魏春旺一字一句地说。

毕昇气得身子直哆嗦，半晌，便对魏春旺道："好吧，这个把头由你来干，我不干就是了！我这就向沈老板辞职去！"说罢，便气鼓鼓地去找沈老板。

"沈老板，这把头我不干了，您换个人干吧！"毕昇踏进沈老板的书坊兼办公室，劈头就大声嚷道。

沈老板正埋头看一本刚印刷出来的样书，猛听毕昇这么一嚷，身子不禁一颤，抬起头，见是毕昇，但他没有怪罪毕昇，平心静气地问："毕昇，出什么事啦？"

毕昇便把魏春旺无理取闹一事向沈老板做了汇报，沈老板听后，也颇气愤，道："这个魏春旺，一贯刁蛮！不行，你别纵容他，照规定办！"略一思索，吩咐道，"毕昇，你去把魏春旺喊来。"

毕昇返回刻字坊，对魏春旺说："魏师傅，沈老板喊你去。"

魏春旺冷冷地"哼"了一声，说："毕昇，我可不怕你告刁状！"一甩胳膊，去了沈老板的书坊兼办公室。

沈老板瞥了瞥魏春旺，没有询问魏春旺与毕昇发生冲突之事，却问："你那块报废的雕版是怎么回事？"

"沈老板，我已经辛辛苦苦刻了半版的文字，只是不小心将两个字刻错了。我想把这块雕版截断拼接，这样就不会浪费整块雕版和半版已经刻好的文字，但毕昇非要我按照规定办，将这整块雕版报废。"魏春旺委屈地陈述了事情的经过。

沈老板听后，略沉吟一下，吩咐道："老魏，你去把那块雕版拿来。"

"我这去拿。"魏春旺原本以为沈老板要将他痛骂一顿，不料，此时见沈老板非但没有骂他，还和颜悦色地让他去拿那块刻坏了字的雕版，心里便平静下来。返回刻字坊时，魏春旺还"剜"了毕昇一眼，那眼色很特别，既有嘲讽，又有不屑，让毕昇心里很不受用。

魏春旺找到那块刻坏字的雕版，双手捧着又去了沈老板那里。"沈老板，您看我已经刻了半版字，谁知不慎刻坏两个字就要被报废，实在心有不甘呀！"魏春旺一边诉说委屈，一边将雕版双手捧送给沈老板。

"唔，唔，我看看你刻的字。"沈老板仔细察看着那两个刻坏的字，不禁嗔责道，"老魏呀，不是我说你，在刻字坊里，你也算是老师父了，这两个字笔画很简单，又不太纤细，你怎么就把字刻坏了呢？！在刻字时稍微专心一点，细心一点，也不至于这样。"

"是的，我太掉以轻心了，下次一定注意。"魏春旺承认错误，并保证下次尽量避免重犯这样的错误。

沈老板沉吟片刻，又吩咐道："老魏，你把毕昇喊来。"

"好的。"魏春旺知道沈老板要当着毕昇的面为他说情，心中顿感欣喜，一溜小跑地去刻字坊喊来了毕昇。

沈老板指了指魏春旺，又指一指放在桌上的雕版，对毕昇说："老魏想要把这块雕版截断拼接，保证在印刷时不会出事，如果出事呢，所有的损失由他负责赔偿。"说完，转头询问魏春旺，"老魏，是这样吗？"

八

魏春旺拍着胸脯，道："沈老板，如果雕版拼接后在印刷中出事，魏春旺负责赔偿全部损失。沈老板如果不相信，魏春旺可以立约为证。"说罢，拿起桌上的纸笔，"唰唰"地写下一份"军令状"，内容是如果拼接的雕版在印刷过程中发生问题，所造成的一切损失，均由魏春旺承担。

沈老板看了魏春旺的"军令状"，转头向毕昇征询道："毕昇，你看如何？"

毕昇心里虽然对沈老板的处理不以为然，但这家书坊毕竟是沈老板开的，毕昇只是一名受雇于沈老板的工人，理应按照沈老板的指示和意愿去做。想到这里，毕昇便道："我听沈老板的。"

两人走出沈老板的书房时，魏春旺转头朝毕昇瞥一眼，道："'毕伢子'，你还嫩着呢！沈老板还不是站在我魏春旺这一边嘛！"口吻中毫不掩饰对毕昇的轻蔑。

魏春旺仗着自己比毕昇年长、资历深，居然当面称呼毕昇为"毕伢子"，这让毕昇十分气愤。不说毕昇身为刻字坊把头，即使是一般刻字工，魏春旺倚老卖老称呼他"毕伢子"，也使毕昇有一种被轻辱的感觉。但毕昇没有发火，只是用告诫的口吻说："魏师傅，沈老板给了你一次机会，你可要珍惜哟！尤其在印刷过程中，要认真去做，问题可能就出现在这个过程中。"

魏春旺原本以为毕昇会因受不了他的轻辱而大为光火，谁知，毕昇不仅没有发火，反而对魏春旺予以提醒。不管这种提醒是善意的，还是恶意的，总归对魏春旺是一种警示吧。魏春旺不再对毕昇冷嘲热讽，潜下心来认真投入到返工中。

毕昇年纪尚小，阅历短浅，此次与魏春旺产生矛盾，对毕昇刺激很大，往严重处说，也算是一个小小的打击。这天晚上，毕昇躺在床上，对邻床的师父汪桂生说："汪师父，我想辞去把头一职。"

"怎么啦？是因为与魏师傅争执一事吗？那算什么呀！常言道'宰相肚里能撑船'，做头儿的要能受住气才行。"汪桂生劝说道。

"不仅仅是因为与魏师傅发生矛盾一事，其实，当初沈老板要我当这个把头时，我就多次推辞，但沈老板硬是不允准。这次，我决心要辞职，还是一心一意做好我的刻字工吧。"毕昇向汪桂生说出自己内心的真实想法，"汪师父，您如果站在徒弟我的位置上，也会与徒弟我抱着同样的想法。您看，刻字坊除了黄涛，所有的师傅年纪都比我大，首先从年龄差距上来说，徒弟我就不适合当刻字坊的把头。其次，不是什么人都能当'头儿'或'官'的，徒弟我却以为，当'头儿'或'官'要不怒自威，要镇得住下属，否则，下属就不会把头儿当一回事。而徒弟我呢，天生缺少这种不怒自威的气质，因此并不适合当刻字坊的把头。"毕昇侃侃而言，居然大谈特谈一番当把头须有天生的气质。

汪桂生听后，觉得好笑，道："算了，别和我扯这些'道理'啦，明天去找沈老板说吧！"又道，"毕昇，你不想当这个把头，可刻字坊想当把头的人'一抓一大把'，你相信不相信？"

毕昇"扑哧"笑了，随即又认真地说："汪师父，您想当把头，我这就让给您，明天我向沈老板推荐。"

"把头这官帽太小了，我头大，型号不对，戴不了哟。"汪桂生开玩笑道。

毕昇劝说道："哪个大官不是从小官开始做起呀？汪师父休嫌把头纱帽小，以后还可以做到书坊管事，再做到沈老板副理的位置。"

"呵呵，即使做到副理的位置，也是给沈老板当雇工，是官吗？几品呀？"汪桂生嘲讽地说。

"汪师父，说一句不好听的话，我们做雇工的，原本就是溪流里的小鱼，还想着去大海做鲸鱼呀？在沈老板身边当副理，起码不用每天辛苦趴在桌上刻字了，对吧？"毕昇实话实说。

"毕昇，从你这句话中，我就知道你舍不得辞去把头一职，既然这样，我真心劝你不要辞职！该忍的时候要忍，时间会消除这段不愉快的痕迹。"汪桂生似乎抓住了毕昇无意中显露出的"尾巴"，反而来劝说毕昇。

不过，毕昇这次是决心要辞职的，魏春旺对他的轻蔑，让他顿悟在刻字坊不仅资历甚至年龄都很重要，他在这两方面都是弱项。再说，当把头并没有多大的好处，都是为沈老板做工。次日上午，毕昇避开他人，写了一份"辞呈"，写毕，拿着"辞呈"去见沈老板。

大概由于毕昇此前没有正式向沈老板提出辞职，此时，沈老板看了毕昇的"辞呈"，不禁吃了一惊，不解地问："毕昇，你干得挺好呀，为什么要辞职呢？"毕昇在"辞呈"中写的辞职理由是"年龄尚小、阅历浅、能力不济，无法管理刻字坊的日常工作"云云。

"沈老板，我确实管理不了！"毕昇几乎用央求的口吻道，"刻字坊是'沈记书坊'重要的部门，工作的好坏直接影响书籍的质量，也直接影响客户。沈老板找一名比我更合适的人来当把头，管理好十几名刻字工，进一步提高'沈记书坊'的印书质量，就能扩大'沈记书坊'在客户中的名气。"沈老板提拔毕昇当刻字坊把头的初衷，原本是借以笼络毕昇，不让毕昇被张老板"挖"走，并非看中毕昇有什么特殊的管理能力。此时，沈老板见毕昇已基本被稳住，不大可能跳槽去张老板那里，便欲同意毕昇辞职。不过，沈老板没有直接说出来，而是不置可否地问："毕昇，你认为刻字坊的哪位师傅最适合当把头呢？"

毕昇对这个问题似乎早有准备，此时，便不慌不忙地说：

"沈老板，依我陋见，让赵铁头师傅当把头较为合适。"

沈老板微微点一点头，唇上掠过一抹不易察觉的微笑。其实，沈老板对刻字坊每位刻字工各方面都了如指掌，在提拔毕昇当把头之前，也认为赵铁头是刻字坊把头较为合适的人选。此时，由毕昇提出，正暗合沈老板的心意。当然喽，沈老板是不会说出"我也是这么认为的"这句话的，反而显出一副矜持模样，让毕昇说出来。

"沈老板，我认为赵铁头无论在资历、年龄、手艺等方面，在刻字坊都算是'盖帽的'（俗话，意思是'压倒他人'）。此外，赵铁头还有一点长处是别人所不具备的，即他有武功，别人心里都畏惧他三分，有不怒自威的气质。当把头管理下属，'不怒自威'很重要，起码那些喜欢欺软怕硬的人怕他，不敢与他作对。当然喽，当'头儿'为人要正直，遇事讲公平，不仗势欺人，对那些不服管的人，像赵铁头这样的人还是能做到'卤水点豆腐——一物降一物'的。"毕昇说出赵铁头合适当把头的理由。

沈老板听了毕昇说出的这些理由，觉得毕昇小小年纪不仅能"识"人，在用人方面还有自己的独到见解，实在是一位奇才。毕昇虽然暂时不太适合当把头，但在把头岗位上历练几年，会比赵铁头更强。这么想着，沈老板又改变主意了，幸好他尚未表态，改变主意不但来得及，还不露痕迹。于是，沈老板用温和的声调说："毕昇，你这份'辞呈'先摆在这里，我还要与金副理、潘管事等几位管理人员开会研究一下。待有了研究结果，我再通知你。"

"嗯，嗯。"毕昇心里觉得沈老板与几名下属通个气，这也是很正常的。否则，刻字坊换了一位把头，那几位下属还被蒙在鼓里呢。

"毕昇，在没有换人之前，你还要尽职尽责哟！"沈老板殷殷叮嘱道。

"沈老板放心，任何时候我都会尽心的。"毕昇真诚地表态道。

递交了辞呈后，毕昇以为沈老板一定会批准的，况且，自己又向沈老板推荐了赵铁头继任。而汪桂生却以为毕昇那天晚上只是随便说一说，权当成毕昇发一发牢骚而已，并没有当真。这以后，汪桂生就淡忘了这件事，将其抛到脑后，不再向毕昇追询。毕昇呢，对递交辞呈一事守口如瓶，也没有向任何人提及，以免让别人在背地里说三道四。

沈老板因为不想毕昇辞职，所以将此事抛到脑后，不再过问。唯一仍惦记着此事的是毕昇本人，几次欲要催问沈老板，却又想到沈老板事务繁忙，无暇顾及与金副理、潘管事在一起商量，毕竟，书坊的公事重要，而他辞职换人的事小。这么想着，毕昇便按捺下性子等待结果。

再说魏春旺得到沈老板的批准，截断了那块刻坏字的雕版，拼接上新的半块雕版继续刻字。魏春旺不敢马虎，一字一字刻得非常认真。几天后，魏春旺刻完整版的字，经校对没有发现错字、别字或漏字，便送到印书坊印书。不料，印书师傅吕林发现魏春旺的这块雕版竟然拼接了半版，明显是违反了"只能拼接雕版的三分之一或更少部分"的规定，拒绝接下这单印书活儿。

九

魏春旺见印书师傅吕林不肯接单印书，顿时火了，吼道："这是沈老板亲自下的'口谕'，你'拿乔'（故意为难他人，以自抬身价）嘛呢？！"

吕林冷笑一声，向魏春旺伸出一只手，说："沈老板的'条子'呢？拿来呀！"

魏春旺一怔，沈老板确实没有写"条子"，只是在口头上允准他将报废的雕版截断拼接。魏春旺此时可以再找沈老板补写一张"条子"，当作印书的任务单子，但魏春旺赌气不去找沈老板，仍朝吕林大叫大嚷："你长着两条腿呀，去问沈老板嘛！"

"我忙着呢，凭什么要替你去问？"吕林毫不退让。

俩人争吵不休，潘管事闻声走过来，听明白怎么回事，便对魏春旺和吕林道："你俩都不肯去找沈老板写'条子'，那就按照规定去找毕昇下单呀。"按照规定，刻字坊刻好的雕版，在交给印书坊印刷时，要由把头下单子。这次魏春旺之所以没有找毕昇开单子，是因为魏春旺认为沈老板已经允准，没有必要再"画蛇添足"、多此一举。哪知道犟脾气的吕林，宁可与魏春旺翻脸，也不认可魏春旺所说的沈老板的"口谕"。

魏春旺只好作了让步，返回刻字坊，找毕昇开了一张印书任务单。然后，又来到印书坊，把单子朝吕林怀里一扔，气冲冲地说："这是单子吧？！看仔细了？"

　　吕林当真拿着单子仔细看了看，嘴里咕哝了几句。潘管事抱着息事宁人的态度，说："魏春旺，你回去干活儿吧，别在这里磨叽了，免得耽误印书师傅的活儿。"潘管事以前在刻字坊长期当把头，魏春旺有点怕他。此时，潘管事一声令下，魏春旺乖乖地走了。

　　魏春旺回到刻字坊，向毕昇要了下一个任务，这是一本个人诗词选集，因为是诗词，字数少、空白处多。在论字数计算工资的薪金制下，刻字工一般都不愿意刻这类书的字。魏春旺吃了上次的亏，心有余悸，自愿选择字数少的诗词集，目的是想给自己放松一下，调整好心态。

　　接下来，魏春旺须去加工坊定制或挑选现成的雕版，找毕昇开了加工雕版任务单，便去了加工坊。路过印书坊时，魏春旺忽然想起刚才交给吕林的那块拼接的雕版，不知道吕林在印刷没有？魏春旺想着，便踅进印书坊，刚要开口询问，不料，吕林见他来了，抢先道："我正要找你呢！你看——"吕林拿起一页印刷纸张递过去。

　　这张印刷品是吕林从魏春旺交给他的雕版上印刷的，上半部分的文字倒是比较清晰，但下半部分却一塌糊涂，除了一些模糊不清的文字，竟然还有一片油墨。魏春旺一看，就知道是因为拼接的下半部雕版在印刷过程中塌掉了，才会出现这种情况。拼接的雕版就怕出现这种现象，一旦出现这种现象就等于宣告了"死刑"，这块雕版算是彻底报废了。

　　"我说你这块雕版不能印书，你偏不肯听！"吕林抱怨道，"《规定》摆在那里嘛，报废的雕版刻字部分只有三分之一，才能重新截断拼接。而你这报废的雕版刻字部分有一半啦，截断拼接后，雕版不容易固定，印刷时使力不均匀，拼接的部分很容易塌掉。这不，刚才我印刷第一页纸张时，拼接的部分就塌掉了。"

"是你故意弄坏的！你以为我看不出来？"魏春旺眼中射出两道火焰，向吕林喷过去。

吕林万万没想到魏春旺竟然"猪八戒倒打一耙"，顿时气得身子颤抖，半晌没说出话。停了一下，才结结巴巴地说，"你……你……血口喷人！"

"你在印刷时只要稍注意一点，半部雕版不会塌掉。况且，你刚印刷第一页纸张，半部雕版就塌掉了，不是活见鬼吗？！"魏春旺振振有词地质问道。

吕林感觉自己受到魏春旺的诬陷，冤屈加上愤怒，像一团正在燃烧的火焰，他双手攥成拳头，牙齿咬得"咯咯"地响。印书坊其他师傅见此情景，赶紧把吕林和魏春旺各自拉开，这才避免了一场"武斗"。吕林是一位二十多岁的年轻人，比魏春旺小十几岁，身强体壮，两人如果真的打起来，魏春旺肯定不是吕林的对手。因此，魏春旺"见好就收"，被印书坊的师傅推出门外后，便"顺坡下驴"，转身离去。

返回刻字坊后，魏春旺想把这件事告诉毕昇，让毕昇取消他准备刻的诗词单子，重新刻被报废的雕版。按照《规定》，魏春旺那块雕版报废了，不但要重新刻，还要赔偿损失。这样一来，魏春旺这个月拿的工资就很少了。想到家里老的老、小的小，一大家子人都在等待他拿工资寄回家，魏春旺真想找一个没人的地方痛哭一场。

这时，毕昇见魏春旺哭丧着脸，想到他刚送到印书坊的那块拼接的雕版，暗忖："莫非魏春旺的那块拼接的雕版出问题了？"

毕昇不便询问魏春旺，便自个儿去印书坊看一看。

毕昇走进印书坊，不等他开口，吕林却便不满地质问道："毕昇，你明知雕版的半版报废了，还允许魏师傅拼接呀？这不是明显违反规定的嘛！看看吧，我才印刷第一页纸张，那半版就塌掉了。"

"我也没同意呀，是魏师傅后来找了沈老板申说，沈老板口头同意了。"毕昇如实说道。

"既然你没有同意，后来也不应该开任务单呀！你不开任务单，我就不会印刷，也不会发生现在的事！"吕林仍在抱怨。刚才吕林受了魏春旺一肚子的冤枉气，这会儿正好朝毕昇发泄出去。

毕昇虽然也觉得自己委屈，但毕竟自己也有错误，只好"打碎牙齿朝肚里吞"，苦笑了笑，说："吕师傅，别生气啦，这件事责任在我。"说罢，向吕林鞠了一躬，"我向吕师傅赔个礼认个错。"

吕林脸色缓和了一点，拿起那块出了问题的雕版和任务单，递还给毕昇，说："毕把头，这块雕版和任务单你拿回去吧。"

毕昇回到刻字坊，见魏春旺一脸倒霉相，便安慰道："魏师傅，这块报废的雕版由我来重新刻，你仍刻诗词集吧。"

"由你来刻？"魏春旺神情诧异。

"嗯。"毕昇点点头，"不会扣你的工资，你放心好了。"

魏春旺半信半疑，说："毕昇，即使你承担了重刻的文字任务，但那块雕版的损失还要由我赔偿吧？"

"魏师傅，不用你赔偿，你放心好了。"毕昇再次肯定地说。

魏春旺一头雾水，心里认为毕昇也许会采取别的办法报损，尽管如此，反正不需要魏春旺自掏腰包赔偿，对于魏春旺来说，就是一个莫大的福音。在雕版报废一事上，魏春旺原本对毕昇怀有怨怼之意，此时见毕昇不但不要他赔偿雕版的损失，还主动承担了重刻雕版的工作，心里不禁变怨怼为感激，说："毕把头，重刻雕版的活儿不用你做，这是我犯下的错，当然由我承担。"

毕昇朝魏春旺挥一挥手，斩钉截铁地说："魏师傅，我说过了，你不用赔偿损失，也别管雕版重刻的事！反正嘛，这事你不要再管了！"

从这以后，毕昇起早贪黑地重刻魏春旺报废的那块雕版文字，有时连午休时间也搭上。对此，魏春旺心里很清楚，曾多次要从毕昇手里把重刻雕版的活儿收回来，但毕昇总是以"我也是借此'练活儿'，多花点时间刻字，'活儿'就练习得更称手了。以后刻字更快更好，刻坏的概率也更少"为由拒绝了他的要求。

魏春旺知道这是毕昇的一个借口而已，毕昇如果想要"练活儿"，不如自己多接活儿，因为刻字坊的工人拿的是计件工资呀！

刻字坊工人每月的工资由毕昇去金副理那里领来，然后再发放下去。这个月到了发工资时，魏春旺见自己的工资没有被扣，又想着看看毕昇的工资，如果毕昇的工资拿少了，肯定是毕昇代魏春旺赔偿了雕版的损失。然而，毕昇此时似乎看出魏春旺的心思，在发工资时，硬是不让魏春旺查看他的工资一栏，魏春旺只好作罢。

"毕把头，你代我干了这么多的活儿，又替我赔偿了损失，我没有别的可以表达感激，只能请你去镇上小酒店喝两杯薄酒。"魏春旺感激之余，邀请毕昇道。

"不用客气！魏师傅出门在外挣钱养家，非常不容易，这一点我很理解。"毕昇诚恳地说。

"喝两杯薄酒花费不了多少铜钿，再说，毕把头这次对我帮助不小，我无以为报，请你喝两杯薄酒，已经算是很对不起了。"魏春旺执意要请毕昇喝酒。

毕昇见推托不掉，便说："这些天我挺忙的，没有空暇与你出去喝酒，等闲下来再说吧。"

魏春旺知道毕昇下班后还在代他重刻雕版，于是再次要求毕昇把重刻雕版的活儿归还于他，或者让他也分担一部分。毕昇听后，连连摇手，道："两人刻字走刀的手法是有点区别的，因此一块雕版只能一人刻字！我如果让你续刻一部分，书印出后，读者就看出不同了。"

"我们刻的字都是仿宋体，何况都是按照粘贴在雕版上的印模刻的，哪有什么区别哟？！"魏春旺反驳道。

毕昇没有与魏春旺继续争执下去，也没有答应跟魏春旺出去喝酒。在毕昇看来，如果接受了魏春旺的请酒，自己就显得庸俗了。

十

花落花开，春秋更迭，转眼过去一年。毕昇放下对活字印刷的试验，把精力都投放在刻字坊的工作中。由于毕昇为人处世公平公正，不怕吃亏，加上他的手艺日臻精进，逐渐在下属们心目中树立了威信。

这天下午刚上工，忽然，前面店铺里一位年轻店员走进刻字坊，在毕昇耳旁说了一句："毕把头，您母亲来了。"

毕昇听后，不禁吃了一惊："我母亲来了？母亲是一人？还是和我小弟一起来的？"

"是您母亲独自一人来的。"年轻店员回答。

毕昇又吃了一惊，暗忖："母亲一人走这么远的路来这里，一定发生了什么事！"毕昇想着，慌忙扔下手中的活儿，来到前面的店铺。

毕母正坐在店铺里的一张椅子上发呆，毕昇上前喊了一声："娘，您来了！"又问，"娘，您怎么一人来了？小弟他没来？"

"唉，昇儿，你小弟出事了！上午他偷杀了'田驼子'的一只小鸡，躲在地头用柴火烤着吃，被'田驼子'发现了，上前踢了他几脚，又扇了他几耳光，小弟一直哭闹不休呢。"毕母一边诉说，一边抹着眼泪。

毕昇的小弟由于缺乏父亲的管教，母亲对这个小儿子又很溺爱，所以自小养成好吃懒做的坏习惯。毕昇不满十岁时离家到镇上"沈记书坊"当学徒，那时，小弟才四岁，尚不懂事。当小弟到了读书年龄时，母亲和毕昇都对小弟寄予厚望，把重振家业、光宗耀祖的希望寄托在小弟身上，毕昇平时省吃俭用供小弟念书，谁知小弟玩心重，根本不想通过苦读出人头地。

小弟在村塾勉强读了一年，辍学回家后，因为年纪尚幼，所以母亲心疼小儿子，不舍得让小儿子干重活儿。这几年，小儿子在家每天游手好闲，除此之外，便琢磨着在村里偷鸡摸狗，弄点好吃的，以满足口腹之欲。刚才毕母述说的小儿子偷同村"田驼子"家的小鸡，躲在地头烤熟了吃，这事儿在他众多劣迹中是司空见惯的。只是这些年来毕昇很少回家，即使回家一趟，待的时间也少，母亲出于护短，从未将小儿子的劣迹告诉大儿子毕昇。

　　"小弟怎么这样顽皮呢！"毕昇听了母亲的述说，不禁皱紧眉头，"虽然一只小鸡不值几个钱，但小弟这种德行不好。常言道：'小时偷针，长大偷金。'如果现在不加以纠正，长大后就成为不良之徒了。"

　　"昇儿，那个'田驼子'为了一只小鸡，把你小弟打得这么狠，也太欺负人了！"母亲气愤难消地说。

　　毕昇这才明白母亲不辞辛苦地赶来这里的真正目的，原来是要他回去与"田驼子"理论。在古代乡下，一个人家如果没有男丁支撑门户，是要被人欺负的。毕母虽然丈夫已死，两个儿子尚小，孤儿寡母的，但两个儿子几年后就是汉子了。常言道："欺老莫欺小。"欺负尚未成年的伢子，是一种短见的行为，一旦小伢子长大成人，就会遭到严厉的报复。毕昇家的村邻们当然明白这个道理，平时也没谁会无缘无故地去欺负毕昇一家人，相反，还会多加照顾。

　　"娘，您既然来了，就先歇息一会儿。"毕昇安抚母亲道。

　　"昇儿，你现在向沈老板请半天假，跟我回家找'田驼子'理论，否则，'田驼子'以为我们毕家没人，骑在我们毕家人的头上拉屎拉尿！"毕母气愤地说。

　　"娘，小弟先做错了呀，不应该偷人家的小鸡。当然，'田驼子'动手打小弟也不对。依我看，娘您赔'田驼子'一只小鸡，再道个歉，这件事就到此为止了。"毕昇觉得如果按照母亲的想法去做，就是间接地袒护了小弟，让小弟今后愈加骄狂起来。

　　母亲见毕昇不肯请假回家找"田驼子"吵架，心里便有点不高兴，站起，拉下脸孔，自语地说："算我白跑一趟！……"便气鼓鼓地走了。

毕昇追出去，对母亲说："母亲，你听我说嘛！……"

"我知道你忙。"毕母语气缓和了一些，道，"这件事就这样了！——我回家赔一只小鸡给'田驼子'就是了。"

"嗯，嗯。"毕昇心疼母亲来回奔波很劳累，劝道，"娘，您今天就在书坊歇息，明天再回家呀！"

"这哪行呢！你小弟顽皮，我能放心他一人在家？再说，家里还有鸡鸭畜生等着我回去喂食呢！"母亲拒绝了儿子的挽留。

"娘，小弟已快十岁了，这岁数在家不行？不会喂鸡不会喂鸭？"毕昇反驳母亲的话。

"唉，不放心呀。"母亲叹气道。这个小儿子顽皮有一套，但如果让他喂鸡喂鸭什么的，那就别提了，打死他也不肯。

母亲不顾劳累，执意要走，毕昇无奈，只得让她一人回家了。当晚，毕昇辗转反侧，脑海中浮现着迈步行走在田间小路上母亲瘦弱的身影，突然，一股懊悔之情浮上心头。毕昇很后悔当时没有坚决拦阻母亲，挽留母亲在这里歇息一晚，或者，向沈老板请假送母亲回家……毕昇又想到小弟的不争气和母亲对其的溺爱，觉得这样长期下去，小弟只会变得越来越坏。

"不如让小弟来这里当学徒。"当这个念头从毕昇的脑海中闪过时，毕昇仿佛觉得在黑夜中看到一道亮光。现在他要做的，就是抓住这道亮光，送小弟走向光明的前途。毕昇也是在小弟这个年纪来镇上"沈记书坊"当学徒的，既然如此，小弟现在为什么不可以当学徒呢？起码比在家里游手好闲强百倍吧！

次日，毕昇趁沈老板一人在书房兼办公室时，向沈老板提出这个要求："沈老板，我小弟快十岁了，在家里无事可做，您能否收下他在刻字坊当学徒？"

沈老板对毕昇家的情况比较了解，知道他家里有一老母和一个小弟，但在沈老板的印象中，毕昇的小弟才几岁，便为难地说："毕昇，书坊收徒弟的年龄至少在十岁，令弟几岁了？"

"沈老板，我小弟快十岁了呀，当初我也是在他这个年纪时来这里当学徒的。"毕昇解释道。

沈老板微微一笑，道："令弟也快十岁了？我还以为很小呢。"略想了想，又问，"令弟念了几年书？"

"沈老板，小弟和我一样只念了一年多的村塾。"毕昇回答。

"为什么辍学呢？是没钱供了吗？"沈老板继续问道。

毕昇脸孔微微泛红，不好意思实说小弟当初是因厌学才不肯继续念下去的，面对沈老板的刨根究底，毕昇只好含糊地答道："我小弟说……念不出名堂，不如不念嘛。"随即用无奈的口吻道，"这也是天命，上天注定他没有出人头地的'命'呀。"

"是呀，天下读书人何其多，文曲星毕竟少而又少。"沈老板赞同道。与大多数富家子弟一样，沈老板从小就被父亲灌输"学而优则仕"的观念，也曾给自己树立"读书做官光宗耀祖"的人生目标，但最终只考到秀才的功名。以后他多次赶考，都与举人、进士的功名无缘，只好子承父业，当了"沈记书坊"老板。

毕昇知道沈老板的经历，此时从沈老板这番话中，读出沈老板科举不遇的辛酸，便将话题转回去，问："沈老板，您看我小弟能否到这里来当学徒？"

沈老板沉吟片刻，道："毕昇，刻字活儿比较辛苦，你有亲身体验，令弟年纪还太小，恐怕干不下来。依我看，再过一两年，令弟来这里当学徒不迟。"

毕昇没想到沈老板婉拒了自己的要求，脸上顿时显出尴尬的神情，讪讪地说："沈老板，那我就让小弟过两年来当学徒。"

"好哇。"沈老板点点头，问，"毕昇，你还有什么事吗？"这无疑是在向毕昇暗示："你可以走了。"

"没别的事。"毕昇知趣地离去。

母亲和小弟的事一直悬在毕昇心里，这几天，毕昇不知道母亲是如何处理小弟偷小鸡一事的，"田驼子"脾气暴躁，弄不好小弟又要挨打，而母亲也会为此伤心很多天。毕昇想到这里，觉得不能再敷衍下去了，便向沈老板请了一天假，回家探看究竟。

一路上，毕昇猜想了可能发生的情景，其中包括最坏的情况出现，比如小弟可能再次挨"田驼子"打，甚至母亲也可能挨打，等等。

到了家门口时，才发现一切如旧：大门仍虚掩着，花狗仍躺在空场上晒太阳，几只母鸡在悠闲地踱着步子。毕昇推开门，喊了一声："娘！"没人应答，在各间房间门口瞥一瞥，也没发现母亲和小弟的身影。毕昇猜测母亲和小弟此刻正在地里忙着，便放下行李，掩上门，径直奔向自家地里。

到了地头一看，只见母亲一人在地里干活儿。毕昇跳下地埂，深一脚浅一脚地在土坷垃里走着，大声喊："娘！"

母亲闻声抬头，见是大儿子毕昇，便招呼道："昇儿，回来啦！"母亲黢黑的脸庞上流淌着汗水，粗糙、闪亮的皱纹沟里蓄着笑容，仿佛从未发生过小弟与"田驼子"闹纠纷一事。

第五章

一

"娘，小弟呢？"毕昇问。

"他玩耍去了。"母亲答。

"僻乡野地的，他上哪儿玩耍呢？"乡下无论男女老幼，人人都在忙活儿，不像城市里有些闲人凑一起找乐子。毕昇从小帮着父母在地里干活，此时，他弄不明白小弟不干活儿，能在哪里打发时间？

"不管他！随他去！"母亲不高兴地说。

"娘，那件事'消'（处理的意思）掉了吗？"毕昇问。

"你说的是'田驼子'——？"母亲反问。

"嗯。"毕昇想了想，又问道，"'田驼子'后来没有找小弟的麻烦了吧？"

"赔了一只鸡，又上门道歉了，他'田驼子'还要怎样？难不成要拆屋？"看得出，母亲一提起这件事就来气。

"娘，小弟没有再惹祸了吗？"毕昇担心地问。

"那个祸事才消掉，这又要惹祸？"母亲哭笑不得。

毕昇自己也感到可笑，解释说："娘，我是担心小弟嘛！您看，他整天在外面游荡，没人管教，我担心他早晚又要惹祸。"

"那怎么办呢？我又不能拿绳子把他捆在我身边，腿脚长在他身上。原本说好跟我一起下地干活儿，他也答应得爽快，可一转眼却不见了，四处找不着！"母亲说着，便唉声叹气起来。

毕昇听母亲这么说，感觉小弟已经变得像脱缰的野马，再不套上缰绳，就收不住性子了。想到这里，毕昇毅然决定道："娘，我这次回家，是想把小弟带到身边，早晚对他有个管束。"

母亲略微吃惊地看了看毕昇，稍停，又摇摇头，说："你小弟又不是几岁小伢子，这几年性子变得又野又顽皮，你整天在书坊里刻字，能把他拴住？"

"娘，您说得对，我原本打算让他到我那里当学徒，但沈老板嫌他年龄小，暂时没答应。不过，小镇上还有一家书坊，老板与我的关系不错，我准备求他收下小弟，即使暂时不当学徒，做一些跑腿打杂的活儿也可以。小弟有活儿做，就能收住野性子，我早晚也能管教他。"毕昇说出自己的计划。

母亲没有说话，但神情显得犹豫。毕昇以为母亲担心小弟走后，只剩下自己一人，未免感到有些孤单。毕昇想到这里，便道："娘，您也跟我们一起去镇上。"

"那哪行？家里有地，还有鸡鸭，都扔给谁呀？"母亲连连摇头。

"田地租给别人呀，鸡鸭卖掉呀。"毕昇道。

母亲仍然不答应："我一生都在乡下，享不了城市人的福，住乡下自在呀。"

无论毕昇怎么劝说，母亲硬是不答应，只同意让毕昇把小弟带走。

吃晚饭时，小弟回家，见哥哥突然回来，感到有些意外，问："哥，有事吗？"

"有！这次回家是把你带走。"毕昇顺势回答。

"带到哪儿？"小弟一时没明白过来。

母亲在一旁说："你哥要带你去镇上做事。"

"学刻字吗？好哇！"小弟一口答应。小伢子天生好奇心重，小弟以为刻字好玩，自然乐于去做。

毕昇见小弟答应去书坊做事，又担心他中途不能坚持，便说："小弟，出门做事不比在家里玩耍，要受师父和老板的管束，活儿也许比较累，你都要克服，要坚持，千万不可中途而废哟！"

小弟拍一拍胸脯，道："哥，您能坚持下来，我也能坚持！我要向您学习。"

毕昇听了小弟的保证，才放下心，笑了笑，道："你出门就知道，在这个世界上比我厉害的人多得不可胜数，我算个什么？你要超过我才是。"

"我还小，只要我努力，一定会超过哥哥的。"小弟自信满满地说。

自小弟主动辍学回家，近年又不断听到小弟在村里惹祸的不好消息，毕昇对小弟失望至极。这时，见小弟信誓旦旦，毕昇不由得对小弟重新燃起信心和期望，便拍一拍小弟的肩膀，鼓励道：

"小弟,我相信你!到了小镇书坊后,只要听师父和老板的话,不怕苦,不怕累,坚持下去,将来肯定会有出息的。"

母亲在一旁听着兄弟俩的对话,心里暗自高兴,不禁笑道:"你们兄弟俩有了出息,我就等着享福呀!"

"娘,您现在就可以享福,只要您答应跟我们去小镇上,不让您干活儿,每天只闲坐着,或东游西逛。想吃什么,只要小镇上能买到,我会买给您吃。"毕昇趁机再次撺掇母亲一起去镇上生活。

小弟也说:"娘,我跟哥哥走后,家里只剩下您一人,您不觉得孤单寂寞吗?还是听我哥哥的话,一起去镇上,一家人团聚在一起,享天伦之乐呀!"

母亲没有像刚才那样拒绝,但也没有点头答应,不过,此时的兄弟俩都以为母亲默许了。小弟兴奋地说:"娘,家里的两亩地您别再种了,租出去,还可以收取一点租钱。"

"租给谁呢?现在是夏季,地少的农户该租的都租了,田里的稻子、地里的麦子早都换青了。"母亲说,"除非到七八月割下春麦,再补种一季冬麦差不多。"

毕昇等不及母亲把地租出去,次日一早,毕昇向母亲辞行,母亲送两个儿子到村口,对毕昇说:"我如果租出了地,就去镇上,如果租不出去,就不去啦。趁着现在手脚还能动,在家里种两亩地,养几只鸡鸭,日子过得也挺自在。你们兄弟俩在外面照顾好自己,我在家里也就放心了。"

常言道:"听话听声,锣鼓听音。"毕昇从母亲这番话中,听出母亲还是舍不得那两亩田地和几只鸡鸭。毕昇只好又劝说几句,才与小弟告别了母亲,返回镇上。当天,毕昇让小弟在小镇和书坊到处走走看看，熟悉一下环境。傍晚收工后，毕昇领着小弟去找张老板，想让张老板给小弟安排一份差事儿。当然喽，如果张老板能够开恩让小弟当学徒，那就更好了。

毕昇当了把头后，工作量陡然增加，已好久没有来张老板这里。此时，毕昇担心见不着张老板，因为张老板在县城和别的镇子分别设有书坊，要在各个书坊转一转，做一些指导性的工作。

巧得很，毕昇踏进张老板的书坊大院时，正看到张老板站在大院里与几名下属说话。张老板一眼瞥见毕昇，便大声招呼道："毕贤弟，稀客呀，好久不见啦！"

毕昇见张老板待他热情依旧，心里顿时有些感动，快步走过去，解释说："张老板，愚弟这些天比较忙，没有来拜望您，不好意思！"

"有什么不好意思的！更谈不上'拜望'了！"张老板谦虚地说。

"这是舍弟，贱名毕飞。"毕昇将小弟介绍给张老板。

"张老板好！"小弟上前恭敬地向张老板鞠躬行礼。

"毕小弟多大岁数啦？"张老板笑眯眯地看着小弟。

"愚弟今年九岁零四个月。"小弟如实回答。

"在村塾念书吧？"张老板又问。

小弟涨红着脸，低下头，嗫嚅道："已……已经辍学了。"

毕昇在一旁补充道："舍弟玩心重，进村塾念了一年多书，便不想再念下去。"又替小弟解嘲道，"不想继续念书也好，早点出来做事，在社会上经受历练嘛。"

张老板点点头，道："毕贤弟说得不错，大抵人都喜欢做自己所好之事，如果不喜欢念书，勉强念下去，那真如同受刑一样难过。大千世界，三百六十行，挑选自己喜欢做的一行，不一定比念死书差，也不一定不能出人头地。"张老板侃侃而言，似乎在借题发挥，因为他也是看到四书五经就头痛的，在父亲的软硬兼施的逼迫之下，念了两三年四书五经，便打死也不肯迈进村塾一步了。好在有父亲创下的书坊家业，张老板好歹也念了几年村塾，略通古代和当代各类书籍，接老父的班做书坊老板，还是绰绰有余的。

毕昇刚才虽因小弟辍学感到尴尬，但此时听张老板一番言论，便释然了，顺水推舟地说明来意："张老板，不瞒您说，前些日愚弟曾向沈老板提出让舍弟当学徒，但沈老板因舍弟年纪小而婉拒。愚弟的慈父去世太早，慈母忙于地里的农活儿，没有时间和精力对舍弟进行管教。愚弟担心舍弟在家里散漫日久，不利于成长，想来拜托张老板在贵书坊赐予一个职位，让舍弟在此接受管教和历练。"

张老板没想到毕昇会向他提出这个要求，一时颇感意外，不由得看了看毕昇兄弟俩。片刻后，张老板似乎回过神，征询道："毕贤弟，你要让舍弟在敝书坊干什么呢？"

"能当刻字学徒更好，如果不能，随便安排一份杂活儿让舍弟干也可。"毕昇提出要求道。

"那就让令弟当刻字学徒吧。"张老板慨然应诺，"愚兄会安排一名刻字工匠当令弟的师父。"

毕昇很高兴，这件事出乎意料地顺利，使毕昇不禁想起前些日向沈老板提出同样要求时，遭到沈老板婉拒。虽然沈老板对毕昇不薄，也很器重他，但在这件事上与张老板的态度大相径庭，对比之下，毕昇在情感上与张老板贴近许多。

二

"张老板，明天我就让舍弟来贵书坊上班？"毕昇想要进一步敲定小弟当学徒这件事。

"好吧。"张老板点点头，随即转换了话题，"毕贤弟，现在你当把头，工作忙了，还有精力和时间搞活字研制吗？"

"嗨！早就抛到一边啦！"毕昇坦承道。

张老板忽然提议道："毕贤弟，你还是到我这里来，我给你提供条件，助你把活字印刷研制成功。毕贤弟正好一边教授令弟刻字手艺，一边研制活字印刷，一举两得，多好呀！"张老板说这番话时，唇边浮漾起一抹微笑。

虽然张老板多次向毕昇提出这个要求，毕昇也多次婉拒，但此时当张老板又再次提出这个要求时，毕昇仍然感到不好回答，便对张老板说："请容愚弟考虑一下吧。"

张老板点点头，说："好的，毕贤弟如果考虑好了，就来向愚兄打一声招呼。"

毕昇与小弟告辞回来，小弟问："哥，刚才我听张老板说要你去他的书坊做事，是吗？"

"张老板不止一次要我去他那里，这事我也对娘说过，娘持反对态度。"毕昇向小弟介绍道。

"哥，娘为什么反对呢？既然张老板一再要你去，说明张老板很器重你，那你就去呀！"小弟道。

"娘说沈老板对我不薄,不应该见利忘义。我心里一寻思,觉得娘说得有道理,便听从了娘的话,婉拒了张老板的聘请。"毕昇向小弟解释道。

"哥,娘是一直在乡下生活,没有见识,您不要与老太太一般见识哟!依我看,哥还是去张老板那里做事吧!一来哥可以继续搞活字研制,二来哥做我的师父,手把手地教,比我在别人那里当学徒贴心多了,是吧?!"小弟竭力撺掇道。

毕昇沉吟片刻,说:"嗯,我要考虑一下。"

"哥还考虑什么呀?!你是刻字工人,我是学徒,不,现在还不是学徒,人家张老板是堂堂大老板,再三请你去做事,还不是给足了你的面子呀!哥千万不要错过!"小弟虽然不到十岁,但说出的话,显然超出了他的年龄。

回到沈记书坊时,小弟仍喋喋不休地在哥哥毕昇耳旁说着这件事,毕昇最终被说动了,便对小弟说:"好吧,明天我再次向沈老板辞职。"

"再次辞职?哥莫非辞职过一次?"小弟吃惊地盯着哥哥毕昇。

毕昇解释:"那次不是辞工作,是辞去把头职务。"

"沈老板没批准吗?"小弟又问。

"是的。"毕昇回答。

小弟仿佛悟出什么,连忙阻止道:"哥明天不要去辞职呀!"

"咦,你刚才不是撺掇着要我去辞职吗?怎么转瞬又不要我去?"毕昇一脸诧异的神情。

"哥,你想想,上次你辞去把头职务,沈老板不批准,明天你去辞工作,沈老板更不会放你走啦!我如果是沈老板,也不会白白放走一名手艺娴熟的工人嘛！这等于丢掉一棵'摇钱树'呀。"小弟在劝说哥哥毕昇时眉头微皱，神情显得严肃而认真。

"你真是一个'人精'！"毕昇见小弟说得头头是道，忍不住佯嗔道，"你考虑的角度与我考虑的不一样，我是把利益放在第二位考虑的，首要考虑的是'仁义'。沈老板对我不薄，我怎么能为了自己的名声利益背弃沈老板呢？"

小弟反问道："哥如果不尽心尽力为沈老板做事，沈老板会对你好吗？比如干活儿偷懒耍滑、手艺糟糕，经常出废品。——你如果是这样的工人，沈老板会对你怎样？"

"那肯定要我滚蛋啦！"毕昇实话实说。

"可见沈老板也是看重工人是否对他有'利'的，如果没'利'，凭什么要讲'仁义'呢？"小弟直言不讳地说，"哥，你别被沈老板的表面'仁义'迷惑住啦！老板开书坊是要赚钱的，你不能替老板赚钱，老板凭什么要对你'仁义'，你一不是他的救命恩人，曾经救过他的命，二不是他的爹娘，凭什么呀？！"

毕昇开玩笑地道："小弟，你说一千道一万，就是要我带着你一起'投奔'张老板，是吧？"

"是呀，哥到底还是一个明白人。"小弟笑了。

毕昇又沉吟一会儿，遂做出决定道："好吧，哥听你的。"

小弟高兴地笑了，说出自己劝说哥哥毕昇的本意："哥如果去张老板那里做事，我就可以跟你当学徒了。否则，我一人去张老板那里，不知道张老板给我分配什么样的师父。万一师父是一个刁钻古怪的家伙，那我就惨了，我可能要逃回家去。"

毕昇听后，觉得小弟不是在危言耸听，依照小弟那副"德性"，肯定忍不了。那么，最后的结局，与当初小弟念村塾一样，一跑了之。此时，毕昇暗忖："为了小弟的前途，我也要'投奔'张老板。"

次日早上，毕昇嘱咐小弟先去张老板书坊上工，自己在沈老板这边做好善后工作，再去张老板那里。所谓善后工作，即向沈老板找一个借口辞职，让沈老板找人与他做好交接工作。如果不辞而别，就可能让沈老板的工作受到损失。

小弟临去张老板书坊上工前，似乎对哥哥毕昇的承诺不太放心，反复叮咛道："哥，你一定要来张老板这里呀！可别逗我！"

"嗯。"毕昇答应一声。上工后，毕昇鼓足勇气去了沈老板的书房兼办公室，沈老板脸上仍浮动着微笑，朝毕昇点点头。

"沈老板，我……我想请假。"毕昇终于把这句默念了几遍的话说出口，"前一段时间下大雨，我家里房子有一堵土墙倒塌了，我要回去找人修葺。"这个理由纯粹是毕昇瞎编的。毕昇很不习惯撒谎，此时的他面红耳赤、目光畏缩，仿佛偷了别人的东西似的。

"修葺房屋需要一笔钱，如果不够，可以去金副理那里预支一点。"沈老板吩咐道。

"够了，够了，不用预支的。"毕昇连忙说，又小心翼翼地问道，"沈老板，我把刻字坊的工作移交给谁呢？"

沈老板似乎有点警觉起来，盯着毕昇，忽然问道："你不回来了？"

"回……回呀，房子……修葺好了就回。"毕昇吞吞吐吐道。

"大约要多长时间呢？"沈老板又问。

"这个……不一定的。"毕昇含糊地答。

"总会有个大致的时间嘛。"沈老板打破砂锅问到底。

"一旬左右吧。"毕昇道。"修葺一堵墙需要这么长时间？"沈老板半信半疑。按照常识，一旬即十天，建造一间毛坯房屋也用不着十天呀。

"家里的房子年深日久，到处都损坏了，趁此机会彻底翻修一下。"毕昇索性"把撒谎进行到底"，将谎言编得圆满一些。

沈老板尽管心里有点疑惑，但想到毕昇平时为人诚实，不会找借口"骗"事假，便同意毕昇暂请十天事假回家修葺房屋。至于毕昇的把头工作，暂由赵铁头接手。听了沈老板这一番安排后，毕昇一颗悬着的心才落了地。

返回刻字坊，毕昇将"工作日志"移交给赵铁头，又去金副理那里结算了工资，便去了张老板书坊。小弟早上来张老板这里报到时，对张老板说哥哥毕昇今天辞职，马上就要来这里上工。张老板听后，嘴上欣然道："好哇！"但心里却半信半疑。不料，此时果然见毕昇来了，不禁喜出望外，连声说："欢迎！欢迎！"又道，"愚兄正考虑给令弟安排师父呢！毕贤弟来了正好，愚兄不用安排别人了。"

接着，张老板要腾出一间空屋给毕昇做工作室，毕昇阻止道："张老板先不要给鄙人安排工作室，鄙人有一个想法向张老板提出，不知道张老板认为妥否？"

"请说！"张老板问。

"不瞒张老板，鄙人刚才向沈老板请假的理由是给家里修葺房屋，假期是十天，虽然蒙骗了沈老板，但实在不得已而为之。十天以后，我不会回沈记书坊，沈老板可能要派人去我家寻找。我的想法是，一是要预先回家向我母亲打个招呼，让我母亲找个借口圆话，不使沈老板怀疑。二是不能在本镇张老板书坊做事，请张老板安排鄙人去别处，这样才好避开沈老板的视线。——张老板意下如何？"毕昇一口气说出自己的想法。

张老板听后，当即爽快地答道："毕贤弟，这有何难？今日你就回家，在家里妥善安排一下，然后去愚兄的别处书坊上工。愚兄分别在县城和金河镇各有一处书坊，毕贤弟愿意去哪处书坊上工呢？"

毕昇思忖了片刻，道："鄙人去县城的张老板书坊上工吧，县城距离鄙人的家较近，方便鄙人回家探望老母。"

"好的。"张老板找来纸笔，"唰唰"写了一张便条，盖上自己的印章，递给毕昇道，"县城的书坊由愚兄的舍弟在管理，舍弟仅比愚兄小一岁多一点，为人忠实。虽然舍弟年龄比毕贤弟大几岁，但近两年才出道管理书坊，阅历尚浅，毕贤弟到那边后，请对舍弟不吝赐教。"

"岂敢，岂敢。"毕昇谦虚地说，"鄙人仅读一年村塾，没有学识，加上年龄尚小，粗鄙之处甚多，正希望张老板及令弟多加训导呢！"

三

毕昇借口家中没有多余的铺盖，此次回家住的时间较长，将铺盖和洗漱用具捆成行李背走了。在古代，铺盖是平民不可或缺的财产，在家需要铺盖不说，出门往往都要自带铺盖。古代交通不便，少有舟车代步，通常都是徒步行走。天黑时找一个避风处露天歇宿，是常有之事。运气好的时候，遇到一处废弃的破庙或破屋坏垣，就值得庆幸了。遇到村落或城镇呢，那更是远涉者的福气，古人因此遂有"在家千日好、出门事事难"的感叹。

一切安排停当，毕昇带着小弟回家，到家后，母亲一见兄弟俩，以为小弟当学徒一事"黄"了，问："小弟……人家不要吗？"

"娘，我们去县城呀！"小弟没头没脑地答道。

母亲见儿子一脸兴奋的神情，更加莫名其妙，问小儿子道："去县城玩耍？你哥也陪你去？"

"不是呀，我们是去县城张老板的书坊上工呢！哥现在也在张老板书坊做事了。"小弟趁着兴奋劲儿，说出了哥哥毕昇如何以回家修葺房屋为借口，向沈老板辞职，改投张老板的经过。

母亲听后，才明白兄弟俩回家的缘由，转头询问大儿子毕昇："昇儿，不是不去张老板那儿吗？怎么又去了？"

"娘，上次我不是对您说过吗？沈老板嫌小弟年龄小，不愿意接受他做学徒，我只好向张老板提出这个请求。张老板一口答应了，并说让我过去亲自带小弟学手艺。我仔细一寻思，觉得小弟这几年在家里'野'惯了，现在给别人当学徒，恐怕难以适应，如果小弟适应不了，很可能跑回家，就像当初念了一年多村塾后跑回家那样。小弟跟我当学徒，由我日夜管束着，效果就会大不一样。但前提是我必须去张老板那里，才能亲自带小弟。"毕昇向母亲详细地解释着。

母亲现在担心的是小弟，现在大儿子毕昇为了小弟的出路，找借口从沈老板那里离去，转投了张老板。此事如果不是为了小弟，母亲一定要痛斥大儿子毕昇的。但此时母亲却没有表示异议，只是无奈地道："娘老了，你们兄弟俩好自为之吧。"

毕昇听了母亲这句话，有一股心酸的感觉从心头升起，没有再说什么，喊上小弟，带上农具去地里干活儿。次日早晨，母亲将家中储放的鸡蛋都拿出来煮了，塞进两个儿子的行囊。临走前，母亲特别叮嘱小儿子要学会照顾好自己，不要惹祸。

毕昇笑着安慰母亲道："娘，有我在小弟身边管教呢，您就放心吧。"

母亲点点头，说出了心里话："实话说吧，这次我就是看在昇儿能够守在小弟身边，小弟有哥哥管教的份上，才没有反对昇儿从沈老板那里出来。"

"母亲仁义，儿子心里有数，在为人处世上，儿子要向母亲学习，不会给母亲丢脸的。"毕昇说。

兄弟俩辞别母亲后，沿着大路徒步向县城走去。县城距离毕昇的家乡有三十里之遥，兄弟俩中途不休息要走三个多时辰。临近中午时分，兄弟俩来到了在县城边的张老板的书坊。这是一幢四合院，门口临近马路，院墙后面是一片水芹田，另一侧是一片青绿的麦田。

院子里一位中年男人在弓腰干着什么，毕昇走过去，见对方穿着一身洗得发灰的玄色粗布衣裳，看上去是一名工匠，便向其打听道："请问你们的张老板现在哪里？"

"喏，张老板在南边的厢房办公。"中年男人直起腰，指一指南边一幢房屋，"右数第三间屋子就是张老板的工作间。"

毕昇道了谢，与小弟一起去找小张老板。工作间的门是敞开的，兄弟俩站在门外，见一位年轻人坐在桌子旁喝水。毕昇礼貌地打了一声招呼："请问张老板在吗？"

那年轻人闻声抬头，用疑问的眼光打量着兄弟俩："你们是——"

毕昇猜测对方就是张老板的弟弟小张老板，便走进办公室，从怀中掏出张老板写的"条子"，双手捧送上前，恭敬地说："这是张老板给您的信。"

小张老板接过哥哥写的"条子"，目光朝"条子"上一瞥，站起，显得客气起来："毕先生，欢迎！"因为"条子"上详细写着毕昇和小弟在小张老板书坊的工作，小张老板便问毕昇道，"毕先生，您搞活字研制需要单独工作间吗？还是与刻字工们在一起？"

毕昇略一思索，说："暂时还是与贵书坊的刻字工们在一起吧，如果需要贵书坊的师傅们帮助，也能够找师傅们。"

小张老板点点头，同意了毕昇的要求。接下去，小张老板找来了徐管事，让其给毕昇兄弟俩安排宿舍。徐管事三十多岁，一张红扑扑的圆脸上始终漾着笑容，将毕昇兄弟俩带到一间摆放六张床铺的集体宿舍，指着其中的两张空床铺，说："毕先生和小兄弟睡这两张床铺吧。"

"哎，我们这趟没携带铺盖。"毕昇问，"县城售卖被子的店铺在哪里？"

"不用买被子啦，我们书坊备有招待客人的被子、被单和枕头，鄙人去给你们拿来。"徐管事说着，便出去了。一会儿，徐管事带来两人，各自抱着一床被子、枕头等用品，将毕昇兄弟俩的床整理好。徐管事笑吟吟地问毕昇兄弟俩，"你俩还有什么需要帮助的？"

"不需要别的啦，这样挺好！"毕昇兄弟俩连声道谢。

徐管事道："有什么需要的，尽管来找鄙人。"徐管事忽然自我介绍道，"鄙人是'张记书坊'管事。"口吻中掩饰不住自豪之意，仿佛"管事"是一个大官似的。徐管事说完，转身离去，走到门口，却又站下，看着他俩说，"哦，有两件事我忘记对毕先生说，一件事是碗具和漱具需要你们自己置办，县城不少杂货店都有卖的。另一件事是快要吃午饭了，按照本书坊的规定，今天毕先生兄弟俩的午饭和晚饭吃的是客饭，待会儿开饭后你俩去饭堂，鄙人给你们兄弟俩安排。吃客饭不用自带碗具，由饭堂提供。"徐管事几乎把每一个细节都考虑到了，毕昇心中不由得将徐管事与沈记书坊的金管事做了一番比较，觉得徐管事才是称职的"管事"。

中午吃饭时，徐管事果然安排了一桌客饭，菜肴有荤有素，有热菜有凉菜，算是比较丰盛的。起初，小张老板说要来陪客，但到吃饭时，却因临时有事不能来，只得由徐管事陪同。徐管事头脑灵活，听毕昇说要去刻字坊上工，便找来刻字坊把头作陪。

"毕先生，毕小弟，这是刻字坊把头，你们的上司，姓王，名叫王贵。"吃饭时，徐管事将王把头与毕昇兄弟俩相互做了介绍，"这位毕先生是张老板的朋友，听说正在搞活字印刷的研制，不简单呐！"

"佩服！佩服！"作为毕昇未来的顶头上司的王把头，此时反倒率先站起，拱着双手向毕昇行礼。

毕昇见此情景，连忙诚惶诚恐地随之站起，向王把头鞠躬还礼，谦恭地说："还请王把头以后多关照我们兄弟俩。"

"哪里，哪里。毕先生高才，不知毕先生的活字印刷研制得怎样了？"王把头似乎颇感兴趣。

毕昇见王把头主动询问活字研制，就像遭人冷落的孩子突然受到关怀似的，毕昇心里顿时感到一股热流涌来，说："谢谢王把头关心，鄙人的活字研制才刚刚开始，尚未有眉目。"

王把头略点一点头，稍停，忽然问道："毕先生以前在哪家书坊研制活字？"

"这个……"毕昇不由得一怔，实话实说吧？恐怕"张记书坊"有人与"沈记书坊"熟悉，将毕昇来此供职一事泄露出去，那就不好了。

徐管事不知道毕昇以前在"沈记书坊"，以为毕昇是张老板介绍来的，肯定以前在张老板书坊里供职，便代替毕昇回答道："毕先生曾在草盘地镇张老板书坊里干呢。"

王把头信以为真，不再追询下去。饭后，王把头对毕昇道："毕先生下午是去县城逛一逛呢？还是去刻字坊看一眼？"

"去刻字坊！去刻字坊！"毕昇毫不迟疑地答道。

"好哇，那就跟着鄙人去吧。"王把头高兴地说。

毕昇随即吩咐小弟去县城内购置碗具、漱具等用品，自己跟随王把头去刻字坊工作间。在北侧一幢房屋中间，有两间较大的屋子是刻字坊工作间，分别有十几名刻字工在干活儿。王把头带着毕昇参观了两间工作间，里面的摆设、工具等与沈记书坊的刻字坊毫无二致，毕昇走进两间工作间时，感觉仿佛回到了沈记书坊。

"我们刻字坊有师傅十八人，号称'十八罗汉'，有徒弟六人。师傅的年龄从二十一岁到五十二岁，相隔两代人。徒弟的年纪呢，最小的九岁，最大的二十岁。"王把头介绍道。

"师傅年纪最大的有五十二岁啦？"毕昇有点吃惊，"那位老师傅是多大年纪学刻字手艺的呀？难不成是四十多岁才学刻字手艺？"

"不是呀，那位老师傅姓关，是关云长的后裔。张老板的父亲初创'张记书坊'时，关师傅就来这里学刻字手艺了，如今已有二三十年啦！是跟随张老板令父打江山的真正元老！"王把头说，"关师傅因为年纪大了，精力不济，刻字坊照顾他做些轻活儿，比如技术指导、校对，等等。"

四

在一间工作间内，毕昇看到了头发花白的关师傅，他正在手执一枚放大镜校对印稿。这一道程序很重要，既要细心，又要熟悉文字。无论印稿上的文字还是书稿上文字，只要出现错别字，就要及时予以纠正。否则，刻字工按照印稿刻出来后，如果再发现错别字，那就等于一块已刻好的雕版报废了。不但损失了一块雕版，还浪费了刻字工的精力和时间，这些损失最终是由关师傅来承担。因此，关师傅的活儿看似比较轻松，实则承受的压力和风险不小。

"关师傅多次嚷着要告老还乡，老板都不允准。"王把头随口说道。

毕昇似乎发生了兴趣，问："老板看在关师傅的元老情面上？还是关师傅的业务能力强？"

"当然是关师傅的业务能力强哟！关师傅校勘书稿和印稿从未发生过错误，成品率百分之百，这就很不简单哟！"王把头称赞道。

毕昇略想了想，问："关师傅'进学'了吧？"所谓"进学"，即考上秀才。

王把头咧了咧嘴角,露出一抹不易察觉的嘲讽笑容,说:"'进学'了还能来这里当刻字工?"王把头的话说得实在,在古代,读书人考上"秀才",虽然只是获取一个最低功名,但也是功名呀!起码摆脱了体力劳动者阶层,顶不济也能在家门口开一个村塾,教授一些学童谋生。也有秀才赴外地给官员充当幕僚,还能有晋升的机会。按照古代社会特权规定,秀才能够享受免除赋税和徭役的特权,这是古代社会下层劳动者所不能享受的。而刻字工虽有手艺,但毕竟是雇工,在古代社会属于下层劳动者行列。

"王把头,关师傅念了几年村塾?"毕昇又问。

"念了两三年村塾。"王把头回答,"有一次我与关师傅闲聊,见关师傅上知天文、下知地理,便随口向关师傅提了这个问题。"

"念两三年村塾的刻字工在刻字坊算是'秀才'啦,刻字工大多数像鄙人这样的只念过一年多的村塾,甚至只念过几个月的村塾,勉强认识几百个字。"毕昇脸上显出一抹苦笑,似乎在向王把头显示自己书念得少的无奈。

当日下午,王把头将毕昇安排在一间工作间,兄弟俩的工作桌摆放在一起,便于毕昇随时监督和指教小弟。次日早上,王把头将毕昇兄弟俩需要的刻刀送来,因为是新刻刀,需要"开锋",毕昇带着小弟去磨刀房,先拿了一把刻刀在磨石上磨着。一边磨,一边将握刀的姿势、磨刀的角度、力度等,现场对小弟进行传授。

毕昇磨完一把刀后,指着刀锋对小弟说:"刻刀的刀锋厚薄、切口的角度,须达到这种程度,才算基本合格。如果刀锋太厚,则不锋利,刻字时不但费力,还容易把字的笔画弄坏。如果刀锋太薄,使用的寿命就很低,有时只刻几个字,刀锋就卷了。切口的角度呢,也要掌握好,角度太陡,容易损伤刀锋,影响刻刀的使用寿命。反之，刻刀下不了，还容易碰坏邻近的字。"说完，把刻刀递给小弟，让小弟磨刀。

小弟原本蹲着磨刀，才磨一会儿，腿脚就酸麻了，拉过旁边的一块木板垫在屁股下，又磨了一阵，停下来，瞥了瞥地上十几把待开锋的刻刀，抬起头，哭丧着脸望着兄长毕昇，说："哥，这十几把刻刀都要开锋吗？"

"是呀！这只是我俩暂时使用的部分刻刀，你磨出来后，王把头还要发放一些刻刀给我们，你还要继续磨。刻字工在干活儿时很容易损伤刀锋，当学徒的几乎每天都要给师父磨刀。我刚当学徒时，师父几个月都不教刻字手艺，只让我天天磨刻刀。"毕昇斜瞟了小弟一眼。

小弟神情沮丧，问："哥，我也要磨几个月的刀？"

"不管怎样，你必须把这十几把刻刀磨好。"毕昇斩钉截铁地说，"给你三天时间，磨出这十几把刻刀。"

"如果三天内磨不好呢？"小弟问。

"我刚当学徒时，不到两天时间就磨好十几把刻刀，你三天时间还磨不好？我在王把头那里不好交代呀。书坊给学徒提供免费吃住，但学徒要干好活儿才行。如果干不好活儿，就要被辞退，不会让学徒白吃白住的。"毕昇这番话中带有警告的意味。

"辞退就辞退，又不是做官！"小弟嘀咕着。

毕昇训斥道："你抱着这样的态度怎么能学好刻字手艺？首先要认真，其次要能吃苦耐劳！你做到了吗？"

"三天内我把这十几把刻刀磨好，行了吧？"小弟无奈地说。

毕昇返回刻字坊工作间，对王把头说："不知道老板是否对您说过？鄙人到这里来是专门研制活字印刷的，不接刻字活儿。"

王把头微笑地道："知道呀！昨天吃饭时，老板不是当面说过此事吗？"略停一下，又道，"毕先生，您有什么要求，尽管说吧。"

毕昇谦恭地说："王把头，鄙人是您的下属刻字工，且年龄又比您小很多，不必称呼鄙人'先生'，鄙人实在不敢当，直接称呼鄙人贱名便好。"

王把头淡淡一笑，点头道："好吧！"

"鄙人曾经委托加工坊的工匠制作了几百颗木活字，但因为固定木活字的黏剂不行，始终没有成功。"毕昇向王把头简单地介绍了以前数次研制活字失败的经过。

王把头听得很认真，毕昇介绍完毕，王把头问："那几次你是在草盘地镇张老板书坊研制活字吗？那几百颗木活字带到这里来没有？"

"带来了。"毕昇打开一只布袋，将抓出几颗木活字捧给王把头看，又指着其中一颗木活字的底部，对王把头说，"您看，木活字的底部要用黏剂固定在一块铁板上，既不能摇晃，印刷完毕又能够顺利地拆卸下来，这种黏剂不好找呀！我试用几种黏剂都不行。"

"为什么不行呢？是粘不牢吗？"王把头又问。

"不是粘不牢，是活字粘牢后，再用木板在活字上面一压，就高低不平啦！印刷出来的页面便出现空白、缺字等现象。这样一来，还怎么能印书呢？"毕昇说着，眉头紧皱起来。

王把头思索了片刻，说："我知道是什么原因了，你刚才所说的那几种黏剂使用得较稠，用木板在活字上一压，有的字沉下去多一点，有的字沉下去少一点，再铺上纸张刷上墨汁，沉下去多一点的字印出来就是空白或'缺胳膊断腿',而沉下去少一点的字呢,印出来就显得清晰一些。"

"王把头,您说到'点子'上去了!"毕昇仿佛找到了知音,一拍大腿,大声赞同道。工作间的刻字工们乍听到新来的毕昇大声说话,都循声将目光投过来。毕昇意识到刚才有点失态,连忙压低嗓音,继续与王把头说话,"王把头,不瞒您说,鄙人后来也意识到这一点,采用黏性较强且又稀薄的蜂蜜做黏剂,并听从家乡村里养蜂户大伯的话,把黏合活字的铁板搬到太阳下晒,不料,越晒蜂蜜越稀薄,最后成为蜜汁在铁板上四处流淌。"毕昇说到这里,不禁兀自摇摇头,窘迫而无奈地笑了笑。停了一下,又道,"鄙人见此情景,也曾考虑到在蜂蜜里掺杂一点石灰或白蜡等凝固剂,但掺杂石灰或白蜡之后,又重犯了以前的错误,只要用木板一压,字模就又高低不平了。"

"木活字重量有点轻,一块雕版少则几百颗木活字,多则一千颗左右木活字,用木板在这些木活字上面按压,受力大的木活字就沉下去多一点,受力小的木活字就沉下去少一点,这样一来,整个雕版的几百颗或一千颗左右的木活字,怎么会像一块木板一样平整呢?"王把头分析说。

"我们现在普遍采用木雕版印刷,鄙人采用木活字,无非是将木雕版的每个字拆下来,然后按照所需拼成一块雕版。"毕昇说罢,又反问道,"如果不用木质字模做活字,那用什么材料呢?"

"用比较沉一点的材料做字模,可能都会沉下去的,这样就能避免有的字模沉下去多一点,有的字模沉下去少一点的现象。"王把头建议道。

毕昇受到王把头的点拨,心里突然觉得亮堂了一些,欣喜地道："王把头，您这番话对鄙人有很大启发，真可谓'当局者迷，旁观者清'呀！"

"哪里哪里，我只是瞎说而已，有没有成效，尚有待你的研制。"王把头谦虚地说。

毕昇沉吟一下，问："王把头，您说采用沉一点的材料，那么，只有铁铸字模或铅铸字模比较沉一点。"又不无幽默地说，"不可能采用金子做字模吧，那太贵重了，恐怕只有当今陛下能用得起了！"

"哈哈！"王把头大笑。

毕昇也跟着笑起来。这时，毕昇的目光落在桌上的陶制茶壶上，不禁心中一亮，指着那只陶壶，对王把头说，"王把头，您看采用它是否可行？"

"采用陶壶？"王把头一时没明白过来。

五

"陶制的!"毕昇纠正道。

毕昇顿悟,兴奋地说:"陶制的字模比木质字模成本低,刻字也省力。"毕昇知道陶制的东西先要做泥坯,然后再烧制成陶。在泥坯上刻字,比起在花梨木上刻字不知要省力多少!但有一利必有一弊,也许在泥坯上刻字时,字的笔画更容易被损坏。古代文字是繁体字,有的文字笔画繁多、纤细,泥坯没有木质坚固,纤细的字体笔画很容易出现倒塌、断裂等现象。毕昇此时虽然预想到这一点,但一切都要到动手时才能了解清楚。

毕昇听从了王把头的建议,来到距离县城二十多里外的一座窑厂,向窑工讨要了一坨陶土泥。同时,还与窑厂工头说好了,俟字模刻出来后,由窑厂代为烧制成陶字。当然,毕昇要付出一点烧制的费用。

毕昇带着泥坯心满意足地返回书坊,按照窑工的指教,先将陶土泥揉成"熟泥",这样烧制出来的字模才不会出现裂纹、坍塌等现象。刻字坊的同人们见毕昇像揉面团一样揉泥巴,都暗暗发笑。有的师傅走过去,故意打趣道:"毕师傅小时候玩泥巴没有玩够吧?现在要补回来吗?"

大家都乐了,有人趁机"火上添油":"毕师傅,您一人玩泥巴有什么意思呢?带我们一起玩儿吧!"

如此带有讥讽意味的玩笑,如果对象是一位自尊心强的人,心里一定不好受，何况初来乍到的毕昇呢！不过，毕昇是一位心胸宽广的人，知道刻字坊的师傅们开这样的玩笑都是善意的，便一笑置之。

吃午饭时，刻字坊的一些师傅端着饭碗围着毕昇，七嘴八舌地向毕昇询问泥活字研制。毕昇如实回答："鄙人今天才尝试泥活字研制呢！"

"不会吧？毕师傅以前如果没搞过这玩意，老板会让您在这里'玩泥巴'？"一位瘦高个中年男人半信半疑。

"算您猜对了！"毕昇笑着看了看那位瘦子，实话实说，"鄙人以前在草盘地镇书坊确实搞过活字研制，不过，那时搞的不是泥活字，而是木活字。"

"木活字？带到这里来了吗？让我们开一开眼界啊！"瘦子道。

毕昇点点头，道："带来了，吃完饭我拿给您看看。不过——"

瘦子打断毕昇的话，质疑道："毕师傅好不容易研制出木活字印刷，老板怎么不推广使用呢？"

毕昇垂下眼帘，不好意思地说："木活字研制目前还有一项关键问题没解决。"

一位看模样二十岁出头的青年说道："什么问题呀？毕师傅能否提出来？让大家献计献策嘛。"又热情地自我介绍道，"毕师傅，鄙人贱名张贵，与我们的老板是宗家。"

"张师傅，以后请多关照！"毕昇因端着饭碗，不便行拱手礼，只朝那位名叫张贵的青年微鞠一躬。

"谈不上关照哟！都是同人嘛，彼此彼此。"张贵两眼熠熠闪亮，盯着比他小几岁的毕昇，道，"只是鄙人对毕师傅的活字研制颇感兴趣。"

"好哇，鄙人在这里找到知音啦。"毕昇又不禁兴奋地朝张贵微鞠一躬。

吃过饭，张贵等人簇拥着毕昇返回刻字坊工作间，毕昇拿出盛放着木活字的布袋，掏出木活字给张贵等人看个"新奇"。接着，毕昇又叙说了研制中出现的难以破解的"关键问题"。

"木活字高低不平，印刷出的书页总是出现空白、缺字等现象，现在只好暂时放弃，转而研制泥活字，但能否成功，现在还不能确定。"毕昇看着张贵等师傅，征询道，"你们有好办法吗？"

围观的师傅们都不吭声，一个瘦高的师傅笑嘻嘻地对毕昇说："有好办法早就改为活字印刷啦，我们还用得着整天趴在雕版上刻字呀？印书时，只需把现成的字模排列起来就成。对吧？"

"是啊，如果活字研制成功了，大家就都省力啦！"毕昇不假思索地回答。

"到那时，大家都滚回家吃老米干饭！"瘦高个子师傅不客气地说。

大家的脸色都变得凝重起来，甚至有点气愤，当然喽，气愤的对象是毕昇。这样一来，现场的气氛急转直下，由刚才的轻松、欢愉，变成此刻的猜疑、对立。毕昇暗暗吃了一惊，如果不是这位瘦高师傅的无情揭露，他在进行活字研制时，从未想过活字研制一旦成功会导致刻字工"滚回家"。

这时，王把头吆喝起来："上工喽，上工喽……"

瘦高师傅见毕昇拿出泥团准备揉捏，便嘲笑说："毕师傅，别玩泥巴啦！再玩下去，老板说不定让你回家'玩泥巴'啦。"言罢，笑嘻嘻地走开了。

毕昇觉得这个瘦高师傅有点爱管闲事，便小声询问张贵道："张师父，请问刚才说话的那位瘦高个师傅尊姓大名？"

"他呀，外号'范管家'，本名'范水根'。他什么事都要过问，都要说上几句，却总说不到'点子'上。"张贵脸上露出鄙夷的神情，"毕师傅，你别听他的那些胡言乱语。"

"嗯，嗯。"毕昇向张贵道了谢。

下午，毕昇又揉了一会儿陶土泥，凭手感和目测，觉得陶土泥已经"熟了"，便揪下一撮泥巴捺进模具里，按压一番，齐口抚平。上午时，毕昇去加工坊找木工制作出这个木质模具，看上去很简单，就是一只空心的小型长方形印章，刻好字后，将模具拆卸开来，倒出泥字模。

毕昇把刻好的泥字模放在走廊上阴干，下午收工时，毕昇为了使泥字模多阴干一些时间，没有将泥字模收回来。当毕昇吃了晚饭，返回走廊准备将泥字模收回刻字坊工作间时，却发现有一半泥字模上的刻字被毁，毫无疑问，这些被毁字模是人为破坏的！毕昇心头瞬间升起一股怒火，恨不得抓住那位暗中使坏的家伙狠揍一顿才解气。

毕昇什么也没想，当即去找王把头。此时，王把头正在书坊外面散步，毕昇找到他后，劈头就说："王把头，出事了！"

"出……出嘛事了？"王把头大吃一惊。作为刻字坊的"头儿"，王把头自然最害怕听到"出事"二字。

"您跟鄙人来看呗！"毕昇拽着王把头的胳膊，拉到刻字坊门口的走廊，捧起一板泥字模，指着其中一些被毁坏的泥字模对王把头道，"您看这些泥字模——"

王把头仔细察看，发现一些泥字模的刻字被毁坏，这才明白出了什么事，"谁干的？"王把头转过头，盯着毕昇问。

"下午鄙人把刻好的泥字模放在走廊上晾着，吃了晚饭后，鄙人准备将这些泥字模收回工作间，才发现出事了。"毕昇叙说了发现的经过。

王把头略想了想，问："毕师傅，你看见谁弄坏了字模？"

"没有哇。"毕昇沮丧地说，"那个家伙不可能当着鄙人的面把字模弄坏。"

"是不是字模上的泥自个儿坍塌的呢？"王把头继续察看着那些毁坏的字模。

"不可能，如果出现您说的情况，一是泥太稀软了，但鄙人揉的陶土泥并不稀软；二是走廊附近出现较强震动。但今日下午至傍晚，走廊附近都没有出现较强震动现象。"毕昇解释道。

"毕师父，你去饭堂吃饭那段时间内，如果走廊这里发生震动呢？"王把头似乎有点吹毛求疵。

"不可能吧？刻字坊走廊距离饭堂只有二十多米，那里发生地震什么的，在饭堂吃饭的人肯定也能感受到呀。"毕昇不以为然，"除了发生地震以外，还会有什么震动能够使泥字模上的刻字被毁坏呢？鄙人实在想不出！"

王把头听后，觉得毕昇说得不无道理，便又想了想，问："毕师傅，你来这里得罪了谁？心里有没有个数呢？"

毕昇"嗨！"了一声，满眼迷惑的神色："鄙人才来这里几天，就得罪人了不是？不可能吧？"

王把头说："这个也不一定，并非你与人大吵大闹一场，才算是得罪人。也许是有的人看不惯你，尤其看不惯你弄的那个泥活字，就暗中使坏呢？"

毕昇被王把头点拨一下，顿时心里一激灵，说："王把头，您觉得谁看不惯鄙人的泥活字研制呢？鄙人初来乍到，对诸位师傅都不熟悉，您心里应该亮如明镜呀。"

王把头摇摇头，道："本人也只是瞎猜想，因为没有证据，不能乱说哟！不过，你以后在晾泥字模时，要留心一点。"

毕昇皱起眉头，道："鄙人总不能把工作桌搬到走廊上吧？如果把刚打出来的泥字模放在工作间，但工作间没有'过堂风'，泥字模不易被晾干。"

王把头淡淡一笑，道："活人还怕被尿憋死？你搬一把椅子和一只矮凳子去走廊，把椅子当成工作桌，坐在矮凳上打泥字模。打出来的泥字模，就放在脚旁晾着，就像乡下老婆婆在自家门口晾谷子那样，看有谁来破坏你的泥字模？！"

毕昇沉吟片刻，面现难色："鄙人刚来这里，这大院里除了刻字坊，还有别的工坊的工匠，来来往往的，见鄙人坐在走廊打泥字模，会感到诧异的。"

"唔，你是担心泥活字印刷没有成功，反倒弄得书坊沸沸扬扬，是吧？"王把头似乎看透了毕昇的心思。

"毕昇，你如果想要做成功一件事，就不要在意别人的议论和看法。"王把头说。

"嗯。"毕昇听了颇为感动。

六

毕昇开始在走廊上制作泥字模，每制作好一个字模，便放在托盘上，放在走廊上吹"过堂风"。一些过往的人见他一本正经地"玩泥巴"，颇感诧异，都走过去察看，好奇地问："你在泥巴上刻字干吗呢？"

起初，毕昇与他们打趣道："玩呀。"

"玩？不会吧。"他们当然不相信。

有人猜出来了："是不是阴干后用来印刷呀？"

毕昇抬起头，对那人看了看，笑着说道："算你说对了。"

"泥巴即使阴干了，也不堪碰触，怎么能印刷呢？"那人发出疑问。

围观的人都"嘿嘿"地笑起来，摇着头走开了。

毕昇制作泥字模一事很快在张记书坊传开了，大家都跑过来看新奇。大多数人都报以嘲笑，少数人没有吭声，但毕昇知道这些人其实也是抱着看笑话的心理。毕昇的情绪受到影响，恨不得拔腿逃匿，或避进刻字坊工作间。但他最终还是忍耐下来，一口气制作了五百颗泥字模。毕昇把这五百颗泥字模送到郊外的窑厂，付给窑厂一笔烧制费，并向窑工提出要求，一是不能损坏字的笔画，二是不能使字模变形。窑工做出了保证，请毕昇两天后再来取烧制出窑的陶字模。

在这两天内，毕昇继续采用蜂蜜，研制合适的黏剂，不过，

257

他在蜂蜜中掺杂了融化后的白蜡，等白蜡冷却后，字模就牢牢地黏在铁板上了。毕昇原本将蜂蜜与石灰掺和在一起，但不容易快速凝固。如果石灰掺杂多了，凝固后不容易将字模拆卸下来。改用白蜡后，不但能够快速凝固，拆卸字模也很容易，只需将铁板拿到炭火上烘烤一下，即能将白蜡融化。

两天后，毕昇去窑厂取回出窑的字模，挑拣出烧制合格的字模，同时也将那些不合格的字模带回来，重新制作泥字模。毕昇先把加热融化的白蜡和蜂蜜倾倒在一块铁板上，再按照版面需要排版，将一颗颗陶制字模按压在铁板上，当一块版面所需的字模都被按压在铁板上时，白蜡也渐趋凝固。这时，毕昇再用一块木板将字模按压平整。接着，便进入印刷程序：用刷子蘸上墨汁，均匀地涂刷在字模上，蒙上一张白纸，再用一把干净刷子在纸上轻轻刷一下，小心翼翼地揭下这张纸，只见这张纸上的文字基本清晰，只有少许文字或墨迹较浓，或墨迹较淡。

在毕昇使用活字印刷时，刻字坊的师傅几乎都放下手中的活儿，围过来观看。当毕昇揭开第一页印刷出来的纸张时，现场一片沉寂。毕昇听到人群中有人嘀咕："这种质量的书页，客户会满意吗？"

"这玩意儿要是能成功，别人早就搞了，还能等到他吗？"有人嘲讽地说。

毕昇没有把这些人的话听进耳里，更不会往心里搁，只当成耳边风一般，仍有条不紊地印刷着下一张书页。当毕昇揭开第二张印纸时，印出的文字墨迹显得均匀多了，或浓或淡的字迹大为减少。毕昇掌握了涂刷墨汁的经验，最终印刷出较高质量的印刷品，与雕版印刷的书页质量差不多。

　　小张老板听说毕昇研制活字印刷获得成功，十分高兴，观看毕昇现场演示后，当即指示王把头道："王把头，从即刻起，就让大家改用活字印刷！每人先刻五百颗泥活字，送到窑厂烧制成陶活字，再拿回来印刷书页。"

　　王把头处事沉稳，听后，没有立即照办，而是让每一位师傅都轮流使用陶活字试印刷，试用的结果都不合格。每人印刷出来的印张几乎都出现墨迹或浓或淡的问题，甚至有小部分空白现象。小张老板见此情景，只好暂时收回成命，让大家继续使用以前的雕版刻字方法印刷。

　　"毕先生，他们印刷出来的纸张为什么不合格？"小张老板疑惑地询问毕昇。

　　"问题出在涂刷墨汁这道程序上，大家在初次印刷时，由于没有掌握好墨汁涂刷的浓淡，以至于墨汁被涂刷得或深或浅，不均匀，才会出现这种现象。"毕昇说。

　　"如果让每一个人都能掌握好墨汁涂刷的浓淡度，需要多长时间？"小张老板又问。

　　"很快的，如果用心的话，只要涂刷三四次，也就是印刷出三四张印张，就能初步掌握好墨汁涂刷的深浅度。当然喽，涂刷的次数越多，墨汁的深浅度就掌握得越快。"毕昇现身说法。

　　小张老板脸上浮出了笑容，欣然道："这么说来，掌握经验也挺快的哟。我让大家停下雕版印刷，集中精力换用活字印刷，先掌握涂刷墨汁的经验。毕先生，你看如何？"

　　不料，毕昇却摇摇头，答道："可能不行。"

　　小张老板诧异地看着毕昇，问："毕先生，怎么不行呢？你刚才不是说只要印刷三四页印张，就能掌握好墨汁涂刷的经验吗？"

"张老板，鄙人不谦虚地说，那是鄙人用心涂刷墨汁的结果，但不能保证刻字坊每一个人都像鄙人这样用心对待呀。"毕昇想到前些天他在走廊上晾干泥字模时，还曾遭到小人暗中使坏，将部分泥字模毁坏。事后，毕昇没有向小张老板汇报，这事不了了之，但在毕昇心里埋下一个"梗"：刻字坊有人反对他搞泥活字印刷！如果此人在刻字坊某些师傅面前挑拨，那些人心里都巴不得毕昇的活字研制不成功，还会用心掌握涂刷墨汁的经验吗？此刻，毕昇没有把心中的担忧告诉小张老板，原因是他刚来张记书坊，不能在同人中树立对立面。否则，那就非常麻烦了。

"这么说来，难道毕先生一人使用活字印刷？其他人仍使用雕版印刷？"小张老板道。

"张老板，鄙人不是这个意思，令兄和张老板全力支持鄙人研制活字印刷，现在好不容易搞出一点眉目，当然要在本书坊推广开来。不然的话，前期投入的成本和精力岂不是白费了？"毕昇回答。

小张老板点点头，微笑地道："毕先生知我心意！"

毕昇略思索片刻，道："张老板，依鄙人陋见，可以让刻字工们自愿报名，先挑选出一部分人，由本人对他们进行培训。合格后，再录用为活字印刷刻字工。他们的薪酬当然要比雕版印刷刻字工要高，具体高出多少，张老板另行确定。活字印刷出现废次品的损失比雕版废品损失要小得多，无非只损失一页纸张，而雕版废品却要损失刻字工的多日的心血和时间，以及一块上等梨花木板。"

小张老板赞成道："毕先生提出的办法可以试行。"稍停，忽然发现什么，又提出一个问题，"这样一来，印书坊的师傅们不都丢了饭碗吗？"

毕昇尚未想到印书坊，此时，当小张老板提出这个问题后，毕昇一下子愣住了，自语般地道："是呀，鄙人忽略了印书坊的师傅。如果把泥活字印刷的活儿交给他们去做，刻字坊的师傅们不就没活儿做了？不能让他们一年到头都在刻泥字模吧？事实上，也用不着那么多泥字模！"

小张老板握紧拳头，在空中挥了半个弧圈，从牙缝中迸出几个字："那就——请他们回家！"

毕昇心里颤抖了一下，仿佛看到暗中有无数双怨恨的眼睛在盯着自己。与此同时，前些天晾在走廊上被毁的泥字模，也闪现在毕昇的眼前，无声地控诉着活字印刷夺去他们的饭碗。——这些都是毕昇万万未曾想到的！

毕昇经过一番考虑，借口要继续试验，提高涂刷墨汁的效果，没有让小张老板继续采取行动，小张老板也亲眼看到活字印刷过程中实际存在的问题，便答允了毕昇的请求。就这样，毕昇又投入活字印刷的试验中。

在试验过程中，毕昇发现涂刷的墨汁需要改进，因为现有的墨汁是用于木质雕版印刷的，用于涂刷陶制字模，并不太合适。因为陶制字模吸水性差，如果工匠涂刷的经验不足，印刷出的印张字迹或浓或淡，甚至出现空白。如果想要克服这一弱点，仅靠工匠所掌握的墨汁涂刷经验，往往会"百密一疏"，难以避免出现印张的废次品。毕昇考虑到陶制字模吸水性差这一弱点，便配制了一种附着性强的油墨，大胆地改传统的水墨印刷为油墨印刷。试用之后，陶制字模上油墨附着性为之增强，印刷出的印张不仅字迹均匀、清晰，而且还有一定的亮度。

毕昇极为兴奋，马上去报告小张老板："老板，鄙人成功了！这次算是真正成功啦！"

"是吗？"小张老板听后，自然也挺高兴。

"鄙人配制和改用油墨，印刷出来的印张字迹非常好看！喏，这就是刚才印刷出的印张。"毕昇将一张散发出油墨香气的印张捧递到小张老板面前。

小张老板从毕昇手中接过印张，一看，果然字迹清晰、着墨均匀，有亮度，不禁大喜，连声说："好！好！"忽然，小张老板压低嗓音道，"我正要向毕先生打招呼呢，毕先生试验成功的事切记要保密，不要告诉任何人，就连刻字坊的同人都别说。"

毕昇听后，不禁怔住，稍停，问道："不告诉他们，难道不推广吗？"

"暂时不推广，毕先生对别人说没有搞成功。"小张老板神秘兮兮地叮嘱道，"毕先生暂时把字模、油墨和工具都妥善保存好，从现在起，毕先生教令弟手艺，其他的事暂时摆一摆。"

毕昇听了，愈加一头雾水。此时的他，心里不知小张老板"葫芦里卖什么药"，嘴上却又不便询问。

七

这天下午，毕昇一边继续制作泥字模，一边手把手地教小弟学习刻字手艺。正忙乎着，忽然，背后有人说："毕贤弟，忙呀？"

毕昇转头一看，见张老板笑吟吟地站在身后，而小张老板此刻也正站在哥哥张老板身边。原来，坐镇草盘地镇的张老板来县城书坊了。毕昇连忙站起，拱手行礼道："张老板大驾光临，幸会！"

"毕贤弟，我们多日不见，现在不妨找个地方畅叙一下哟！"张老板提议道。

张老板的弟弟小张老板接着话茬，说："去我的工作间小坐，可否？"

"好！好！"张老板连声说。

三人来到小张老板的办公室，小张老板掩上门，笑着对毕昇道："毕先生，我哥已知道你发明陶活字印刷并获得成功，特地赶来向你贺喜！"

毕昇猜测这事儿是小张老板派人去草盘地镇告诉其兄的，不然的话，其兄张老板早不来迟不来，恰好在毕昇发明陶活字印刷成功后赶来了？！再说，毕昇从沈老板那里转投张老板，就是应张老板要求专门研制活字印刷。张老板肯定在暗中十分关注毕昇的研制进展，与弟弟小张老板保持联系，当获悉毕昇研制成功后，马上从草盘地镇的书坊赶过来了。

此时，张老板微笑着道："毕贤弟，你辛苦了！"拿出一张银票，递给毕昇，"这是五十两银子，是本书坊给毕贤弟的初步奖励，以后毕贤弟的发明有收益了，还会给以奖励。"

毕昇根本没想到张老板会给他奖励，五十两银子对于毕昇来说，是一个天文数字了！明年毕昇就要与李妙音正式举行婚礼，这五十两银子真是"及时雨"呀！

张老板随即又道："草盘地镇书坊现有二十多名刻字工和印刷工，人虽不少，但每天出活却不多。如果推广毕贤弟的活字印刷，愚兄只需两三名排版兼印刷工就行了。不瞒毕贤弟，愚兄现打算将大部分刻字工放长假，只留下两三人。这两三人都是愚兄的宗亲和本家，是信得过的，不会将活字印刷发明泄露出去。"

小张老板接着其兄的话茬，道："我这里的书坊也会照此改革办法去做，只留下几名亲戚干活儿即可。"

"毕贤弟请切记，千万不要将这项发明泄露出去，否则，同行偷取这项发明后，毕贤弟和我们的一切努力都会化为乌有！"张老板再次叮咛毕昇道。

"张老板请放心，即使有人知道活字印刷研制成功，也不要紧的。"毕昇眨了眨眼皮，显得有点神秘。

张老板看出毕昇可能"留了一手"，连忙追问："莫非毕贤弟还有什么'撒手锏'吗？"

毕昇淡淡一笑，说："倒不是有什么'撒手锏'，不过，愚弟在油墨配制上有点独创的东西。"

张老板眼睛一亮，问："书坊的印刷工们都不会配制吗？"

"不会。"毕昇肯定地回答，"雕版印刷都采用传统的水墨汁，但愚弟的陶制活字印刷却采用油墨，这种油墨的配方是愚弟经过多次试验，才确定了适宜的配方。"

"毕贤弟，赶快把配方给我。"张老板吩咐弟弟小张老板取来纸笔，让毕昇把油墨配方记录下来。

毕昇拿起笔，在纸上写下油墨配方，张老板拿了过去，一边看着配方，一边轻轻点头。看毕，又吩咐弟弟小张老板抄写一份，这样，兄弟俩各执一份油墨配方记录。

张老板拿到毕昇"杀手锏"，心里似乎更踏实、安稳了，唇角溢出一抹笑容，转头又吩咐弟弟小张老板道："你马上去钱庄取一些钱来，给每一位刻字工和印刷工发放一笔遣散费，把他们打发回家。不过，不要对他们说是'遣散'，要说因业务清淡暂时给大家放假，等业务恢复后，再请他们回书坊做事。说话要委婉一点，不要把话说得太'绝情'哟！"

毕昇见自己的发明使大家丢掉了饭碗，心里很难过，便担忧地问："张老板，这些刻字工、印刷工都是靠这份工作养家活口，把他们弄回家后，他们一家人没有生计怎么办？"

"毕贤弟，这不是您该关心的。"张老板笑呵呵地道。

"可是——"毕昇想到那些人失业后，一家人陷入困顿的情景，顿时产生一种负罪感。刻字工和印刷工基本上都是出身穷苦人家，从小即来这里学手艺，依靠这门手艺养家活口。此时，书坊将他们扫地出门，岂不是将他们逼入困境？他们回家后，家里没有田地，或很少一点田地，只能租赁地主的田地过活。但他们从小出门学手艺，没有种过田地，现在突然拿起农具种田种地，岂不是难上加难？！

张老板仿佛看出毕昇的心思，安慰地说："毕贤弟，本行业在全国有无数家，他们在这里学到了刻字和印刷手艺，可以去别处干活呀！"

毕昇没有说话，但心里明白：到别处找活儿也不是一蹴而就的。由于印书成本高，客户奇少，不少书坊都在缩减员工，有的书坊连年亏损，索性关门大吉。

张老板没有在弟弟小张老板书坊过多停留，连晚饭也没吃，就骑马赶回草盘地镇。毕昇知道，张老板如此匆忙赶回去，就是为了处置那些已经成为"累赘"的刻字工和印刷工，给他们一点可怜的遣散费，把他们都打发回家，这样可以省下一大笔成本开销。而这边，小张老板也在紧锣密鼓地做着遣散刻字工和印刷工的准备。

毕昇不忍心看身边的刻字工们被遣散的情景，主动向小张老板请假回家，说是探视独自在家的老母。小张老板已经获得毕昇的油墨配方，留下毕昇的价值不太大，便欣然批准了毕昇的请假。小张老板虽然不知道毕昇是否还会再来这里，但仍客气地说："毕先生不妨让令母来县城居住，本书坊有空余的房子，收拾一下给令母安居，毕先生母子三人住在一起，早晚侍奉照应。"

毕昇道了谢，与小弟一起启程回家。到家后，母亲十分高兴，吃饭时，母亲问："这次请多少天假？"

"娘，我暂时不想去书坊了。"毕昇说出自己的想法，"我发明了活字印刷后，张老板兄弟俩把工人都辞退了，那些工人丢掉了饭碗，我觉得对不起他们。"

"娘，张老板奖励了哥哥五十两银子，我们即使不去书坊做工，用这些银子买田置地，每年收取的租金也够我们吃喝了。"小弟兴奋地说。

"昇儿，张老板奖励了你五十两银子？"母亲微微有些吃惊。在母亲看来，这确实是一笔横财，母亲一辈子也没有看到过这笔钱。

毕昇肯定地点点头，说："娘，这事是真的。"说罢，小心翼翼地拿出银票，在母亲眼前晃悠了一下。

母亲想了想，说："昇儿，要不今年你就把婚结了吧。"按照当时男女结婚的法定年龄，男为十五岁，女为十三岁。毕昇这年正好十五岁，而李妙音只比毕昇小一岁，已经超过法定年龄。母亲之所以没有为毕昇办婚事，是因为手中没钱。古人把婚丧视为人生两件大事，都是倾其所有尽量举办得隆重一些。毕昇出师才两年，攒的钱都供给小弟念村塾了。小弟主动辍学后，毕昇就开始攒钱准备办婚事之用，攒的却不多，远远满足不了办婚事的费用，现在正好从这五十两银子里拿出一部分办婚事。

"娘，儿子的想法是用这些银子去杭州租屋开办一个书坊，把小弟也带上，等以后生意做大了，把那些丢掉饭碗的刻字工人和印刷工人都招来。"毕昇请假回家时，一路上心中便萌生了这个想法，连小弟都没有透露。

这时，小弟听说后，高兴地蹦起来，说："哥，我赞成！去杭州办书坊！嘿嘿！我们也有自己的书坊啦，不用给那些老板做牛做马了。"

"昇儿，上次你对沈老板编个理由说回家修房子，却去了张老板那里。幸亏沈老板没有来乡下找你，否则，让我这个老脸往哪里搁呀？这次，你又对张老板说回家看望老母，不再回张老板那里。万一日后张老板找到这里来，我怎么回答呢？"母亲不赞成毕昇的做法。

"娘，如果张老板真的找到乡下来了，您就对张老板实话实说。"毕昇道，"我已把油墨的配方都告诉了张老板，现在我已没什么价值了，张老板不会来找我的，娘您放心吧。"

母亲沉默片刻，又不无担忧地说："昇儿，你没去过杭州，那可是一个大城市，可能处处都与这里的小县小镇不同。再说，你们兄弟俩年纪还小，在人生地不熟的杭州，若受人欺负了被骗了怎么办？又没人替你们兄弟俩做主。"母亲说到这里，脸上充满了担忧。

"娘，您放心吧，儿子九岁出门，在外面也算闯荡了五六年，虽然只在小镇里，但也见识了不少人，学会了一些为人处世的方法。"毕昇颇为自信地道。

母亲见儿子毕昇坚持要去杭州开办书坊，只好"随他去了"。不过，在去杭州之前，母亲要求儿子毕昇把婚事办了，媳妇愿意跟随毕昇去杭州或在家陪伴婆母，皆由媳妇选择。

毕昇答允了，不过，结婚吉日要经过双方家人挑选，毕昇打算趁着春节去李妙音家"看节"时，与李妙音家人磋商。接下去，毕昇开始筹备去杭州的"装备"，先趁镇子赶集那天，从集市上买了一匹白马，又请来一位裁缝来家里，为他和小弟各缝制一套蓝布长衫，这是当时男人出门的"礼服"，顺便也给母亲缝制了一套玄色布褂。

八

　　兄弟俩告别母亲，来到杭州，当时，杭州商业已经较为发达，尤其是印刷业，是全国四大印书中心之一，集中了众多的良工巧匠。毕昇在书坊林立的西湖边租赁了一爿小店铺，悬挂上"毕记书坊"招牌。小弟在哥哥毕昇的教授下，每日在泥字模上练习刻字，如果达到合格标准，就将合格的泥字模保存起来，聚集到一定数量后，拿到窑厂烧制成陶字模，毕昇则在柜台前招徕生意。

　　过往的客户伸头朝店铺瞥了瞥，见这爿店铺内空空如也，没有别的店铺里展示出的样书、雕版等物品，感觉"不正规"，只略停留一下，就去别的书坊了。

　　小弟见多日没有生意，有些着急："哥，客户不上门，怎么办？"

　　毕昇稍思忖一下，道："我刚才想出一个办法，即在印书价格上打折，少赚点钱，看看能否吸引客户？"

　　小弟无奈地道："我听老人说'开店穷三年'，刚开业能有客户就算不错啦，总比'小鬼不上门'好吧？"

　　毕昇给小弟打气道："别丧气！哪有一开业就火爆的？慢慢来吧。"毕昇写了一块牌子放在店铺门口，牌子上写着：七折优惠，质量上乘！

　　这块牌子挂出去后，果然有客户停下脚步询问价格，并得到满意的答复，但又见店铺内空空如也，不禁疑惑地问："老板，您的工作间在哪里？能否领我去看一看？"这里的书坊大多是"前店后坊"形式，在"后坊"工作间，工匠们在忙碌地刻字印书，雕版、书籍等物品堆积如山。但毕昇的店铺只有陶字模、铁板、油墨、刷子等零散物品。

"鄙人的工作间就在这里呀。"毕昇指一指那些陶字模等，"鄙人的书坊采用活字印刷，质量高、效率快，价格低。"说罢，动手操作给客户看。

客户摇摇头，嘟囔着说："这玩意，弄着玩玩还差不多……"拔腿就走了。

毕昇的书坊开了快一个月，竟连一个客户也没有签，那些客户认为毕昇的活字印刷是"闹着玩的"，不比传统雕版印刷质量可靠而精美，即使在价格上打折优惠，也吸引不了客户。毕昇没想到是这样的局面，只好找退路。一是在杭州找一家书坊做刻字工，二是去找张老板或沈老板。在与小弟商量之后，兄弟俩最后决定还是留在杭州，先找一家书坊当刻字工，小弟则跟着他继续当学徒。

西湖边的书坊老板们都已知道毕昇的活字印刷，也知道毕昇开业碰壁，见他是个人才，都愿意聘用他当刻字工，也愿意收留小弟当学徒。毕昇关掉书坊，与小弟进了一家书坊当刻字工。

转眼临近春节，书坊放假，毕昇和小弟回了家。按照计划，毕昇迎娶李妙音。迎娶之前，毕昇去李妙音家与其家人磋商吉日。作为月老的黄涛，毕昇自然要去拜访。此时，黄涛也放假回了家，俩人相见后，黄涛绝口不提毕昇编造理由从沈老板那里离职一事，只是说起张老板搞活字印刷的情况，而这正是毕昇想要知道的。

"毕兄，听说张老板在下属的三个书坊都推广了您的活字印刷，但后来都'泡汤'（当地方言：失败的意思）了。"黄涛瞥了瞥毕昇，目光中含着嘲讽的意味。

"唔，为嘛'泡汤'了呢？"毕昇问。

"客户们都不相信这个活字印刷呀！都觉得雕版印刷比活字印刷精美。"停了一下，黄涛又道，"听说张老板找的那些搞活字印刷的人手艺不行，印刷出的书页看上去很粗糙，字迹又不稳定，有的比较清晰，有的却显模糊，墨迹或深或浅。客户们当然不乐意了，不但吵着要退款，还要求返工重印。张老板见此情景，只好取消了活字印刷业务，重新把以前的雕版刻字工人都找回来。现在，张老板手下的三个书坊都已恢复了雕版印刷。"

毕昇听后，联想到自己在杭州开办书坊的遭遇，神情便黯淡下来。黄涛见毕昇不语，便试探地问道："毕兄现在哪里高就呀？"

"在杭州。"毕昇含糊地回答。

"还在当刻字工吗？"黄涛又问。

"对。"毕昇简短回答。

黄涛看出毕昇不愿意详谈这个话题，知趣地转移到毕昇的娶亲一事上。毕昇脸上浮起微笑，向黄涛征询道："愚兄与李妙音家相隔较远，运送彩礼物品、酒席菜肴等，都不方便。如果定下吉日，愚兄把钱交给李妙音家人，由她家人操办彩礼物品、酒席菜肴，可否？"

"当然行喽，李妙音家人也是开明之人。"黄涛一口应允下来。

毕昇把银子交给黄涛，请他转交给李妙音家人。待到婚娶吉日定下来后，按照当时的婚俗，毕昇先行回家，在家专候护送新娘的队伍来到。

当日下午，护送新娘的队伍出现在伍桂墩村的村头，早已守候在村头的新郎毕昇，赶紧点燃鞭炮。新郎家人和亲戚听到鞭炮声传来，都做好了准备。新郎毕昇一路护着新娘乘坐的轿子，来到家门口，又是一阵震耳欲聋的鞭炮声。在硝烟弥漫中，新娘被护送的娘家人搀扶着下了轿子，缓缓走进房……

春节过后，毕昇兄弟俩又要去杭州做刻字工，李妙音在家里陪伴婆母，一家人倒也生活得安定、祥和。

从此以后，毕昇对任何人都不再提起活字印刷一事。

几十年后，毕昇临终之前，将三位儿子喊到面前，颤抖着手，指着床头的一只小木箱，费力地说道："那箱子里……有五百颗陶字模……传下去……传下去……"老毕昇喘息稍定，又道，"会用得着的……会的……"两滴混浊的老泪从眼角滚落下来。

"爹！您放心，我们会传下去的。"三个儿子异口同声地应道。

毕昇闭上两眼，唇边漾出一抹笑意。多皱消瘦的脸颊上，一缕淡淡的红晕瞬间消失，显出一副没有生命的蜡黄色。